上海地情普及系列
《上海滩》丛书

上海担当

70年对口援建帮扶实录

上海通志馆 编
《上海滩》杂志编辑部

上海大学出版社

图书在版编目(CIP)数据

上海担当：70年对口援建帮扶实录/上海通志馆，《上海滩》杂志编辑部编．—上海：上海大学出版社，2021.5

（上海地情普及系列．《上海滩》丛书）

ISBN 978-7-5671-4189-6

Ⅰ．①上… Ⅱ．①上…②上… Ⅲ．①社会主义建设成就-上海 Ⅳ．① D619.51

中国版本图书馆 CIP 数据核字（2021）第 071674 号

本书由上大社·锦珂优秀图书出版基金资助出版

责任编辑　陈　强
助理编辑　夏　安
封面设计　缪炎栩
技术编辑　金　鑫　钱宇坤

上海担当
——70年对口援建帮扶实录

上海通志馆
《上海滩》杂志编辑部 编

上海大学出版社出版发行
（上海市上大路99号　邮政编码200444）
（http://www.shupress.cn　发行热线021-66135112）
出版人　戴骏豪

*

南京展望文化发展有限公司排版
上海华教印务有限公司印刷　各地新华书店经销
开本710mm×1000mm　1/16　印张23.25　字数291千
2021年5月第1版　2021年5月第1次印刷
ISBN 978-7-5671-4189-6/D·235　定价 52.00元

版权所有　侵权必究
如发现本书有印装质量问题请与印刷厂质量科联系
联系电话：021-36393676

前 言

古人云:"温故而知新。"我以为,我们每年编《上海滩》丛书,从杂志历年发表的文章中择其佳作,分门别类按不同主题推出,其实就是一个"温故而知新"的过程。

这种"新",在我们今年编辑出版的一套六种《上海滩》丛书中,集中体现在中国共产党领导广大人民群众,在推翻帝国主义和封建主义的剥削压迫,在领导亿万人民群众消除绝对贫困,在建设中国特色社会主义新征程中所取得的巨大成就中。

比如,《淬火成钢——穿越烽烟的红色战士》一书讲述了一大批优秀共产党员在上海展开对敌斗争的英雄事迹,以及上海部分红色遗址中所蕴含的革命历史。其中工人出身的共产党员陶悉根,在大革命失败后,并没有被敌人的残酷杀戮所吓倒,而是咬着牙从血泊中爬起来,擦干净身上的血迹,含泪辞别自己的老母亲和妻儿,辗转千里寻找到党组织,继续进行革命斗争,我们被这样的事迹所震撼!这位老共产党员告诉我们,只有在中国共产党的领导下,才能实现中国广大工农群众翻身解放的伟大目标。

在《上海担当——70年对口援建帮扶实录》中,我们同样可以看到,只有在中国共产党领导下,上海广大干部、科技人员、企业家才能在东西部对口支援、合作帮扶工作中,帮助成千上万的贫困群众完成消除绝对贫困、走向小康生活的伟大历史任务。早在新中国成立之初的1950年,上海金融战线的2 000多名职工,就热烈响应党和国家的号召,开始了对大西北等地的对口援建。70余年来,上海人的对口援建足迹遍布祖国各地，为各地摆脱贫困和开展经济建设献智出力，流血流汗，甚至牺牲生命，作出了巨大贡献。他们中的不少人不仅献出了自己的青春，而且还献出了自己的子孙，让子孙后代继续为各地经济建设作贡献。他们是我们上海人的骄傲！

同样的感受，我们在《砥砺前行——上海城市更新之路》中也能看到。本书讲述了新中国成立后，上海在城市发展中不断创新，勇做改革开放"排头兵"的故事。其中的文章，既有站在今天的角度，对上海城市发展中重大事件和变迁的回顾；也有许多年前对于上海未来面貌和发展蓝图的展望。对照今日的现实，读来令人振奋而又感慨。回想70多年前，国民党政权在败逃台湾之际，对上海进行了破坏，将中国银行的黄金、白银、美元抢运一空，给新生的人民政权留下了一副烂摊子。但是，在中国共产党的坚强领导下，上海各界人民群众，团结一心，奋发图强，战胜了蒋介石派遣的飞机轰炸和特务破坏，粉碎了一些不法商人发起的经济金融方面的进攻，稳定了人心，稳定了市场，并且很快展开了热火朝天的社会主义建设，并取得了一个又一个让世界震惊的成就。上海的城市面貌发生了翻天覆地的巨变，探索走出了一条具有中国特色、时代特征、上海特点的超大城市发展新路，已成为中国改革开放的重要窗口和发展成就的生动缩影。

一千多年前的上海只有东部地区有一些海滩边的渔村，而今天上海已是全国最大的城市和国际性大都市。沧海桑田，上海从海滨渔村发展成为现代化大城市，反映了上海的历史变迁。另外，上海又是个如诗如画、有着江南田园美景的城市，1840年后，随着国门打开，上海的面貌也发生了变迁，田园般的宁静被打破。新中国成立后，中国共产党在领导社会主义建设时，非常注意环境保护和综合治理环境污染。特别是在中国最大的工业城市上海，改革开放以来，政府不断地投入巨资，治理黄浦江和苏州河，近年来已见成效：上海天蓝了，山青了，水绿了，许多岛屿飞鸟翔集，瓜果飘香，成了人们休闲游玩的好去处。如今，我们需要一个现代化的上海，更需要一个人与自然和谐的美丽上海。《沪江游踪——海天之间的上海风景》既讲述了上海山水岛屿的地情知识，又涉及上海人早期旅游的故事，对上海的自然和人文地理多有涉及。

中国对世界各种文化采取的是"海纳百川，互相学习"的做法。尤其是上海，在一百多年时间里，将西方的先进文化，糅合到我国的传统文化中，产生了一种更加自信、更有活力的海派文化。于是，上海成为中国最大的工业城市，中国最发达的科创中心，中国最繁华的国际大都市。为此，在今年的丛书中，我们编选了《海纳百川——近代上海的中西碰撞与交融》一书，供读者了解海派文化的形成过程和重要作用。这本书与前两年编辑出版的红色文化读物（即《申江赤魂——中国共产党诞生地纪事》《海上潮涌——纪念上海改革开放40周年》《五月黎明——纪念上海解放70周年》）和江南文化读物（《海派之源——江南文化在上海》《城市之根——上海老城厢忆往》《年味乡愁——上海滩民俗记趣》等一起，为读者系统学习了解红色文化、江南文化和海派文化，提供了珍贵而生动的教材。

今年出版的《上海滩》丛书的第六种是《戏剧人生——沪上百年戏苑逸闻》。这是因为去年我们编辑出版了反映上海电影界历史的《影坛春秋——上海百年电影故事》后，有些读者提出，几十年来《上海滩》杂志发表了许多戏剧界的故事，其中有对各剧种的介绍，也有对一出戏盛衰的讲述，更有不少戏剧表演艺术家和著名演员在中国共产党的领导和影响下，以各种方式反抗日本帝国主义和国民党当局的统治的感人故事，如果能择其精彩内容编成一册，颇有意义。

我们认为，编辑出版这套丛书，不仅能为上海广大市民和青少年朋友了解上海革命和社会主义建设的历史提供一套有价值的读物，还是开展"四史"教育和党史学习的一套生动教材。尤其是在迎接和庆祝中国共产党诞生一百周年的日子里，这套《上海滩》丛书，可以帮助人们更深刻地理解中国共产党是一个善于将马克思主义同中国革命实际相结合的政党，是一个始终将人民的利益放在最高地位的政党。初心绽放，爱我中华，百年政党正青春，未来我们将更加自觉地团结在以习近平同志为核心的党中央周围，砥砺前行，排除万难，去夺取更大的胜利！

上海通志馆
《上海滩》丛书项目组
2021年3月23日

目录

1/ 支援大西北的上海金融职工

10/ 1951：上海五金工人投身治淮大战

17/ 大兴安岭的上海人

25/ 投身国防建设的上海技工

36/ "原三刀"大漠编织蘑菇云

41/ 我在小三线研制新武器

47/ 1958年：奔向蕲春的上海知青

53/ 建设二汽，难忘那山腰上的日子

60/ 十堰，芦席棚里的青春往事

65/ 解决青工婚姻"老大难"的回忆

73/ 在运煤车队的日日夜夜

82/ 我在四川工作十七年

92/ 竹片抹泥土：亦苦亦乐"干打垒"

96/ 我在"大三线"的那四十年

103/ 我在新疆支边的所见所闻

112/ 杨永青：天山脚下的浦江支边青年

119/	南疆铁路建设中的上海人
128/	在新疆兵团监狱工作的日子里
136/	赴新疆支边的上海知青座谈记
142/	新疆大雪灾中的一场殊死搏斗
151/	我的知青生涯
169/	在押运活畜的专列上
176/	2008年，我在四川地震灾区参加心理援助
187/	昆仑山下的上海援疆情
193/	世界屋脊上的上海援藏干部
202/	三赴陇南：为了老区的孩子们
210/	情系红土地
	——上海青年志愿者赴慎扶贫帮困的故事（1998—2001）
222/	"百企帮百村"，高原脱贫忙
	——长宁区助力对口地区脱贫攻坚记
237/	要让英雄的土地富起来
	——静安区对口帮扶工作纪实

255/ 对口帮扶的那些人、那些事
　　——普陀区对口帮扶工作纪实

272/ 帮扶路上的一道道阳光
　　——宝山区对口帮扶工作纪实

291/ "虹口的干部，真是我们的贴心人！"
　　——虹口区对口帮扶工作纪实

310/ "上海的同志，感谢你们的真诚援助！"
　　——闵行区对口帮扶工作纪实

327/ 大山里飞出"金凤凰"
　　——金山区助攻云南四县脱贫纪实

338/ 创造"上海温度"的帮扶"神话"
　　——青浦区对口帮扶工作纪实

348/ "谢谢，来自宝岛的上海干部！"
　　——崇明区对口支援工作纪实

支援大西北的上海金融职工

黄金平

1950年,两千余名上海金融职工热烈响应党的号召,拜别父母,告别家人,奔赴祖国的西北边陲,为保卫和建设大西北流血流汗,奉献青春乃至生命,涌现出许许多多可歌可泣的动人故事。

潘汉年动员,四天报名六千多

新中国成立初期,大西北经济相当落后,人才严重匮乏。以青海为例,当地的银行网点很少,县一级人民银行有的刚成立,有的则处于筹备阶段。由于缺乏专业人员,银行吸收了部分当地干部;这些人文化水平很低,从未受过会计等专业培训,致使内部管理混乱,账目差错很多。为此,大西北的金融业亟待其他地区的支援。

50年代初,上海占有全国金融业半壁江山(全国金融业职工共18 941名,上海就拥有9 400名)。1950年8月27日,上海市副市长潘汉年、市总工会副主席钟民、中国人民银行华东区行行长陈穆等在天蟾舞台召开上海金融职工响应祖国建设号召动员大会。潘汉年号召:金融职工要把自己的能力发挥到祖国最需要的大西北去!

会后,合营银行、北五行、上海银行及第一、第二联营所属各单位职工们沸腾起来了。很多单位在报名室尚未布置好的时候,"光

上海赴西北银行工作队去青海途中，登上六盘山顶

荣门"口已熙熙攘攘地挤满了人，人们有共同的愿望："争取第一个报名""争取第一个批准出发"。胡家吉，这位上海金融业第二联营的青年职工，当他接到"支援大西北，现在开始报名"的电话通知后，以百米冲刺的速度从广东路连穿六条马路，跑到北京东路报名，原想夺个第一，没想到已排在200名之后了。

作为家属的叶元贞赶来代表暂时不在上海的丈夫周和邦报了名；老母亲陪同儿子吴杏初兴冲冲地前来报名，她说："去年我送小儿子参军，现在我又看到大儿子去大西北建设，我感到非常高兴。"父子、兄弟联袂报名的则更多，坚决要求组织上予以批准的每日都有……到8月31日上午报名截止后，还有很多同志赶来要求通融通融。据统计，共有6 203人报了名，占上海金融职工总数60%以上。

经多次筛选，2 078名（以及家属约4 500余人）职工被批准，并编成9个大队。第一大队去新疆，第二大队去青海，第三、四、五大队去甘肃，第六、七、八、九大队去陕西。9月12日，虹口体育场举行万人规模的"上海金融职工响应祖国号召参加建设大西北欢送大会"。从此,他们踏上人生新的征程。

乌鲁木齐流传调侃上海人的儿歌

据去新疆工作的徐家庆(时任第一大队党支部副书记兼青年团总支书记)回忆,当时组织上有明确的指示,要给西北选派年轻、健康、思想进步的同志。赴新疆的第一大队旅程最远,条件最艰苦,又是率先出发的"开路先锋",人员配备要更强些,党团员骨干要更多一些。第一大队由解放前担任地下党支部书记的王松钧同志担任大队长兼党支部书记,带领288名队员,加上随行的家属共430多人。队中由7名党员组成临时党支部,近80名青年团员组成临时团总支,并在6个中队均建立了团支部。

第一大队乘火车换汽车,跋涉数千里历时近1个月,于10月16日中午抵达乌鲁木齐。稍事休整后,大部分同志立即奔赴南至昆仑、北至金山的各基层机构,立刻参与基层金融机构网点的组建工作。

赴青海省民和县的上海银行工作队在当地野炊

徐家庆谈到，当时由全国最繁华、生活条件最优越的大都市，一下子转到物质和文化生活条件都十分艰苦的环境中，其艰苦程度，超过了大家的想象。一大队刚到乌鲁木齐市不久，中国人民银行新疆自治区分行附近街巷里就传出了一首儿歌："阿拉上海人，来到新疆省，三天不吃大米饭，就要肚子疼。"这种调侃非但没有影响大家的情绪，反而增加了大家克服困难的信心。

陈树方、孙寿享两人到新疆后，自愿报名到最边远地区工作，被分配到离乌鲁木齐市有1 500多公里的南疆戈壁城——阿图什县。当时全县大小单位总共不到10个，汉族干部只有30多人，住的是土块垒起的房子，气候寒冷多变，点的是油灯，长年饮河水，全县没有电影放映队，下乡一次要骑几天毛驴。就在这块贫困的边远地区，他们默默地工作了30多个春秋。盛维民回忆往事，感叹万分：工作上、生活上的困难咬咬牙也就挺过去了，多掉几斤肉也就适应了，最难过的是思念亲人想念家乡呵！父母病重时不能及时赶回，为了大西北，我们做了家庭的不孝子。但是人各有志，我们个人虽有牺牲，却不后悔，为了建设大西北，我甘愿承担这些牺牲。

青海牦牛的故事

当年，17岁的上海姑娘张莉影初中刚刚毕业，作为家属跟随姐姐、姐夫一家人支援大西北。在去青海的前夕，妈妈拉着她的手，一把鼻涕一把眼泪，不让她去，理由很简单，大女儿走了，将来要靠小女儿养老。但是，她没有改变主意，毅然跟随姐姐踏上了西行的列车。到青海后，先是随姐姐、姐夫在民河县银行工作，一年后去西宁学习，回来后被分配在人民银行西宁市支行工作。聪明伶俐的张莉影一心扑在工作上，从数一张张钞票开始，逐渐掌握了手指单指点钞，三指、四指、五指及扇面点钞等多种方法，创造出了独特

上海银行工作队在青海省西宁城外

的点钞技术和一整套操作规程,做到了准中求快,被人们誉为"点钞能手"。1960年,她光荣地参加全国财贸技术革命、技术革新表演大会,受到周恩来总理等中央首长的接见。

1972年,远在上海的老母亲突然中风,瘫痪在床,急需有亲人照顾。张莉影也曾有过请求组织将自己调回上海的想法,可实在放不下手中的工作,几经权衡,她把小女儿茜茜送回上海读书,也可和老人相依做伴,一早一晚帮点"手脚",以此排解心中对母亲的歉意。

1978年,她担任西宁市支行营业部出纳股长。她言传身教,带领出纳股的青年同志,仅用两年时间,全股18个刚入行一两年的青年,竟有12人达到"点钞能手"的标准。她所领导的出纳股,连续几年无差错。

可是,不久小女儿茜茜来信连连告急:外婆身体每况愈下,希望妈妈请假回上海。这时,张莉影刚刚担任人民银行西宁市支行营业部股长，怎好意思张口请假呢？她给上海的亲人修书一封，写下小茜茜刚懂事时，她常给女儿讲的青海牦牛的故事。这个故事是当年中国人民银行青海省分行副行长刘锐讲给青年团员听的。他说，咱们青藏高原有一种世界著名的牛，浑身是毛，叫牦牛，牧区群众全靠这牲口搞运输。它不怕风雪，成天驮着沉重的东西奔忙。遇到马儿不能上的山，它能上；碰到藏狗不能过的河，它能过；大雪封山，它踏平厚厚的白雪勇猛前进，还能给羊群开路……这些年她默默地牢记着刘锐的话，立志要像青海牦牛那样勤奋工作。她在信中教育小茜茜要继承"牦牛精神"，她也恳请母亲理解女儿奉献大西北的"牦牛精神"。女儿茜茜读罢信后，深为妈妈的高尚境界所感动，老外婆也为有这样的好女儿而自豪，并教导外孙女向妈妈学习。

"我们夫妇没有给上海人丢脸"

佘如清、张光辉夫妇是去陕西的。张光辉原是上海虹口区第一医院护理部副护士长，到西安后在西安市第二医院医务处工作。她曾写了一封长信给笔者，介绍了她和丈夫去西北工作的情况，内容真是情真意切，感人肺腑：

"1950年动员号召后，尽管我有年迈的公婆、自己的双亲、朝夕相处的手足、繁多的家庭问题，仍然坚决报名，卖掉了四十几条腿的家具，打起五十公斤的行装，丢掉高薪，抛弃优越的小家庭生活，向着大西北前进。亲爱的同志，我难忘那潘汉年同志的讲话，难忘那新华银行大楼礼堂的热烈相送，难忘那虹口体育场的万人欢送大会，难忘你们在我胸前戴上鲜艳红花，难忘那上海北站锣鼓喧天、红旗招展、母亲的泪水、姐妹的情长，难忘那到西安后的艰苦岁月，难忘那加给我们的一连串不公平的待遇，难忘那1953年11月在西安东北路10号的银行招待所,在窗无遮风、房内无取暖的条件下,我早产了不足四斤的第二个孩子,难忘那……45年啊!艰苦的岁月度过来了,不公平的待遇我们全承受了,这些都没有动摇我们代表上海人支援西北经济建设的决心。我们夫妇没有给上海人民丢脸。我们的第二代在财贸学院毕业后又担任起培养银行干部接班人的教育工作……"

信末她还加了一句:"我为银行干部支援西北经济建设无私地贡献了我的青春和一切。"

对大西北一往情深至死不渝

当年这批热血青年,不少人竟受到不公正待遇,有的甚至被扣以莫须有的罪名打成"反革命",押送偏僻荒凉的夹边沟劳动改造。但他们一旦得以平反后,仍然对党对祖国忠贞不渝,对大西北一往情深不忍离去。高尚斌就是其中之一。时逢三年困难时期,繁重的体力劳动,少得可怜的定粮,极差的医疗条件,沉重的精神负担,一度使他挣扎在死亡的边缘,奄奄一息。是他的老母亲寄去的饼干等食物,才将他从死亡线上拉了回来。粉碎"四人帮"后,他的问题解决了。回忆这段不幸的遭遇,他坦然地说:"这些'左'的一套已成为历史,今后不会重演,我要面向未来。我来西北时曾提出过入党申请,现在我还要努力加入中国共产党,成为其中光荣的一员。"

应新馁,这位去青海大通县人民银行工作的老实巴交的人,1958年3月突然被打成"反革命分子",送往山区八宝农场劳教。1962年,他被解除劳教,1974年,被遣返回原籍。他的父母和兄弟姐妹都在国外,已想方设法在美国洛杉矶帮他寻找工作,联系好定居事宜。粉碎"四人帮"后,他得到了平反,正在商议出国的时候,他接到大通县发来的电报："不以反革命论处，撤销一切处分，恢复工作。"他激动得热泪盈眶。过去所受的种种苦难、委屈全都烟消云散了。他立即写信给在洛杉矶的亲友，明确表示不去美国了。他实在离不开那块带给他欢乐和苦难、幸福和灾祸的土地。三天后，他又坐上了西去的列车，直奔大通县。大通县人民银行热烈欢迎这位知识分子的归来。不久，他第一个被评定为会计师。1983年，他还当选为西宁市第七届政协委员。

"娘家人没有忘记我们"

去西北地区银行工作的2 000多名上海人，都经受了各种困难和考验。十一届三中全会以后，部分同志走上了领导岗位，像顾俊生，曾担任中国人民银行新疆自治区分行副行长；郑祥芝，曾担任中国银行新疆分行副行长；叶学海，曾担任中国银行青海省分行副行长……如今这些扎根在祖国西北边疆的同志都已儿孙满堂。他们中绝大多数已退休，但是仍在为祖国的金融事业继续发挥余热。历年来，被评为省级及全国金融战线劳动模范的多达80多人。

他们的家属和子女，也作出了令人赞叹的成绩。如当年随丈夫去陕西的家属顾芬，曾担任汉中医院院长，她长年累月不辞辛劳，救死扶伤，深受当地群众的爱戴，曾被推选为第六届全国人大代表；赴西安工作的谢凛曾的女儿谢佩华，年轻有为，1986年被提拔为陕西省工商银行副行长……

对于这2 000多名上海金融职工及其家属，上海的各级领导和金融职工无时无刻不在挂念着他们。1986年，经中国人民银行总行批准，上海金融单位组成慰问团，赴大西北慰问支援当地的金融职工。慰问团带着上海三万金融职工的深情厚谊，带着印有"青春献祖国，建设大西北"的荣誉证书及纪念品，分赴天水、兰州、武威、西宁、乌鲁木齐、喀什、石河子、西安、延安、宝鸡、汉中等地区进行慰问。一些在西北的上海人噙着泪花说："30多年了，娘家人没有忘记我们，我们也没有让娘家人丢脸。从个人来说，确实吃了亏，但当我们回顾走过的人生道路，感到自己为祖国大西北的建设尽了一份力，作出了一份贡献，内心就足以自慰了。我们没有什么后悔的。"

当慰问团回到西安时，恰遇当年任中国人民银行西北区行副行长的乔培新在视察工作。乔培新对慰问团的同志说，他和当年担任中国人民银行华东区行行长的陈穆，对慰问活动极为赞同。乔培新同志回忆和介绍了当年的情况后，一再强调："对这2 000多名金融职工的贡献应充分肯定。向总行汇报时，就说我乔培新的意见：这批干部奉献了青春年华，建设了西北金融。用这两句话加以评价，毫不过分！"

1951：上海五金工人投身治淮大战

邱志仁

全长约1 000公里的淮河，是我国第三大河流，流域地跨河南、湖北、安徽、江苏、山东五省。从14世纪到19世纪，淮河流域曾发生过350次较大水灾，几乎"无年不灾"。在战火纷飞的旧中国，水旱灾害频繁的淮河更是让两岸百姓苦不堪言。1950年，我国决定治理淮河，并建立治淮机构，开始了有计划、有步骤的系统治理工作。在这场治淮大战中，有一抹身影不容忽视，那就是上海的工人阶级。

三月，动员工人接受全新挑战

1950年10月14日，中央人民政府政务院发布《关于治理淮河的决定》，遵照毛主席的指示，以"蓄泄兼筹"为方针根治淮河。11月6日，治淮委员会在安徽蚌埠成立，并在豫、皖、苏三省分设治淮指挥部。根据《决定》，1951年要在淮河中游兴建一个巨大的蓄洪工程项目——润河集分水闸枢纽。

润河集分水闸枢纽位于安徽颍上县润河集乡，是上游水库和下游入海水道建成前，拦蓄淮河汛期干支流洪水的关键一环，能有效缩小受灾区域。在整项工程中最为艰巨而复杂的，是建造控制洪水的闸门。对此，治淮委员会十分慎重。鉴于上海在相关技术上的雄厚实力，委员会决定将这个任务交给上海。

1951年3月初，治淮委员会致电位于上海的华东工业部，商请派遣机械工程师前往安徽，协助设计润河集分水闸枢纽的启闭设备。3月12日，华东工业部机械处的冉伯卿和汪松山首赴工地，停留了约一周，收集部分资料后返回上海。3月29日，治淮委员会负责同志偕同苏联水利专家来到华东工业部。在接下来的两天里，他们与机械处技术室的设计人员一起讨论制定设计原则，最后确定了设计图样，并提议在7月淮水汛期到来之前安装完成。

制造一个长500米、用液压控制启闭的闸门，在当时而言是一个全新的挑战，而且时间还相当紧迫。当华东工业部将制造机件的任务分配给上海各家机器钢铁厂时，对于这个意外的突击任务，大家都表示没有把握，尤其是安装工程，没有一家厂方愿意承包。为此，在接到华东工业部的通知后，上海五金工会立即召集下属各厂工会主席举行动员大会，号召全体职工"发挥高度积极的战斗精神，以完成这项光荣的任务来迎接红五月"。

会议结束后，工会主席们回到各自厂里，不仅对工人转述了润河集分水闸枢纽工程的概况及重大意义，有的厂领导还组织人员绘制地图说明情况；有的厂领导则让老家在淮河两岸的苏北籍、皖北籍职工，向工人讲述他们亲身经历洪涝灾害的惨痛遭遇，对这项工程进行深入的宣传鼓动。

四月，上海掀起一场生产高潮

4月初，华东工业部机械处技术室专门邀请各厂一线技术人员，如大鑫钢铁工厂的孙云鸢、上钢一厂的孙德和等人，一同研究"活塞筒铸造"技术问题。最初，他们商议采用浇钢制造，后考虑改用铸铁制造上盖和底座，以解决蓄水不够的难题，同时为确保交货时间，决定分铸两段而后焊接，再行加工。

4月5日，华东工业部矿冶处、机械处邀集各厂领导商讨分配"活塞筒上盖和底座"的浇铸任务，最后确定上钢厂承接60套、亚细亚厂承接48套、大鑫厂承接36套、中国纺织机器公司承接24套，规定最早的交货日期为4月23日，最晚为5月12日。4月7日，吴淞机器厂、虬江厂、通角厂、大鑫厂、上海工具厂、上海制车厂、人民轮船公司机器厂、中华造船厂等企业，承接了主要配件的加工工作。而江南造船所则接下了加工下盖40套、浇铸生铁底板50套的任务。

至4月中旬，锻钢、铸铁、加工等主要工作已基本分配完毕，其他附属零件、垫料加工工作，另由机械处委托或接洽其他制造厂承接，至于动力间附属机件及管装配件，待全部图样完成后再进行分派。完成任务分配后，华东工业部机械处即与各厂签订任务合同，厂方开始积极准备工具、采购材料。

4月23日，机械处再次会同上海五金工会，邀请参与此项突击任务的38家公、私营工厂工会主席，又举行了一次动员大会。时任华东工业部副部长的程望在会上作了《关于中央决心于今年要办好治淮工作》的报告，阐明"这是有关国计民生的一件大事，上海必须全力以赴完成这项工作"。上海五金工会主席马小弟提出四项号召：第一，保证如期完成任务来迎接红五月；第二，保证品质合于规格；第三，展开合理化建议改进生产技术，争取提前完成任务；第四，提高警

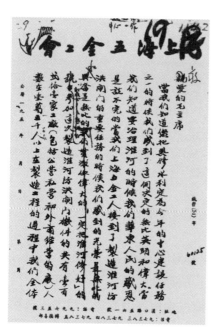

1951年6月11日上海五金工会主席马小弟写给毛主席的信

惕,保证安全生产,防止和检举潜伏匪特的阴谋活动。到会代表一致表示,全力支持这项工作,响应四项号召,争取如期完成任务。

此后,各厂工人情绪高涨,纷纷展开生产竞赛,掀起了一场制造防洪闸门机件的生产高潮。其间,为了掌握生产进度,及时解决各厂在生产过程中遇到的困难,华东工业部机械处生产组和检验组的工作人员经常下到各厂,鉴定和检查各项生产材料,剔除不合格者,以确保制件品质。

五月,为完成任务不分昼夜

这次参加润河集分水闸枢纽工程机件制造的上海公、私营工厂共有123家,工人12 000名。从4月15日开始铸锻坯件,到5月26日全部装配竣工,比原定计划节省了25 700多个工时。值得一提的是,其中不少技术人员发挥了积极的创造能力。

华东工业部机械处分别于4月30日和5月2日、4日、7日,接连召开了"锻工及加工""高强度铸铁与加工""铸钢与加工""加工及装配"四个技术座谈会,对于各厂提出的许多合理化建议,均进行了探讨与论证,使之能够充分应用于实际生产中。大鑫机器厂清理部门的朱学章和电割小组的李殿均,共同创造了用高气压一次直割油压筒的方法,将工作效率提高了三倍有余,每只油压筒节省氧气700磅(318千克);中国纺织机器制造公司第二制造厂技术员王虎创造了新工具"活络圆弧板",使车制圆球的时间比原先起码加快了十倍。

5月5日,是中机一厂完成浇铸任务的日子。为了保证工程进度,该厂工人几乎将安危置之度外。由于炼钢炉内的矽砖拱穿垮了下来,中机一厂的交货日期势必延后,工人们决定采用当时苏联先进的热修方法予以修补。可是,现场条件并不适合用此方法,因为缺乏至关重要的制热设备。工人们一面用废钢盖住火，一面用铁板遮住部分炉膛，一个接一个地跳进炼钢炉进行修补工作，全然不顾个人安危。经过两个多小时的艰苦作业，修补工作终于胜利完成，中机一厂非但没有延后反而提前完成了任务。

在拥有悠久革命传统的江南造船所，老锻工不甘落后，不分昼夜地辛勤工作，眼睛熬得通红，喉咙也嘶哑了。当工会干部去生产一线慰问时，他们却笑着说："没什么，没什么，你们放心好了，完成任务已没问题。"电焊工人每天连续工作11小时，瞳孔被电光刺激得放大，晚上回到家里痛得不能入睡，可是他们只用湿毛巾敷了一晚，第二天又进厂继续工作。

事实上，许多工厂的职工都表示："为了淮河两岸几千万人民的安全和幸福，辛苦一点，得点小病小痛，又算什么！"他们还纷纷给工会干部写信，保证"坚决执行号召"。

6月，奔赴工地安装治淮闸门

5月底，上海五金工会从各厂组织动员包括技工、冷作工人、起重工人等在内的700余人，成立了一支治淮工程队。6月初，在华东工业部工程师的带领下，上海治淮工程队抵达皖北润河集工地，开始安装闸门，布置控制闸门的油泵站和油路系统。

当几万名当地民工看到来自上海的工人们穿戴整齐，在高低不平的工地上走得"跌跌冲冲"时，忍不住在背后议论："真不知道这些人来了有啥用？"然而就在他们眼前，上海工人将几吨重的钢架、油缸轻而易举地安装了起来，将铆钉枪和电焊使用得出神入化，安装完成闸门并进行放水。民工们不禁由衷地称赞道："上海工人阶级真是老大哥，的确有办法！"上海治淮工程队回沪时，当地民工更是热情地自发列队欢送"老大哥"上船。

皖北润河集分水闸工地的民工们欢迎上海五金工人

在淮河工地，上海工人虽然住在"外面下大雨，里面下小雨"的芦席棚里，睡在"毛虫和蛤蟆往身上爬"的烂泥地，一日三餐吃着红糙米和黄泥水，但他们却没有一丝怨言。在工程进行最紧张的那三天，正巧碰上当地连天大雨，上海工人一早起来，冒着大风大雨，走了一里多路赶到施工现场，一直干到晚上十一二点钟才浑身湿透地回到宿舍。在盛夏酷暑，铆钉工人身贴灼人的铁板不停地工作，带队干部不得不强行关闭铆钉枪的动力来源——送风机，工人们才肯停下来休息，而其中三名工人下来后就中暑晕倒了。

上海治淮工程队在不分昼夜、积极赶工的同时，还组织了不少文娱活动丰富工地生活，成立了工人纠察队日夜巡逻放哨，并协助当地公安机关抓捕惯匪，破获犯罪活动。7月13日，上海治淮工程队顺利完成全部任务，比预定计划提前了2天。

上海五金工人在工地上吃饭

7月16日，润河集分水闸枢纽工程指挥部给治淮委员会主任曾山发了一封电文：

进湖闸闸门已提早于十三日装好，上海五金工人此次在上海五金工会顾林宝同志的领导下，冒着烈日风雨突击工作，光荣完成全部任务，表现了工人阶级高度的觉悟与组织性，对分水闸工程作了有力的支援，当他们返沪庆功之际，请向上海五金工会转致敬意与谢意。

7月20日，润河集分水闸枢纽工程全部完工，上海五金工人在此过程中作出了卓越的贡献。

（本文部分图片源自上海档案馆，由作者提供）

大兴安岭的上海人

梁　仁　黄岳忠

8月的江南是酷暑难熬的时刻，而北国边陲的大兴安岭却是花红树绿最美的季节。我与上海电视台几位记者一同前往大兴安岭去采访拍摄专题片。从牙克石、加格达奇到大杨树，我们一路上用摄像机记录下一批生活在林海深处的上海人的故事。虽有磨难，虽有艰辛，但这些"阿拉老乡"，却已经像兴安岭上高大挺拔的樟子松一样，深深扎根于那片肥沃的黑土地中。

刘荃：林区第一位外科医生

刘荃，这是我们刚到牙克石后便听到的一个响亮的名字。"他是你们的老乡，你们一定要去见一见"，牙克石森警政委张吉先说。"他的故事真动人，是你们采访的好材料"，内蒙森警总队唐春枫处长热情地向我们推荐。

与刘荃第一次见面是在他任顾问的林业中心医院。这位70多岁的老人，脸上带着林区人所特有的风尘。他呷了一口茶，向我们娓娓讲起了昨天的故事。

刘荃祖籍天津，1946年考入上海震旦大学外文系。1950年举行中欧青年联欢会，他被上海市青联借去当翻译。此次活动结束，外交部要调他去做专职翻译，但他拒绝了，原来他的志向是当医生。1951年，他由震旦大学调入上海第二医学院外科专业。1953年毕业时，刘荃与其他四位同学一起写了决心书，就这样，他带着理想，打起背包，满怀革命豪情，来到了祖国北疆大兴安岭林区。

"当时的牙克石是个地图上找不到的地方。"刘荃微微一笑说道。

牙克石是大兴安岭的林区，日本人占领东北后，为建南满铁路，在此建镇，抗战胜利后被苏联红军接管。当年只有1万多人的牙克石，俄罗斯人就占了一半。刘荃刚下火车就见到许多俄罗斯人，同时也看到了牙克石就像西伯利亚一样的荒凉。这里没有一家工厂，只有一间间用圆木拼建起来的木壳楞的房子。没有现代交通工具，他是坐着马爬犁到漕河林业局的作业所医院报到的。

一到漕河，刘荃惊呆了。所谓的医院只是两间木壳楞，木屋内是两个用泥块砌成的土炕，一个作手术室，一个作病房，病房只容得下四人居住。这里有一个日伪时期留下的"外科医生"，但他从不动手术。当时大兴安岭的森林采伐都是手工作业，事故很多，工人被树木砸伤、压断臂腿后，这个"外科医生"都是将工人转送其他医院完事，理由是这里连简单的手术器械也没有。

血气方刚的刘荃与伙伴们决心改变这种现状。于是他托亲友与同学从上海、北京、天津等大城市邮购医疗器械和各类药品，办起了一个像样的医院。不久来了个疝气病人，按常规又得转院，但冰天雪地里几十个小时马车的颠簸，极易造成病人死亡，于是，刘荃等决定自己做手术。刘荃消毒了手术台，便在马灯下为病人做完了手术，病人很快恢复了健康。以后，刘荃又在这间土屋里的马灯下，给骨折等工伤的林业工人开刀接骨。这样，当一个个痊愈的病人走出那间土屋后，刘荃便成了当地林业工人心中的明星。"有病找上海医生"成了工人们的一句口头禅。

1954年，刘荃调到了图里河林业局医院，那里有50张床位。当

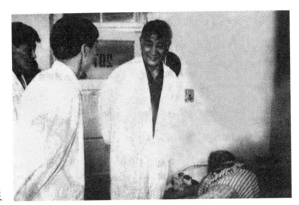

刘荃在病房与医生交谈

时医院又从各地分配来十几位医学院毕业生,刘荃向领导建议:集中使用这批医务人才。这样,林业局就开始有了一家初具规模的医院。1956年,刘荃负责组建牙克石林区广慈医院,他一面手持手术刀,一面进行新医院的筹备工作。一次,医院来了一位摔破脾脏的病人,由于内脏大出血,急需输血。当时,图里河林业局根本无备用血浆,主刀医生刘荃知道自己的血型与病人相同,立即输了300CC给病人。病人手术后,血压上不去,又得输血,刘荃毫不犹豫地又给病人输入400CC血。病人终于获救了,并记下了这位救命菩萨刘荃。之后,刘荃又先后七次无偿地将自己的鲜血输给病人。

如今,刘荃在兴安岭林场无论走到哪里,都有许许多多他叫不上名的工人、干部和家属请他吃饭、喝酒,送给他土特产。一次刘荃去淖尔开会,刚下火车,一位来接他的青年张口就问:"刘大夫,你还认识我吗?"当时刘荃一愣,青年马上又说:"我是你三十年前给我母亲做剖腹产手术生下的孩子。"

1957年,当时有位患脑炎的病人确因医治无效去世了。林业法院偏信了病人家属的话,传讯外科一位主治医生。刘荃闻讯后十分气愤,他联络了几位医生给法院写了封信,指出如果不是医疗事故导致病人死亡,法院也要传讯的话,那么医生这一行就没法干了。

今天来看这封信并无错误。但是，此信寄出恰逢《人民日报》发表《我们工人说话了》一文之际。于是，刘荃等人被冠以"白大夫集团在医院搞匈牙利事件"的罪名而戴上"右派"帽子，工资降了一级。

刘荃虽说被划入另类，接受批判，但医院门开着，手术还得要人做。大兴安岭的医院不同于北京、上海等大城市，头戴"右派"帽子的刘荃还得上手术台，还得每日去病房查房，还得关心广慈医院的筹建工作，因为远道而来的病人要找他，林区的干部工人要找他。

1959年，在上海第二医学院毕业的未婚妻也来到了大兴安岭，这给困境中的他注入了一股暖流。1961年，刘荃摘掉了"右派"帽子。但"文革"开始，他又成了批判对象。此时刘荃筹建的广慈医院已经建成，但人们都忙"造反"去了，内外科仅留年龄最大的刘荃守在医院抢救病人。"文革"结束，1983年，刘荃担任广慈医院的院长。此时牙克石市的人口已增至50多万，广慈医院床位也已扩至500多张，成为林区第一大医院。刘荃于1990年退居二线后任医院顾问，1994年3月正式办理退休手续。

与刘荃同时或稍后来到大兴安岭工作的上海医科大学毕业的医生，几乎都如同候鸟飞回了南方。我们问刘荃："你来大兴安岭工作了近半个世纪，这里如此艰苦的生活和工作条件，再加上反右时的人生磨难，你是否想到过回上海工作？"

刘荃笑了笑，又呷了口茶说："你们提的问题，与我去年回二医参加校庆时学生们问的问题一样。"

原来，二医校庆那年，学校将他请了回来，并让他与骨科专家陈中伟一起向学生们作报告。陈中伟低刘荃一级，该是他的学弟。刘荃对学生们说："当年到大兴安岭林场医院工作，生活的艰苦难以想象，天寒地冻，运输艰难，生活必需品经常短缺。如果说生活艰苦自己还有点思想准备的话，那么，在业务发展上自己就很难与在上海的同学相比了，条件环境不同啊。今天，我希望在座的同学人人成为像陈中伟一样的著名专家、著名教授。但是，我并不后悔我的人生选择。我国有12亿人口，人民需要专家，但更需要普通的医生，特别是像大兴安岭这种缺医少药的边疆山区。40多年来，我走遍了大兴安岭的山山水水，林区的任何一个角落都有人认识我，人们像欢迎贵宾一样欢迎我。40多年结下的缘、结下的情已经解不开了。因此，我觉得自己很欣慰。"

刘荃的报告在学生中激起了一阵阵热烈的掌声，引起学生们对人生的深深思考……

孟金凤：在家里办起上海幼儿园

我们到大杨树镇后，听说这里有一所上海幼儿园，它是一对上海知青办的，我们便赶了过去。

陶玉林与孟金凤是1967年的上海技校生。1969年"上山下乡"热潮中，他们告别了父母兄妹来到大杨树。这里所处的纬度比牙克石还靠北边，冬天，寒风刺骨，滴水成冰。常年吃的是苞米窝窝头加大白菜。夜深人静时，狼嚎声令人心怵。

1970年以后，陶玉林进入了大杨树林业基建队，孟金凤被调入林业小学当教师。粉碎"四人帮"后，当看到和自己一起下乡的同学一个个返回上海时，陶玉林与孟金凤自然也想念家乡，牵挂远在上海的父母与兄妹。"那为什么后来又不走了呢？"我们问道。

一口标准东北口音的孟金凤不加思索地回答：离不开大杨树这块土地与这里的人。大杨树的乡亲待这对上海夫妻很好。陶玉林入了党，评上了林区的助理工程师，孟金凤被评上了呼伦贝尔盟的优秀教师。无法割舍的感情让他俩留在了这块土地上。即便是孟金凤的母亲去世，她也因正巧带领学生排练参加盟里运动会的团体操，而不能赴上海为母亲送行。最后，她只得忍着悲痛请丈夫代表她回

孟金凤与大杨树幼儿园的孩子们

沪向母亲致哀,并请母亲的在天之灵原谅。

80年代初,孟金凤的身体一天不如一天,疾病折磨得她只能退休。那时,她还可以回上海,但她还是割舍不了对大杨树的深厚感情。于是,她办起了一所上海幼儿园,让大杨树林场双职工的孩子从小能受到良好教育,也让这些孩子的父母无后顾之忧。

孟金凤出任幼儿园的园长兼教导主任,她还把在上海读师专的女儿叫过去,教孩子识字、音乐和游戏。短短几年,大杨树的上海幼儿园便在林区小有名气,远近的人们都想将孩子送进来。

上海幼儿园里窗明几净,教室用房是他俩自己最好的三间房子,院子里还修起了滑梯与转车。食堂小黑板上写着一周菜谱。幼儿园的粉墙上贴着孩子们创作的美术作品,教室里放着风琴、手风琴、鼓号等乐器。像这样设施较全的幼儿园,在这片林区真是凤毛麟角了。

孟金凤兴奋地告诉我们,想来上海幼儿园的孩子太多,但因教室太小实在无法再收了。有朝一日,盖上一座二层楼房,或者再扩建一些教室,那就能多收些孩子了。

听了她的这番话,我们都感慨万分。人们常常说,献了青春献子孙。陶玉林与孟金凤这对上海知青,不正是如此吗?他们不仅将自己的青春奉献给了大杨树，如今又将女儿召唤到身边，共同为大杨树的未来而奋斗！

钟根宝：林区里的辛勤园丁

加格达奇位于大兴安岭的腹地。这是一座山清水秀的城市，绵延的兴安岭仿佛是它绿色的外衣，洁净的街道，典雅的西方建筑，使它享有"小哈尔滨"之誉。也许因为兴安岭的灵秀与俊美都给了加格达奇，这里的姑娘长得特别美，既有东北人的高挑个头，又有江南水乡浣纱女的细嫩，据说中国时装女模特儿几乎一半出自加格达奇。

上海知青钟根宝虽然已有40多岁，但还是一脸的书生气。钟根宝原是上海长宁区68届的技校生。那年，他在"一片红"的潮流中来到了加格达奇。开始在林场当农工，劳动繁重，冬天伐木尤其艰苦。兴安岭的雪下得有半人高，柴米油盐都得从山下背上去，一旦断粮连找根野菜都困难。钟根宝却干得很出色。1971年，他被林场推荐进了加格达奇卫生学校念书。几年后，因各门学科成绩优秀，毕业时被学校留下任教，一转眼便是20多年。

钟根宝的妻子林岳琴也是上海知青。他们的家安在加格达奇，住在卫生学校分配的60多平方米的二居室。但是，妻子工作的学校在哈里河，距加格达奇有几十公里，要坐好几个小时的火车。新婚之初，妻子周六回家，周一清晨赶回学校。但是，有了孩子后，妻子不可能背着吃奶的孩子走上讲坛，而他们又无力请保姆。于是，只能辛苦钟根宝了。他是既当爹又当娘，每天一上完课后便往家赶，孩子撒尿拉屎吃奶粉都得自己照料。一次，钟根宝为了晚上赶到火车站去接妻子，吃完饭便哄孩子睡下了。谁知孩子刚刚眯上眼，便被关门声惊醒了。一岁多的孩子睁开眼睛不见了爸爸，就爬起来边哭边找，不慎摔下床去，翻滚到冰冷的水泥地上，满脸是血，疼得哭不出声来。钟根宝夫妇一回到家，连忙抱起孩子送到医院。

此后，他们只得把孩子送到上海托爷爷奶奶帮忙照料，直到会走路了才接回。孩子16岁那年，又回到上海去读书。不久，为了照顾年迈的父母和帮助孩子跟上上海的学习进度，林岳琴也回了上海。当了十多年爸爸的钟根宝，又过起了牛郎织女的生活。

钟根宝在卫生学校每年有640课时，扣除节假日，每天有四五个课时。因为他教得好，学生欢迎，学校便每年给他增加新课。于是他忙得不亦乐乎，无暇去关心远在上海的妻子和孩子了。

我们问他："你想不想回上海啊？"他很坦率地说："想啊，但总是忙得回不去。"

钟根宝夫妇的收入每月不足千元，可他每月要寄800元钱给妻子，剩下的除支付伙食费外，还必须从中省出一年一次探亲的路费。从加格达奇到上海，中间要在哈尔滨换车。为了节省费用，钟根宝从不买卧铺票，如买不到座位票，就得站两天两夜。钟根宝经常这样站着回上海，每次跨进家门时，他已是筋疲力尽，站立不住了。妻子心疼，多次劝他：四十出头的人了，买张卧铺票吧。但250元一张卧铺票，是他半个月的工资啊。孩子的教育得花钱，一家分居两地，开销又要增加，他实在不忍心如此"奢侈"啊。

然而，就是这样一位生活尚如此困难的上海人，却为加格达奇培养了一批又一批的白衣天使。他的奉献和牺牲精神感动了许多人，当地的政府和人民给了他许多的荣誉，也给了他许多的关怀。每言及此，钟根宝都颇为深情地说："大兴安岭不仅风光好，而且人更好。我和妻子为此奉献一生，这是我们的幸运与光荣！"

投身国防建设的上海技工

陆钟葆

如今我国的航空事业有了很大发展，已经拥有自己制造的歼20型飞机。然而很少有人还记得，半个多世纪前，上海有一批文化水平不高的技术工人，告别了黄浦江，离开了自己的亲人，斗志昂扬远赴东北，拿着比上海低的工资，过着气候和习惯都不太适应的生活，只为造出我国自己的飞机而日夜苦干。

大建设急需技工　党号召自愿报名

1954年，我国第一个五年计划即将开始。按照国家的建设规划，需要从上海抽调一批优秀的机械技术工人，支援祖国各地的工业建设，其中国防建设又占了很大比重。市、区工会连续召开动员大会，宣传国防建设的重要意义，号召工人群众自愿报名。当时是这样介绍的：外地厂房已盖好，机器已运到，有的已安装好，现在就缺技术工人，急需上海派人去，时间约定三年。领导动员

被批准参加国防建设的陈永兴机器厂的三名技工

说，参加这次建设运动的人是走在五年计划之前，可以称为"工业化道路上的二万五千里长征"。

当时我所在的厂叫"陈永兴机器厂"，有30人左右，我在厂里做钳工。厂里也有工会组织。我们这些人都是学徒出身，生活很苦，解放后才翻了身，所以听了动员报告后纷纷报名。我家祖母70多岁，母亲50多岁，父亲已故，我是老大，下有一弟两妹。听说我报名去外地工作，家里当然舍不得，但因为说好只有三年，他们也就同意了。我们厂报名的人很多，但只批准了三个人，我就是其中之一。

1954年6月30日上午，上海提篮桥区办事处"欢送五金技工参加国家重点建设大会"在长治大戏院召开了。这时，我已成为这支重点建设大军中的一员。会后，每人领取补贴300万人民币（旧人民币，相当于后来的300元），是给我们用来添置防寒衣服和行李的。接下来的一个多月时间，主要做出发准备工作和安排家中事务，但厂里工资照发。8月10日上午，厂工会

1954年6月《解放日报》有关动员五金技工参加重点建设的报道

在长治大戏院参加欢送大会的入场证

上海市五金技工参加国家重点建设欢送大会会场

负责人把我们连同行李一起送到报到地点——东海大戏院,大件行李写好标签后统一托运。我们每人胸前都佩戴着大红花和一条写有"光荣参加国家重点建设"的红飘带。报到后,先按小队集中,再坐客车到长海路黑山路"华东行政干部学校"(今上海体育学院)操场。大、中、小队全部集合,共2 080人。然后就开始在那里集训,吃饭、睡觉、学习和开会都在一起,实行军事化管理,外出须请假。我们白天听报告、开展分组讨论等,晚上看露天电影,临睡前还要点名。

在这段时间,上海市劳动局负责人和外地来接收的负责人签订了合同,合同期是三年,不过还拖了一句:"三年后要视生产情况及国家需要再定。"当时他们是在大会堂讲台上签订合同的,我们都坐在台下。工资是这样规定的：如果上海工资比当地工资高，就按上海的标准补差额（差额补贴仅维持三年）；如果外地工资比上海高，就按高的标准拿。至于在沪家属看病问题，说联系好后会通知家属的（后家属来信告知，安排在苏州路、四川路桥堍的上海第一人民医院就医）。当时还说上海家属若随工人一同去外地，则优先给家属安排工作。在华东行政干部学校内，那时还有个浙江省妇联培训班，她们为我们这些即将奔赴外地的工人作了慰问演出，记得有《采茶扑蝶》等歌舞、戏曲节目。13日下午，芳华越剧团尹桂芳、徐天红、许金彩等演员为我们演出《西厢记》，工人们争相请她们在自己的笔记本上签名留念。

戴红花乘车游行　潘市长热情送别

8月15日正式启程，上午先将大件行李装车运走。吃过午饭后全体集合，我们戴好大红花，分队坐车，20辆运输大卡车（大道奇5吨货车和10轮卡车），篷布全部撤掉，车身两旁挂着"欢送参加国家重点建设"等口号的大红横幅，最前面的车上还有锣鼓开路。车队从黑山路出发，过外白渡桥到延安东路、大世界，再到静安寺、南京西路，再转到西藏路、中百一店，在闹市区转了一圈，最后在北火车站广场下车集合。这里将举行欢送会，已实行交通管制，行人不可入内。在阵阵鞭炮、锣鼓声中，潘汉年、钟民、马纯古等领导来到了欢送会现场。潘汉年代表市政府讲话，他强调说："你们是代表上海市政府和全市人民出去的，作为上海的工人，要发扬上海工人阶级的优秀传统，和外地职工团结一心搞好建设。"他还要求我们更加靠拢组织，青年要争取入团，团员要争取入党……

欢送会结束后，我们整队入站登上火车。下午4点半，列车启

少先队员向即将奔赴外地的工人叔叔献花

职工家属到火车站送别即将启程的亲人

动。车到真如站,只见月台上有一群小学生及老师,举着横幅、拿着鲜花在欢送我们。我们坐的是慢车,中途经常停车。1954年夏季各地多涝灾,一路上我们看到铁路路基上都有积水。天色微亮时列车抵达南京,就坐船渡江(那时南京还未建造长江大桥)。过江后,火车车速明显快多了。车经天津、锦州、沈阳、长春、哈尔滨等站时,陆续下去了一些人,车厢里越来越空了。我的同事也在沈阳站下去了，他们是到一一二飞机总装厂的。过了哈尔滨后，我记得火车曾经过一个叫"田庄"的车站，那里铁路两旁长满了比人还高的野草，草多得望不到边。8月20日，列车抵达齐齐哈尔后，我们被允许下车出站自由活动，规定下午5时再回来集合。我们在齐齐哈尔市区逛了一圈，这城市不大，只有一条公交车线路。那里食糖是敞开供应的，人参论斤卖，价格不贵，油条也论斤卖。我们在饭店吃过午饭后，感觉无处可去，就一起涌进了电影院。那里的影院不分场次，一部电影循环放映，一直可以看到影院关门。

下午5时我们回到火车上，凌晨2时终于到达目的地，即黑龙江省的昂昂溪车站。这个车站不大，是火车经常加水、加煤的地方。毛主席访苏时乘坐的专列曾经在这里停过，而且毛主席的俄文翻译也是昂昂溪人。有一部叫《英雄司机》的电影，也是在这里拍摄的。我们下车后走了十多分钟，到了一座四面有高墙、墙上有射击孔的大地主宅院，这就是我们的新家了。这时大件行李也已送到，在住处安顿好后，已经是凌晨3点钟了。东北天亮得早，吃过早饭后，厂方开了欢迎大会。因为当地比较荒凉，时有野狼出没，所以厂方关照我们，两三个人不要出去，走路时手不要搭前面人的肩膀，否则前面人会误以为是狼来袭击，便会拔刀误伤后面人的。

驻小镇救助灾民　吃粗粮苦中作乐

昂昂溪是一个小镇，离榆树屯机场约60公里，离满洲里边境有10个小时的火车路程。这里约有一千多居民，百货商店、银行、邮局、新华书店都有。当地人家中都养奶牛，牛奶比较便宜，一角钱可灌满一啤酒瓶。这里常见俄罗斯族人娶了朝鲜族女性，他们的孩子能讲俄语、朝鲜语、汉语三种语言。我们在那里都穿中山装，当地人称作"干部服"，老百姓都不穿的。如果你穿了中山装，上口袋别一支钢笔，再插一支双色红蓝铅笔，下面口袋放本笔记本，当地人见了往往会有戒心。我们到了那里不久，有一次对面老百姓家失火，我们大队立即发动大家带着脸盆去救火，去了很多人。水是用手掀压式水泵抽上来的，大家排好队，将脸盆盛满水后一盆一盆传过去，火很快就被扑灭了。救火后大家还自觉捐款、捐物，由于我离家时行李不多，捐不出什么东西，只捐了1元钱。当时我们厂近千人参加了捐助活动，所以当地老乡对我们很友好，亲切地叫我们"阿拉"。

那里夏季天很热，温差大，早上还算凉快，到了中午就比较热，晚上却要盖被子睡觉。冬季刚出门还不觉冷，几分钟后就会越来越冷。记得那天是1954年10月3日，我们几个人到外面去玩，走得比较远了。早上出门穿的是绒线衣，中午只需穿衬衫。到下午阳光没有了，渐渐地风大了，雪花也飘起来了，我们赶快跑回来。吃过晚饭，雪已经积得很厚了。每年冬天厂方发给我们取暖费（约一吨煤的价格），但外面露天堆放着一大堆煤，我们拿了煤就生炉子取暖。这种煤质量相当好，用一张报纸就能生旺炉子。

说到当地的食物，那也是粗粮多，苞米饭、高粱米饭都很硬，我们南方人吃下去不消化，大便出来还有许多整粒的苞米、高粱。小米粥还可以吃，馒头也是苞米粉做的。当地也有大米供应，东北大米是粳米，关内大米是籼米。食堂烧的菜，炒蛋叫"木须蛋"，蛋汤叫"木须汤"。我们吃不惯，就自己上市场买菜。鸡蛋是称斤卖的（当时上海还是论个计价），鸡分大、小论只卖，每只约0.8元至1.2元。当地鱼很多，鲫鱼也有，有论堆卖也有论斤卖的。当地人不喜欢吃蹄髈，说里面的骨头太大，因此价格也不贵，正投我们所好。买好菜后，起先是到老乡家中烧，只要给他们几毛钱，后来有了取暖炉就自己烧。这样一来，食堂的菜就卖不掉了，大队领导就开会批评我们，说是"有享乐主义思想""忘了艰苦朴素"等。我们反问：自己烧菜违反宪法吗？1954年正好公布宪法，当时工厂还没建好，我们天天集中学宪法，除了听报告，还要读报和小组讨论。

天天学习也不行，我们感觉闲不住，就自己到附近工厂去，想参与劳动建设。听说过了嫩江就是富拉尔基，坐火车只要一小站，那地方有三项重点工程：北满特重钢厂、火力发电厂、重型机器厂。大家都想去看看。我也去看过，那里还没开工呢，仍是一片荒地。虽然已称"富拉尔基市"，基本上还是乡村风貌，市中心的宫殿式百货大楼刚完工开业，附近仅有一段柏油路，百货大楼里也没有多少商品，顾客也不多。由于去闲逛的人多了，大队领导着急了，就警告说富拉尔基发生鼠疫，叫我们不要去。我们去买火车票，火车站也不卖给我们，我们也不管，就步行过去（一小站路不过十几里）。后来去的人越来越多，鼠疫的谎言就揭穿了，接着大队领导也被撤换了。

军工厂自成体系　造飞机同心协力

没过多久，厂里召开全体人员大会，宣布调动名单，点到名的人就调走，只留下一些冷作、电焊等工种的，也有一些机械工种的人。春节过后分配工作，我分到沈阳的四一〇厂（对外挂牌叫黎明机器厂）工艺装备系统，有刀刃具、工夹具、模具、热处理四个车间，都在一个大厂房内。工夹具是生产发动机不可缺少的零部件，它可以用普通机床来加工，操作方便，并能保证质量。我们进车间后就开了欢迎大会，车间的党、政、工、团班子都已成立。车间领导告诉大家，航空工业要做到一丝不苟，因为飞机一旦出事故就是机毁人亡，是对国家和人民的严重犯罪。领导还宣布了有关保密纪律。厂内有苏联专家，管理模式按照苏联的一长制，全厂事务厂长说了算，车间则由车间主任拍板，以此类推。小组中还有副组长（也是工会组长）以及宣传、文体、质量、保卫、技术革新等人员。每天上班，提前15到20分钟开班前会，讲一下当天的任务，再征求一下大家的意见或了解谁有什么困难。当时大家的热情高涨，都明白自己是在为实现强国梦而奋斗。

我们厂南边是军用的东塔机场，东面也是属空军管的老厂——一厂，北面则是生活区，有家属宿舍、百货公司、邮局、银行、俱乐部、新华书店、托儿所、医院。我们厂另设大医院、子弟小学及中学。家属宿舍也是仿造苏联样式，三层楼，两到三户一个门档，合用卫生间。从上海去的职工，如果把家属接来，将优先分配住房，若无工作的就安排工作，小孩上学也不用操心，总之只要肯去东北，什么问题都可以解决。这些在上海就作出的承诺，后来大多兑现了。

四一〇厂很大，它的前身是张作霖的兵工厂，后来把它拆掉后按照苏联模式来改建。我们工作的地方，苏联的机床很多，还有瑞士制造的精密坐标镗床、捷克的磨床、法国的立式车床等。另外还有放在恒温室内的精密机床和仪器，这些都有专人负责，不能随意动的。我们厂常有党和国家领导人来视察，毛主席、周总理、朱德、邓小平等都曾来过，有时是陪客人来参观，有时是专门来厂召开座谈会。在上海工人座谈会上，中央领导鼓励我们早日把飞机造出来。来厂参观过的外国领导人，有苏联的布尔加宁、伏罗希洛夫、莫洛托夫，印度尼西亚总统苏加诺，柬埔寨国王西哈努克亲王及夫人等。当时的厂长是莫文祥。我们厂大门口有解放军站岗，进出大门要出示通行证，如工作时间出门还需要出门证，只有吃饭时间出门不需通行证，食堂就在大门口。因为在昂昂溪生活过几个月，比较而言，四一〇厂条件要好多了，当地温度也比昂昂溪高，宿舍有暖气供应，因此有人回上海时就把家属一起接来了。

本文作者在四一〇厂宿舍内看书学习

我们在上海工作时以英制为计算单位，到了东北后改用公制，开始不适应，以后也慢慢习惯了。业余时间，我喜欢去新华书店看看。那时有一种"新华活页文选"，几分钱或二三角一本，对我们文化低的人很有用。例如讲"螺丝"，它会介绍英制、公制、粗牙、细牙、梯形、方牙、螺旋角、螺距等，说得很详细。碰到不懂的地方就去请教技术员，他们也肯讲给我们听的。因为我们都是学徒，没有什么文化，我才高小水平，有好多人是初小或者更低。当时还实行一种制度，叫做"两参一改三结合"。"两参"就是月初工人参加技术员工作，向技术员学习编制加工件的工艺程序，月底前几天技术人员到工人那里参加实际操作。"一改"大约是指技术改造。"三结合"就是遇到技术难度高的任务，成立由工人、技术员、领导干部共同组成的攻关小组，群策群力攻克难关。例如发动机上涡轮叶片上的曲线，是按空气动力学计算而成（这跟发动机功率有很大关系），图纸上的那些数字，我们工人看不懂。于是，参加这个结合组的党总支书记启发大家：技术人员可以先把它画在图纸上，将方法教会工人，再把它画在铁上，做出样板，这样就可以生产工件了。经过一年多的协作奋战，我们终于把"米格-15型"歼击机造出来了。

1959年春，我被调到西北去试制轰炸机，在那里又开始了新的征程。当年奔赴北方的上海技术工人，随着各厂再支援新厂不断调动，后来分散到了东北、西北、内蒙古、贵州、四川等地。记得我们从上海出发时有2 080人，大多在40岁左右。我那年24岁，如今（指2012年）已81岁了，由此可知同行者中尚在人世的已经不多了。零零碎碎写下一些对于当年的记忆，无非是想提醒后来者不要忘记，为了共和国的强盛，曾有无数默默无闻的人作出过奉献。

"原三刀"大漠编织蘑菇云

光 辉

别娇妻，入驻罗布泊

《庆祝我国原子弹爆炸成功》，吴湖帆画

原公浦，一位自称没有上海户口的上海公民，曾是我国第一颗原子弹核心部件的加工者，在原子弹核心部件加工史上被尊称为"原三刀"。

原公浦祖籍山东，十几岁就背井离乡来到上海的工厂当学徒。1959年，在上海汽车底盘厂工作的原公浦才25岁，已有3年党龄，这一年他刚结婚不久就毅然听从党的召唤，主动要求到祖国最需要的大西北去，为祖国的核事业做贡献。原公浦背起娇妻亲手打点的行装，告别泪水涟涟的岳母，踏上西去的列车。

核试验场区在戈壁滩罗布泊

原公浦讲述往事

的腹地,方圆数百公里一望无际,光见石头,连鸟也不来下蛋。1980年,科学家彭加木在这里失踪;1996年,探险家余纯顺在这里遇难。罗布泊被称为"死亡之海"。酷热、奇寒、缺水、风暴是罗布泊的丰富"特产";恐怖、艰险、荒凉是罗布泊的真实面孔。有人说:"不到西北不知道中国之大,不到戈壁不知道生存之难。"这话一点也不假。

创业最艰难的时候,没有粮食,他们吃骆驼草,啃冻土豆,大家一个心眼一条心,为祖国献青春,为中国人民造"争气弹"。

练绝技,比武夺魁

原公浦当时是机械加工班班长,原子弹的核部件就由他们加工。这是制造原子弹的最后一关,也是极为重要的一关。核部件的加工精度和光洁度要同时达到三个方面的公差要求,误差不超过一根头发丝的几分之一。今天,在精密的数控机床上,这并不成问题,可那时,我们只有一台从苏联进口的球面机床,刀具磨损快,常使加工精度达不到要求。在美国,一千克的铀235价格为15.36万美元,加工者一旦弄坏一个核部件,后果不堪设想。

关键的核部件理应由最出色的车工来加工完成。一时间，戈壁滩上汇集着来自全国各地的2 000多名车工进行技术比武擂台赛。当时是六级车工的原公浦加入了技术比武的行列。在半年的时间里，经原公浦加工过的代用模拟部件堆成了小山一般。原公浦闭上眼睛都可以摸到车床上的每一个操作手柄和加油孔的位置，一听声音就可以判断出车床上哪个齿轮有毛病，即使在窥视窗能见度低、且戴着口罩和双层乳胶手套的情况下，他也可以达到要车一丝不多不少就是一丝的程度。他每天把自己关在特制的房间里练啊练啊，半年过去了，他人瘦了30斤。结果，原公浦在技术比武中位居榜首。大家一致认为，真刀真枪地加工核部件，这活非原公浦莫属。

初上阵，犯难闯关

上阵的时候到了，党委王书记拍了拍原公浦的肩膀说："去吧，小原，党和人民信任你！相信你一定能够成功！"

"请领导放心，我一定把合格产品拿出来。调到这六七年了，等的就是这一天呀！"原公浦信心十足。他穿上洁白的防护服，系上特制的口罩，戴上特制的手套，走上操作台。

监护员、记录员各就各位。高大的厂房笼罩着一种异常紧张的气氛，白炽灯发出耀眼的光芒。人们相互间默默地传递着焦急不安的神色。

车床边，只见原公浦熟练地将核部件毛坯夹在真空夹具上。这在国内毕竟是没有人干过的，一点经验也没有。就要进刀时，原公浦显得有些紧张，双手不由得颤抖起来。

"可以进刀。"站在车床边负责监护的同志看他迟迟不动手，提醒了一下。

"好！"原公浦应了一声，开始进刀。操作手柄在灵活地转动，合金刀下，毛坯部件的切屑"沙沙"地落下。原公浦的一双眼睛紧紧地盯着吸具上的毛坯，随着机床的"咝咝"转动，他的心也一阵阵地揪紧，汗水不知不觉地浸透了防护服。

突然，"啪"的一声，毛坯掉进了切屑盘内，这声音好像砸在人们的心上，原公浦的脸"唰"地一下白了。

加工暂停。

在操作间等候的领导同志闻讯都跑过来问："怎么样？小原，行不行啊？"原公浦太累了，太需要休息了。他早上8点进来，现在已经是晚上8点多钟，十几个小时过去了，再加上紧张，人更是疲惫不堪。而作为操作手，眼睛总是盯着加工部件，弯腰弓背，每车一刀，需要20分钟，坚持同一个姿势……

"今天不干了！"负责监护的同志说。

"是不是过了'五一'再说？"负责记录的技术员提议道。

"你看呢？"总厂领导问祝林芳总工程师。

"继续干！大胆地干！"祝工程师鼓励原公浦："小原，这项工作对你来说不成问题。失误不是由于缺乏经验，而是机床真空吸盘出了点问题。你休息一会儿，一定能干好。"祝工程师的话给了他极大的鼓舞。同志们送来了牛奶，原公浦喝了几口，平静了一下紧张的心情，再一次走上工作台。这一次原公浦显得异常镇静，机床的手柄在他手中缓缓地转动，核部件在他手中悄悄地改变模样。空气仿佛凝固了，人们屏住呼吸，那"咝咝"的进刀声，如同一首中国人民的争气歌。风在外面悄无声息地刮着，远山披上稀薄的夜色，蕴蓄着神秘的色彩。

"原三刀"，大漠绝唱

只剩下最后三刀了。这是关键的三刀。这三刀的要求是核部件的精确度必须达到小数点后三位数。这三刀车好了,核心部件大告成功,若是车坏了,核心部件前功尽弃。这时的原公浦神态极其专注。他车一刀,停下来量一下尺寸,然后进第二刀,再停下来,量一下尺寸,再进一刀。最后一刀车完了,原公浦长长地出了一口气,几乎瘫在地上。

  检验员报来喜讯:核部件各项数据全部达到设计标准。

  啊,凝固的空气流动了,焦急的心情舒缓了,静默的厂房活跃了!

  人们一拥上前,把原公浦抬起来往空中抛,原公浦喜泪双流,人们也热泪滚滚。为了这一个伟大的时刻,中国人付出了多少的艰辛啊。这一天是1964年4月30日,午夜。那一年原公浦还不到30岁。

  原公浦加工的这个核部件装进了我国第一颗原子弹中,时隔5个月零16天,在祖国西部大漠爆响。

  从那以后,中国的多次核试验,原子弹核心部件都是由原公浦加工的。原公浦曾经专门给邓小平、李富春、蔡畅等中央领导同志做过模拟核部件的加工表演。钱三强当年在核部件生产现场曾经对原公浦说:"你是一颗小螺丝钉,一颗非常重要的小螺丝钉。"

  原公浦于1991年回到上海。

我在小三线研制新武器

瞿惠相

1968年7月我到小三线，在那里生活学习工作了18年，经历了许多甜酸苦辣。虽然几十年过去了，但是小三线的峥嵘岁月，时时浮现在我的眼前，至今忘记不得。

奔赴安徽住进"干打垒"

1965年我初中毕业时正逢招飞行员，在最后一关复查眼睛的时候我被刷下来了，后来由上海华东机要局把我招过去培训学习机要翻译（称为机要译电）。1966年"文化大革命"开始后，我们就不能正常工作了。后来我们就在复兴岛上，每天除了学习政治外就没事情干。

我们向市里不断写信要求尽早安排工作，但"市革委"组织组姚处长后来也到"五七干校"劳动去了，就没有人管我们了。他们把我们推给劳动局分配。我们原来是组织组管的，是干部编制，劳动局是管工人的。劳动局一看我们这些人各方面条件都不错，加上小三线正需要人，就安排我们到小三线去。

我们本来应该是按照干部安排的，现在按照工人安排了，我们群里出现了两种意见。一部分人认为劳动局把我们作为一般劳动力

本文作者在九三三七厂的工作证

安排,没按中央文件精神分配工作,因此要求劳动局重新安排工作。另外一部分人认为,我们在上海也恐怕留不住,不去小三线的话,搞不好要去大三线,考虑到小三线还近一些,所以同意劳动局的安排。劳动局也出来解释说:上面已经定下来了,你们非去不可。我们就这样在无奈之下去了小三线。

1968年7月,我从机要通讯系统转行到协同厂(九三三七厂),被安排在"新40"火箭筒试验场。同年10月,我们几个人坐上了日野卡车,我带了一个小木板箱,里面装的全是个人生活用品。从上海到安徽宁国300多公里路,开了8个多小时,公路不好走,卡车一开后面灰尘扬起,我们坐在卡车后面身上全是白乎乎的灰,都成了白毛男女。那时厂在穷山沟里,条件非常艰苦,大家住"干打垒",点蜡烛,吃粗粮,喝山水。

全力研制"新40"火箭筒

1968年的时候,国家已经在考虑研制"新40"火箭筒。1969年3月珍宝岛事件发生了,苏联的装备很好,有装甲车,还有T62坦克。T62坦克速度快火力强,机动性很强,非常灵活。我们的部队当时就是步兵,还有远程火炮。从军事实力来讲,肯定是苏军比我们强。那个时候他们大批的坦克开进来,我们对它没有办法,只能用地雷。

因为乌苏里江江面上结冰了，没有办法安地雷。如果把地雷放在冰面上，那很远的地方就可以看得到地雷。于是解放军想了一个办法，把地雷用白的布包起来，那就看不大出来了。我们的部队就采取这个办法对付苏军，但是这个办法的作用仍然有限。

当时中央五机部（兵器部）下了命令，让我们研制生产"新40"火箭筒。这个新产品的射程是"老40"（56式火箭筒，即中国生产的RPG-2）的3倍，威力明显提高，采用光学瞄准镜，可以测定目标距离，可以修正目标速度和风对弹道的影响。其破甲威力足以击穿T62坦克车体前装甲。

我们接到任务后就开始研制了。当时厂里虽然有一点好的设备，但还不够，需要自力更生，自己设计制造一些夹具。没有现成的设备，也没有现成的图纸，技术人员与工人一起吃睡在车间里，奋力攻克难关。

为了尽快研制出"新40"火箭筒，全厂实行六进六出制，许多职工舍小家为国家，不分白天黑夜拼命地干，一线工人是这样，后勤部门的职工也是这样。厂里的驾驶员费士民早班连中班，有时中班连夜班，不讲条件，忘我工作。有一次他为车间送货开的小三卡车抛锚了，没有办法将一车间的半成品及时送到三车间。为了不影响产品装配，他就用灭火机袋装上"新40"火箭筒半成品扛在肩上，从一车间跑步到三车间，足有2里路。"新40"火箭筒的调控环与前后身管焊接，需氩弧焊焊接。上海氩气供应量少，当生产急用时，驾驶员就一早开车到上海装好氩气马上回厂，由于路面不好车不能开快，第二天凌晨才能到厂，来回24个小时非常累。

在生产紧急关头，"研制新产品、打击帝修反"的大标语挂在一车间，全厂从投料到产品出来，一共大干了56天。1968年11月，"新40"火箭筒研制成功，我当时还专门写了一篇题为"凤凰山在招手，东津河在歌唱"的广播稿。

靶场试验一炮获成功

1969年6月25日，一辆解放牌的大卡车上面搭了一个帆布篷，从工厂出发去靶场，因为要随带"新40"火箭筒，所以事先到上海警备区开了一张介绍信。我们去了三名炮手，另外有车间的领导、技术人员，共六七个人。6月是黄梅季节，那天正好下大雨，我们的车快到景德镇的时候突发洪水，一会儿水位已经超过驾驶室座位了。这个时候前无村后无店，离景德镇还有一段路，但车是没有办法走了，只能抛锚待命。那天天气较冷，我们几个年轻人干脆都跳下水，发动机有余热，我们就靠在发动机边取暖。傍晚时分，景德镇有一支抢险队看到我们有一辆车在那里，他们举着火把，摇着小船过来把我们接过去，让我们住在窑厂里，并派民兵看护着卡车。车上用来睡觉的被子被洪水浸湿了，我们就把被子拖到景德镇的窑厂里烘烤。大家勉强在窑厂住了一个晚上。洪水稍退后，继续向湖南进发。

一路艰辛难以尽述，6月28日到达二八二厂。7月7日上午8点多，我们在国家靶场各就各位，紧张而有条不紊地做好"新40"火箭筒鉴定的各项准备工作。这时候，有关专家、武汉军区首长、中国人民解放军炮兵孔副司令员先后到场。湖南省革命委员会主任华国锋百忙中亲临现场指导工作。一九七厂、三一七厂、三三〇二厂、九三八三厂、北京科学仪器厂、上钢五厂等30多个单位参加了鉴定会。上午9点多，"新40"火箭筒第一发炮弹打响了，火炮发射的平衡度、穿甲能力和秒速度，都在合格范围内，顿时全场一片欢腾。

"新40"火箭筒穿甲能力很强，从45度倾角可以打穿160—180毫米钢板，因此打苏联的T62坦克显然是没有问题的。几次试炮以后，孔副司令员非常高兴地说："很好，回去以后赶快生产。"就这样我们回厂以后就开始加紧生产,第一批产品出来后马上送到珍宝岛部队战士的手中。"新40"火箭筒在战斗中发挥了威力。

有序撤退回上海继续办厂

到了20世纪80年代,因为军品的生产量下降了,上级提出要"以民养军",也就是说,想办法搞一些民品来维持企业生存。当时上海机电局把一些民品拿出来,让我们企业生产。做过军品的,搞民品是没有问题的。我们原来的包建厂是上海电焊机厂和上海鼓风机厂,电焊机厂在全国是很有名的,当时他们就把一部分电焊机产品给我们做。另外厂里还做了一部分通用公司的阀门。

小三线调整是中央的决策。因为军品少了,在和平时期继续维持这类企业,浪费太厉害。所以中央考虑撤销这小三线,让大部分人员回上海,安徽当地招工的就地安排,厂房、机器设备和其他设施全都留在安徽当地。

我们厂与当地交接的时候,工作也是做得很细致的。上级规定小三线的所有财产都不让带,全部留在安徽。实际上,从企业来说,回上海办厂很多东西都派得上用场,所以仍把一些重要的、有用的东西运回上海,比如说比较好的量具工具,但是更多生产设备都没有搬回上海。

我们厂1986年开始撤退,可以说是有序撤退。厂里有一二百户家属,那么多家具要往上海搬,只能组织力量分期分批搬。一部分单身的人要逐渐回上海安顿工作。搬迁的过程也很复杂,有那么多人,那么多家具而且不能损坏,一户人家至少要用一辆卡车。

上海机电局老局长朱一凡具体负责小三线安置工作,要考虑小三线职工回沪后的住房问题,所以千方百计落实造房子,同时还要考虑职工干部的工作安排。当时我们很多企业都在闵行,在红旗新村建房至少需要三年时间。没有房子住的职工就投亲靠友，单身职工就住在厂里的宿舍。经过各方努力，小三线的调整工作到1986年底基本告一段落，企业生产正常，职工生活稳定。

1958年：奔向蕲春的上海知青

刘宏海

上山下乡并非始于"文革"，而是从20世纪50年代起党和政府就开始倡导，至1968年全面展开。从历史资料看，最早奔赴农村的知识青年群体，可以追溯到1955年8月远赴黑龙江垦荒的60名北京青年志愿垦荒队，之后是第二批、第三批。上海也不甘落后，也动员了1万多名知青到淮北和湖北垦荒。

部分上海老知青重访八里湖农场

前些日子，我们联系到了那批老知青中的一个群体——1958年赴湖北八里湖农场的老知青。我和《知青》杂志常务副总编马琳应邀前往湖北蕲春参加"上海知青赴八里湖农场垦荒五十五周年纪念大会"，见到了一群古稀老人，他们精神矍铄，乐观开朗，给我们讲述了许多故事。

胡耀邦到文化广场作报告

1958年，时任中共湖北省委书记的王任重向上海市委第一书记柯庆施提出需要大批上海知青赴湖北垦荒的请求。不久，便在沪公开招募。4月，上海《解放日报》刊登招募广告，立即吸引大批青年踊跃报名。5月1日，8 000名被批准赴鄂的上海知青和4 000名被批准去淮北垦荒的上海知青参加了"五一"大游行。5月4日，12 000名上海知青齐聚上海文化广场，召开誓师大会，时任团中央书记的胡耀邦同志到会发表了激情洋溢的讲话，号召青年人为消灭"三大差别"到祖国最需要的地方去。5月10日前后，这批青年分批离沪踏上了垦荒之路。

到湖北的8 000名上海知青大多数被分配到湖北省荆州地区的国营农场，分到黄冈地区国营农场的有800多人，其中来自上海市榆林区（现为杨浦区的一部分）的321人分到了蕲春县八里湖农场。5月11日，他们在十六铺码头乘"江顺轮"逆流而上，经三天航行到达湖北黄石，小住一夜，再换乘小火轮前往蕲春。

蕲春，是明朝著名医学家、药学家和博物学家李时珍的故乡。始建于南宋的蕲州古城，依托长江的便利交通日渐繁华，到了明代鼎盛一方。之后，在战乱中衰败。至20世纪50年代已成非涝即旱、钉螺密布的贫困地区。1958年初，湖北建立了八里湖等十余个国营农场。上海知青是第一批到达的知识青年团队。

蕲春县城距长江边的八里湖农场仅仅六七公里，但那时只有一条相当于田埂宽度的小路逶迤在茫茫沼泽中，一遇雨天或长江涨潮，就无路可走。老人们回忆说,他们到达蕲春的那天,恰逢刚下完大雨,江边已是汪洋一片。农场只好紧急安排他们在县小学校里住了一宿。第二天,雨停水退,知青们才各自背上行李,提上网兜等物品,向农场进发。十几里的路程,只有高地上可见羊肠小道,大部分是在水中行走。走惯了柏油马路的知青们,在泥泞中深一脚浅一脚地负重行走,实属不易。体弱的女同学,背不动行李了,就有男同学抢过行李;雨鞋陷在泥塘中了,就有人默默地帮忙挖出鞋子。知青们互相帮衬着、搀扶着,走了三个多小时才到达农场驻地。这是农场给这些刚离开大城市的知青们上的第一课。那天是1958年5月15日。

两百名知青住在一个窝棚里

紧接着,知青们面临的考验是住宿。那天,走出泥泞的知青们看到的是成片的滩涂洼地和寥寥几个窝棚。这些简陋的窝棚还是先

老知青在当年居住的土坯房前留影

当年知青居住的土坯房

到这里的"右派"们搭建的。

八里湖的窝棚,是用树干支起的三角形架子,外面铺上稻草搭就的。这些窝棚搭得极大,可容纳200个男知青一起住,自然是热闹极了,大家也很快熟悉了。可是,遇到什么风吹草动的,动静也大得了不得。下雨天,外面的积水很快就会漫延到里面,睡在窝棚边上的知青可就倒霉了,被子褥子全被浸湿。如果是半夜下大雨,这一晚大伙都别想再入睡。老知青们说,尽管如此,回想起来还是快乐多于忧伤,大家互相帮助亲如兄弟姐妹,直到今天还令人回味无穷。

现在,农场还保留着一栋土坯房。老知青们告诉我,这是八里湖的第二代住房。当时盖起的土坯房是茅草顶,许多年以后,屋顶换上了瓦片。土坯房的内部分割成若干间,每间居住数人到十余人不等。知青们欢天喜地告别了茅草窝棚。

围垦种地是办农场的目的，自然也是知青们每天的必修课。八里湖就在长江边，不到32平方公里的范围内，竟有四条河道、六处湖泊，浅水沼泽更是一个连着一个。靠着1954年和1957年两次围堤形成的场区，上海知青在当地职工的带领下，围湖造田、开荒种地、夯土建房、开渠挖港、筑路修闸、抗旱排涝、治水灭螺，硬是把一个水乡泽国建成了农田水利基本配套、能排能灌、旱涝保收的农场。

许多知青成了各行业人才

八里湖农场的历任领导都非常关心爱护知青。他们尽力改善知青的生活，手把手地教知青学习做农活。让知青们至今心怀感激的是，历任领导十分尊重知识，尊重人才。知青们感到有了用武之地，也越来越热爱第二故乡，甚至退休后也不愿离去。

上海知青到农场后仅三个月，农场就与县和地区联手举办了拖拉机手、护士、财会、教师等培训班，并大胆启用武汉大学下放的"右派"教师向知青传授财务会计知识，既发挥他们的专长，也让知青们也学到了真本领。近三分之一的上海知青通过各类培训，走上新的工作岗位，学有所长，学以致用。

当年18岁的郑雪章学会开拖拉机后，当上第二任东方红1号车长（农场最牛的拖拉机手），一干就是15年。其间，他多次革新技术，发明"机耕船"和"带刺的车轮"，解决了拖拉机在泥泞中易下陷的难题。19岁的郑连根，经过财会培训，会计便成了他一辈子的职业，一直干到退休，晚年仍然居住在农场。当老人捧出国家财政部颁发的"从事财会工作三十年荣誉证书"和国家农牧渔业部颁发的"长期坚持从事农牧渔业财会工作荣誉证书"时，笔者从他的脸上读到了骄傲和自豪。当我问他："为什么退休了还不回上海？"他的回答是:"八里湖培养了我,我舍不得离开啊。"一大群女知青通过护士培训班当上了医护人员,她们有知识,有文化,受大城市卫生工作的熏陶,学得快,干得好,都成了蕲春县乃至黄冈地区最出色的白衣天使,尤其是在血吸虫病防治工作中发挥了巨大作用。还有不少知青当上了农场的教师,上海知青陈坚热爱三尺讲台,当教师,当领导,一直干到退休。农场还着力培养知青干部,很多知青经过锻炼,挑起了重担。当年知青队长符忠厚,被提拔为农场党委副书记,继而升任县工业局长。在纪念活动中,我们还见到了许多从黄冈、黄石、十堰、武汉、大连等地赶来的上海老知青,他们都是被提拔或推荐到地市省城有关部门乃至中央部委工作的。

55年来,有60多名上海知青一直在农场干到退休。2003年,为了让在农田里挥洒了一辈子汗水的老知青得到相对好一些的退休待遇,农场将尚在生产队的最后16名老知青全部转入场办企业,退休时按企业标准享受退休金。虽然这些坚持到最后的老知青退休后的生活还是比较清苦的,但我们看到了农场对老知青的关怀。也许这也是至今还有不少知青退休后不愿离开,依然居住在农场的原因。

坚守农场56年的老知青亓家骏、陈秀英夫妇

建设二汽,难忘那山腰上的日子

郁德明

走进大山沟 借住老乡家

1970年6月以来,全国四面八方的二汽建设者们,蜂拥来到这封闭的鄂西北大山沟。在"先生产,后生活"的口号下,首要任务是先盖厂房、进设备,早日形成生产能力。可是职工的基本住房来不及建造,大批职工到来后,住在哪里?这成了厂指挥部的头等大事,

上海青工参加二汽建厂劳动

令军代表和领导们非常头疼。

于是，以连队（车间）为单位，各自为战，盖起了芦席棚。棚子没有窗户，只有一扇门，都盖在车间未安装设备的空地上。先进山的职工，十几个人拥挤在一个芦席棚里住，不透风，又潮湿，气闷难耐。连厂领导都挤在一座废弃的破庙里，白天办公，晚上睡觉。为了缓解住宿困难，行政科负责人也鼓励大家去当地老乡家借房子住。

我两个师弟——小个子瞿永江和敦厚的李解放，是6月份第一批进山的。鉴于当时的住宿现状，他俩就在大岭沟底的水库山腰上，每月花3元钱，借了当地农民的一套两间"干打垒"土坯房。他俩把里屋作卧室，置了三张床，其中一张床就是专等我进山后用的。外屋用于吃饭会客。因"梁上君子"猖獗，两间房都用三合板封了顶糊上纸，坑洼不平的土坯墙稍加粉刷，贴上我的"书法作品"，又装上电灯，再去五堰集镇买了锅碗瓢盆等生活用品，温馨的"小家庭"生活就算正式开张了。

我们第二批职工经过长达八天的旅程，于1970年12月28日到达山里，当天在小庙前集中点名后，两个小师弟就直接把我接到大岭沟里去了。这里的生活对初涉社会的年轻人来说，既陌生又好奇，尤其是用农村大灶烧的咸肉菜饭格外香。在物资严重缺乏、天天白菜炖粉条、豆腐烩白菜的日子里，上海带去的一点腌货，还得考虑细水长流，最好的选择就是煮荤素搭配、简单可口的"咸肉菜饭"，既省时又省料。

刚进山，工资只有26元。我们同住的三人商定，每人每月拿出16元钱，作为小集体生活开销。荤菜自备，鸡蛋用粮票换；至于蔬菜，房东让我们自己到他的地里去摘。仁厚的房东大爷一脸风霜，看上去有七十开外了，可实际年龄才五十出头。他很客气，不肯收蔬菜钱。我们就拿些上海的饼干、糖果、卷筒面送给他。

房东大爷过去没有吃过上海食品，觉得很珍贵，自己光看不吃，却时不时地塞给他一双孙儿吃。我们知道后，只要有人回沪探亲，就抢着给他带去上海商品让他高兴。不知怎的，几十年过去了，那位穿着黑棉袄裤、扎着裤腿的纯朴厚道的房东大爷，我至今仍难以忘怀。

周日聚餐后　荡舟游水库

由于我们比较会过日子，所以物资相对充裕。客厅顶上，挂满了三个人从上海带来的咸鱼、咸肉、酱鸡、酱鸭、火腿、香肠等，连大米和精白面粉也是从上海背来的。后来成了我妻子的柳国珍也很慷慨，把家里带来的腌货和卷筒面拿来"参股"。瞿永江精

开荒连的姑娘班

打细算会管家又懂得体贴人，李解放又是一位随和讲义气的哥儿们，听凭我俩安排。每天做饭大多由我掌勺，所以日子过得有滋有味。

居所门前有一块很大的空地，平坦干净。我们在靠门墙脚边搭了一个柴灶，星期天聚餐时用来炒菜煮饭。考虑到这些食品千里迢迢从上海背来不易，所以平时很节俭，中午我们都在厂里大食堂吃饭。下班回来，点一只煤油炉子，蒸几片咸肉，炒个蔬菜，外加一个霉干菜鸡蛋汤。吃饱喝足后，一天劳动的疲惫就烟消云散了。三个人一个心思：好吃的尽量留到星期天，让师兄弟和朋友们一起来享用。

我们住所的对面，是一个很大很深的带状水库。周边的风景优美且又原始，真是山峦叠翠、云遮雾障。一看就知道，这里是从未被开发过的处女地。这个狭长带状水库，像条天河，弯弯绕绕，不知有多长。门前的那道山泉水，昼夜不停地轰鸣作响、飞流直下，越是到了夏天水越清凉。这道山泉水是沟里唯一的用水，这里的农民祖祖辈辈靠此生存，繁衍生息。生活在这里，真有"青山碧岩岩，深处有人家"的世外桃源的感觉。

星期天一清早，站在山坡上远远望去，就能看到师兄弟和朋友们正向我们的居所走来。我们则忙着剁肉洗菜、淘米煮饭，忙得不亦乐乎。掌勺的当然是我，菜单是前一天晚上三人议好了的。三个煤油炉同时开火，不一会儿，十几个搪瓷碗和盘子都装满了各种菜肴。然后，大家围坐在一起，喝着当地的"地瓜烧"白酒和老乡家自酿的米酒，热热闹闹地吃喝起来。酒足饭饱后，大家高兴地走到水库旁，坐上房东家的小船，其中张绒良还带着小提琴，邝伟奇背着手风琴。面对这美丽的云山雾水，大家忘记了疲劳，更忘记了当时还处在十年动乱时期，竟然伴着琴声放声歌唱起来。

朝气蓬勃的上海青工

被贴大字报　冲撞指导员

孰料，一天中午我们还在大食堂排队买饭，冷挤连的师兄弟邵森海到食堂找我，神情紧张地悄悄对我说："德明，你看了大字报没有？"我疑惑地问："谁的大字报？"他说："是你的，贴在车间里。"我当时一惊，心想我刚来不久，一进山就被分配到开荒连锻炼，还没到冷镦连报到，怎么车间里会有我的大字报？带着疑问，我快步奔到车间。只见大字报贴在工具库房门前，标题是《郁德明究竟走什么道路？？？》，内容是：一、郁德明怕吃苦，不愿意住在集体宿舍的芦席棚里，刚进山就一头扎进深山老林，是资产阶级的少爷作风。二、为什么有话不能在集体宿舍里讲，偏要到深山老林里去讲？有什么见不得人的事情……结束语：把郁德明的资产阶级思想，批臭批倒！外加三个惊叹号。顿时，我心里非常郁闷，颇感委屈。

尔后我才了解到，原来有几个住在沟里的职工到老乡地里挑白菜、借水桶未打招呼，被告到厂"革委会"。厂领导考虑到，这关乎青年人的教育问题和当地村民的关系，于是马上布置各单位，要登记检查借民房的职工。这样，便有了这张大字报。

厂保卫科和连队还为此专门成立了调查组，来调查我们三人借住老乡家的情况。询问时，要求我们拿出能澄清自己的证据。做事细致的瞿永江，将房间粉刷、吊顶、装灯等材料以及买的锅碗瓢盆的发票、收据，全拿出来给他们看了。其间，趁我们上班之机，连队指导员还派了一名常来我们居所的同事，到老房东家去了解我们是否有鼠窃狗盗之事。被房东大爷一句话便顶了回去："你不是每星期天总来吃饭的吗？"不久，连里传来要送我到襄樊农场劳动的消息，我自然怏怏不乐，寝食难安。

来二汽前，我曾在上海工作两年，表现一直很好。临走前，厂领导还特意找我谈话，对我的工作给予了肯定。怎么刚到一个新单位就被贴上大字报，周围的同事会怎么看待我？我便主动到连部办公室，找指导员说明原委。这位看上去羸弱多病的小个子指导员，就是不愿意和我谈。我耐着性子一连几次找他，都吃了闭门羹，他似乎不给我解释的机会。我年轻气盛，从来没受过这冤枉气，按捺不住心头之火，便跟他拍桌子大吵一场。周围好心的老师傅们见状急忙上前劝阻，私下对我说："郁德明你小子胆大，敢跟领导顶嘴干仗……"

还是上海籍的钱连发连长满脸堆笑出来打圆场："小郁啊，消消气，你的情况我们都了解过了，证实你没有问题，放心吧！过两天还是想办法搬出来，连部会安排好你的住宿，我可以派几个人帮你一起搬嘛。"为此事，我和指导员一直有心结，总觉得他不给我好脸看。

后来，指导员到上海我老厂出了一趟差回来，对我的态度才有了

总装厂正在下线的东风牌汽车

根本改变。他回厂当天就找了我,我们两人在配电所的山脚下席地而坐,他先带来了老厂领导给我的口信,那天我们整整谈了两个多小时。最后他勉励我:过去的事让它过去吧,希望多参加社会工作。这种面对面的畅谈,使我重新认识了指导员。我觉得他待人亲切,细声慢气,语气中肯。这时我才后悔自己年轻不懂事,不该做出鲁莽的举动。

查借民房,是厂"革委会"布置的一项工作。军令不可违,我最终还是搬出了山沟,结束了这段令人眷念的山间生活。

弹指间43年过去了。2013年8月,我又回到了现代化的汽车城十堰市,来到让我魂牵梦萦的山沟,想再喝一口清澈甘甜的山泉水。可是眼前只有让岁月冲刷成的干涸沟底,彻夜奔腾的山泉水已经销声匿迹了。我们曾经生活过的那个山沟,已被填埋在高速公路底下。

而我昔日的两位师弟瞿永江和李解放已先后作古,笑容可掬的钱连长也去了天堂。我也步入老年,但还能想起那位小个子指导员郑喆兴,据悉他在深圳女儿家安享晚年。我遥祝他健康长寿,幸福吉祥!

十堰，芦席棚里的青春往事

郁德明

军代表暗访"八卦阵"

1970年12月28日，我们从上海来到中国第二汽车制造厂的驻地湖北十堰。当年的十堰还是一个交通不便、十分闭塞、贫穷落后的山区小镇。在"先生产、后生活"口号的驱动下，一座座厂房破土动工，但大批职工却没有房子住。于是厂部号召：以连队为单位，在连长和指导员的带领下自己动手盖芦席棚住。由于大部分设备还没有到位，我们就利用车间里的空地盖起了大棚子。

由于各车间的厂房面积和环境不同，所以搭出来的芦席棚真是五花八门。比较标准并得到上级领导认可的芦席棚，是东西两头男女各占一边，中间留有很大的一块空地搭盖连队办公室和小型会议室。这样可以方便男女职工的生活。

芦席棚的样式就跟部队兵营一样，每个棚子住上十六七个人，各人根据自己的生活爱好，将自己的床位布置得像新房似的。每人一顶新蚊帐，里头挂满自己的爱好，有的还装了三瓦的荧光吊灯。一天辛苦的开荒劳动过后，回到自己的小天地里休息，或者靠在床头给自己的亲友写信，这成了我们年轻人最快慰的一项业余生活和精神寄托。

部分团员青年在简陋的办公室前合影

当年最有特色的芦席棚,要属工具连的了。这个车间的人员结构,除了转业复员军人,大多数是来自上海的青工,而且大多数住在上海静安区"上只角",又是厂里"五朵金花"的发源地,漂亮姑娘还真不少,吸引了厂里很多男青工,常往这里跑。

在这种特定的环境里,男女青工相互关心照顾的现象很普遍,久而久之,成双成对谈恋爱已经比较常见了,有的还过上了"小日子"。军代表及"革委会"十分注重年轻人的健康成长,特别指示:要合理搭建芦席棚,要多注意这方面的倾向,由连长亲自指挥落实。开始大家还都很遵守厂部规定,但时间一长,小情侣总要说悄悄话,就觉得不方便了,于是开始打起小算盘。今天一位仁兄找点废料搭一堵隔墙避开正面视线,明天又有一位未处对象的仁兄嫌吵,找来一块芦席搭一侧墙,堵上侧面视线。日子久了,偌大一个芦席棚就变成了一个个不规则的小天地。你只要走进这条通道，能听见声音却看不见人，不知门在哪里，就像走进了"八卦阵"。不久，这件事惊动了厂"革委会"，一位热心的军代表决定暗访该车间的"八卦阵"。

一天午睡时分，他悄然地来到该车间，走进芦席棚通道，里面一片黑暗什么也看不清，偶尔听到有人在窃窃私语却看不见人。他就想去摸过道开关，没想到摸着一个没有盖的插座，倏地一下电击，让他吓了一大跳。他气得大吼一声，把所有午睡的工人都吼起来了，叫来连长一顿猛训，严令立即拆除所有违章建筑，并作深刻检查。于是一个下午就拆除了全部"违章建筑"。紧接着又召开全厂连级干部会议，认真彻查各单位的芦席棚，树典型、抓整改。从此，再也没人敢搭"私房"了。

生辣椒擦背治痱子

山里的六月天气已经转热了，住在潮闷的芦席棚里，又睡在蚊帐里，更加热不可耐。我从肩膀到腰际整个背上长满了痱子，奇痒难忍。我长这么大，还是头一次长痱子。

车间同事刘炳康见状，出于好意，给我出了个点子：前些日子他手背上长痱子，是用生辣椒擦好的。因痱子奇痒难忍，我恳求他帮忙到食堂里要几个辣椒来帮我擦。他倒很尽心，拿来几个尖辣椒连子带皮使劲在我背上擦，我看着他满脸汗水，打心眼儿里感激他。

也就一分钟的时间，背上一下子像被火灼伤一样，疼得我直跺脚。刘炳康看到我背上的痱子一粒粒都发出来，整个背都红肿起来，他吓坏了，急得要拉我去卫生所。我光着背穿着裤衩边跑边跳，跑到车间大门口的一个水管子下用冷水降温。山里的水透心凉倒也挺管用，足足冲了个把钟头，硬把它逼回去了。疼痛的感觉明显好转了，但皮肤表面还是被灼伤了。说来也怪，从那以后我身上再也没有长过痱子。

用粮票进山换年货

快过年了,连队开始给职工批探亲假。我们是年底进厂报到的,原则上要来年才能享有探亲假。就是到了年限,也要根据工作需要,领导批准才能返沪探亲。

在沪的许多父母亲思儿心切,盼望子女能回家过年。为此,有人就想出一个损招:给山里的孩子发电报谎称"父(母)病危速回"。开始几封电报还管用,可是,后来此类电报多了,领导也习以为常了。但由于父母的保密工作做得好,厂里青工接到这些电报时都是吓一跳,然后到连部去哭求领导准假回去探望病危的父母。连长反倒笑嘻嘻地安慰他们:"放心吧!你们的父母不会有问题的,安心在这过年吧!"当时我也是被连长留下来过年的。于是,我和留下过年的青工一起置办年货。

在山里过年很有意思。当时的学徒工资是26元,大家都不舍得拿钱去买东西,怎么办?就用父母省下来、托人带给我们的全国粮票换!几个兄弟商量好,星期天一大早,我们背着马桶包,拿着面粉袋子,带上粮票出发了。三人一伙两人一组,翻山越岭进深山用粮票换鸡鸭蛋狗,运气好的碰巧还能牵头羊回来。

说到山里用粮票换年货,还有一段趣事。那时候我仗着年轻,与一个青工结伴,带着干粮,专找那些车马不通的山里老乡家去换家禽,因为我们觉得越闭塞的地方粮票越值钱。

和我结伴的张姓同事,个头挺大,但不耐走。不一会儿,他就走累了,怪我路没带好,一路滔滔不绝地说闲话,令人心烦。

走了一段山路,我们终于来到了一户老乡家,门口有一条黑狗。张仁兄非要与老乡换狗,可他又不敢打狗,非要我去打,我没办法,只能硬着头皮让狗主人把狗拴好,扔了一个馒头给狗吃。我趁狗低头啃馒头时,操起门后的扁担对准狗鼻子砸了几下,狗就不动弹了。我对小张说:"狗打死了,但你得背回去哟!"他嘟哝着嘴,让我把狗装在面粉袋里,很不情愿地背下山去。大约走了十来分钟路程,突然听到他在我身后大叫起来:"哇!不得了!狗又活过来了!"吓得他急忙扔下狗撒腿就跑。黑狗像喝醉了酒,晃悠悠地从袋子里爬出来。当时我也紧张起来,狗被打疯了咬起人后果不堪设想。我立即捡起河边的石头,对准它砸了几下,它才彻底不动了。回头看,张仁兄在二十米外远远地望着我,再也不愿背狗了,只得由我背回厂。

大年三十晚上,厂区禁放烟花爆竹。芦席棚内,我们这些师兄弟和新认识的同事朋友,围坐在用几块装箱板拼起来的长桌子旁,长桌子上铺了一层报纸,桌上是我们精心准备的"百鸡宴":白斩鸡、咖喱鸡块、木耳炒鸡杂、鸡骨酱、宫保鸡丁、酱肉炒大蒜、蒸咸肉、蒸香肠、红烧羊肉、五香狗肉等,应有尽有。我们同时用几只煤油炉烧出了一桌丰盛的菜肴,喝的是八毛钱一斤的"地瓜烧"。那晚,我们在芦席棚里吃了年夜饭,迎来了新的一年。

解决青工婚姻"老大难"的回忆

史志定 口述
徐有威、吴静、李婷 整理

厂迁小三线　青工结婚难

八五钢厂是以上钢五厂为主，兼以上钢三厂、上海机修总厂等企业的部分职工和学徒组成。我是65届中专生，本来上海冶金系统已经安排好我们这批学生的工作岗位，后来因为要"上山下乡一片红"，于是绝大部分学生就上山下乡了。我就被分配到皖南山区的上海后方基地八五钢厂（属于小三线）。

皖南山区里的八五钢厂白洋河工人宿舍区

我们是从上海十六铺码头乘"东方红"号长江轮到达皖南贵池县的,轮船整整航行了36个小时。那天是1970年1月10日。本来贵池是没有码头的,我们去了之后,码头才造起来。好在我们中专技校生大多是住宿的,离开过父母,所以,离开上海并不感到特别难受。我们厂的待遇是参照芜湖造船厂的标准,当时上海青工的月工资是36元,我们是33元,入厂前每月津贴16元。

我们一到贵池,就投入到建设八五钢厂的热潮中。以我们这些学生为主要劳动力,在与市建二公司建筑工人一起工作时发挥了很大作用,因此八五钢厂建设速度非常惊人。当时,我们学校去了一个带队的王老师。后来冶金局去慰问我们的时候,指定我担任学生五连副连长,协助老师工作。我在202工程队也就是上海市建筑二公司第二建筑工程队,还有201、204、207等都是市建二公司的。我每天参加混凝土工程队的工作,队里有五六个师傅,每个队要配10多

八五钢厂部分团员青年合影。前排左二为史志定(本文口述者)

部分男青工在篮球场合影。前排右二为史志定

个学生,男同学每人一辆翻斗车,运送混凝土,装得很满很满,并且要在很陡的山路上飞跑。由于劳动强度大,所以同学们的饭量都很大,我每顿吃1斤1两饭还不觉得饱,其中每3两配一个山芋饼。大热天,上夜班,一般都要干九至十个小时。有时天太热,白天不能干,我们就晚上干,干到路都走不动;下班后,摇摇晃晃走到宿舍倒头就睡。我们住的是芦席棚,睡的是毛竹床,每间棚里住12个人,要是着火的话很快就会烧光。我记得有一家化工厂的一个学生,想把工地上的油漆桶弄干净好放东西。可是一时弄不干净,他就想用火烧,想不到"砰"的一声,火苗蹿上棚顶。短短十几分钟,就把十几间芦席棚搭建的简易宿舍全烧光了。

那时候,农民工做不过我们。我们推车运混凝土,一个学生抵得上当地两个农民工。我们这些学生都是拼命干的,当时有个说法是"表现好的,才能进厂"。宣传鼓动影响也蛮大,党中央号召"要与帝修反抢时间争速度",要抢在战争爆发之前建设好三线。我们这些青年学生就真的是拼命干,不计时间,不辞辛劳。结果,只花了5个月的时间,就出了第一炉钢。1970年有一期《红旗》杂志还专门刊登了文章,说我们八五钢厂是507指挥部和812指挥部、国防工办系统建设最快、最典型的厂。

小三线的布局像一个等边三角形,屯溪、上海、贵池三地之间交通不便,物资供应受到一定的影响。但最令人头痛的是,这里各企业的男女青年比例严重失调,婚姻成了一个"老大难"问题。

我是1973年担任八五钢厂团委副书记的,上任后,就十分关注青年工人恋爱婚姻的"老大难"问题。1975年我开始写调研报告给上海团市委,汇报我厂青年男女比例失调所带来的问题。比如,当时八五钢厂就有个别男青年因找不到对象,而去做"第三者"破坏别人家庭的,虽然没出人命,但影响极坏。还有个别青工恋爱受挫后,一时想不开,从烟囱上跳下来自杀;还有一个男青年因患糖尿病,怕女朋友不要他,便逼女朋友结婚,女朋友不同意,他就杀害了女友,自己则跳烟囱自杀身亡。

找到《青年报》征婚做广告

我们八五钢厂5 400人中,大龄男青年就有700多个。整个后方基地扩大了10倍,男青年有8 000名左右。当时我整天想的就是:用什么办法使这些大龄男青年能尽快找到对象呢?

有一天,我看到上海海运局团委的一篇报道,说的是他们为了解决海员的婚姻恋爱难题,曾公开邀请一些女青年到船上与海员搞联谊活动。我从中受到启发。这时，报上已开始恢复刊登商业广告，我就想：可不可以在报刊上登一则相亲广告呢？

不久，我在上海招工时，看到1980年8月5日的《解放日报》上刊登了同属小三线的新光金属厂招收女工的广告。这对我是个启发，也更坚定了我的想法。

这年8月，我趁到杭州屏风山工人疗养院去疗养的机会，途经上海时，走访了上海青年报社。当时通联部的负责人凌嘉如老师，热情耐心地听了我反映的情况。最后，我提出《青年报》能不能帮帮忙，像支持海运局那样，给我们刊登一下为男青年找对象的广告。凌老师听了很同情也很支持，并说："近几年，你们八五厂团委每年给团市委的调研报告，团市委都很重视，内参也刊登过。我们《青年报》是为青年办的报纸，理应为团员青年服务，如实反映后方团员青年的心声。但是，毕竟《青年报》的版面有限。如果团市委领导同意的话，要登也只能刊登在报纸的中缝，而且还要适当收取些刊登广告的费用。"我说："可以啊！只要能刊登，出多少钱、刊登在什么部位都可以。"凌老师果然向团市委作了认真的汇报，并得到了当时上海市劳动局的支持。经团市委同意，我们把厂团委出售蓖麻子积攒的一些经费，以120元和200元的价格，分别于1980年10月10日和1981年8月7日，在《青年报》刊登了为青年工人寻找恋爱对象的广告。

这两次广告刊登后，效果很好，全国除了西藏和台湾没有来信外，其他省市都纷纷来信。最多的一天收到100多封来信。有

1980年10月10日在《青年报》上刊登的征婚启事

报纸上刊登的皖南小三线各厂为青工征婚的报道

外地姑娘的应征信信封

的女青年还附信寄上纪念邮票,让我们节约邮费,我们在回信中将邮票都退回去了。

这些外地女青年来信都是先把自己的情况简单介绍一下,然后我们寄张表格给她,让她填写并附上照片寄回我们厂团委。收到照片和表格后,我们就把她们的照片、表格初步看一下,然后向适合的男青年推荐,说:"我们帮你挑了一个,你自己看看合适吗?不合适的话,桌上还有照片,你自己去挑。合适的话,就填张表,填好了由团委寄给女方,表格上有基本情况和兴趣爱好等。"女方收到我们推荐的男青工的情况,如果觉得满意的,一旦给回音,我们就此放手让男女双方自己联系交往。要是成功了就让他们跟我们说一下,作个登记。

当时，我们还对青年加强恋爱观教育，八五钢厂的政治部主任倪国钧亲自为青年上课。我们还组织青工学习《青年报》上刊登的以"第一次上门、第一次约会"为主要内容的"六个一"恋爱常识，帮助青年们树立正确的恋爱观。

多数蛮幸福　个别留遗憾

通过征婚调入我们厂的女青年，大部分被安排在食堂和小卖部等部门工作。另外，厂里的幼儿园、职工子弟中学和小学，也能吸收一部分女青年。

《八五团讯》里面关于婚介的一些成果，大都是我统计的。这里的确记录了一些感人事迹。有个姓蔡的青工，还没满师就进山了。他的妻子也是由我们团委介绍的，夫妻感情很好。后来妻子患了直肠癌，他不离不弃，十几年如一日，一直耐心地服侍她，同时还培养儿子上了大学，是一个典型的上海好男人。

通过征婚广告确实解决了不少"老大难"问题。有一位员工的妻子也是由我们介绍的，是青浦人。这位员工当时住在上海新疆路，家里条件实在困难，住房很小，他父母搁好一张床后，床上悬空横过来又搁一张床。睡觉呢，就像拉抽屉一样。按照他的条件是没法结婚的，但我们帮他解决了，妻子还为他生了个儿子。我们还解决了一位被错划成"右派"的员工的婚姻问题。这位员工在青海劳动改造十多年，调到我们厂里时已经52岁了。与他结婚的是一位女大学生，小他13岁，是个老姑娘。后来，他们夫妇还生了个女儿，过得蛮幸福的。

值得一提的是，还有一个从浙江衢州征婚来的女青年，嫁给了我厂化验室的一位大专生。她刚来厂时，说自己善于搞买卖，厂里就安排她当小卖部的负责人，她果然干得不错。后来她到了上海后，在上钢五厂的后勤部门工作，刚去时在采购科任副科长，后来任科长，之后又升任上钢五厂的三产经济发展总公司经理。再后来，她个人承包了，现在生意做得很大了。

我们从1980年开始在报上刊登征婚广告之后，原先700多名单身汉解决了600多名。后方基地管理局团委是1982年开始在报上刊登征婚广告的，效果更好。整个后方基地管理局原本约有8 000名男青年找不到对象，后来解决了5 000多名。

通过我们婚姻介绍结合的青年夫妇，多数生活过得蛮幸福的，但也有个别出问题的。我厂有个男青年很老实，老实得有点戆。我们帮他介绍了一个黑龙江来的女青年。这个女青年长得不好看，又喜欢睡懒觉。结婚后，男青年在大雪天的清晨就跑到食堂买好肉馒头奔回家属区给她吃，还帮她洗衣服等。后来这个女青年却与当地的一个男青年好上了，与我厂这个男青年闹离婚。我很生气，就帮男青年一起打官司，但最后两人还是离婚了。等到从小三线撤退时，按政策这个女青年就没有能回到上海，她为自己过河拆桥的行为付出了代价。

在运煤车队的日日夜夜

黄鸿生

组队赴北方　抢运积压煤

1959—1961年的三年困难时期,全国各地物资供应紧张,上海也不例外,尤以居民生活用煤和企业生产用煤短缺问题更突出。潘家湾

装满原煤的火车驶向南方

和龙华上港五区两大煤站的库存原煤日见减少，而山东、安徽、山西等省的产煤矿区，却因当地车辆短缺运力不足，无法将开采的原煤运到铁路沿线发往各地，因而堆积如山，有的原煤甚至已在自燃。

为解燃眉之急，上海市人民政府决定派汽车到外省市各矿区自行拉煤。经有关部门与各省市取得联系后，即由上海市交通局和上海市汽车运输公司负责，以上运二场和上运四场为主，组建成立了上海外地运输公司，派出车辆和人员到山东、安徽、山西等产煤区抢运煤炭。当时上海派出的汽车，都是由我国长春第一汽车厂生产的四吨解放牌卡车，造型美，性能好，动力强。驾驶员们开着我国自产的解放牌汽车，感到十分自豪。

我记得上运二场党委书记罗虎臣、场长周银泉在动员大会上说："这次赴外省矿区抢运煤炭，任务繁重，责任重大。你们到达矿区后，一定要听从当地党政部门的指导，尊重当地人民的风俗习惯，严格遵章守纪，发扬上海人民的优良作风。不论车队领导还是职工群众，都要加强团结，互相帮助，尤其是共产党员要起到模范带头作用。在确保安全营运的前提下，尽可能帮助当地群众解决一些力所能及的问题。"

我和场里部分职工一道，于1960年10月从上海出发，先赴山东枣庄。汽车上装了有关器材和必需物品，直接开往枣庄，我们职工则从上海北站坐火车前往。从上海到山东，必须经南京过长江。那时还没有长江大桥，火车过江要由渡轮将车厢驳到对岸。我们坐火车到山东临城（即滕县）下了车，再换乘到枣庄的临枣支线火车。

到达枣庄后，我们看到矿区煤场上堆满了原煤，像小山那样，估计有三四十万吨。而这里仅仅是枣庄的主矿，还有几处分散的小矿如"鸭子汪""四号上山"等，因而我们的车队也分成好几个点抢运煤炭。枣庄主矿是车队的大本营，车队领导虽然在此办公，但他们经常深入到各小矿井去检查运煤工作。车队支部书记叫陈廷宣，车队长姓鞠，工会主席兼人事干部是曹永春。为了加强领导，公司在山西太原设立了第四运输处，由卢汉亭担任处长，以统一调度山东、安徽、山西的车辆和人员。

我们到达枣庄后，安排好住处，第二天即开始工作，将积压在矿区的煤炭驳运到铁路沿线的卸煤场，以便装上火车运往各地，其中主要是运往上海。因堆积的原煤太多了，新开采的煤炭还在源源不断地运出矿井，所以我们的运煤任务确实很紧张。经过三个多月的奋战，终于将堆积得像小山一般的原煤抢运完毕，这时差不多已到春节了。

完成第一阶段抢运任务后，枣庄就不需要这么多车辆了，于是由第四运输处统一调派，一部分派到安徽淮南煤矿，一部分派往山西。我所在的一个小组10辆车，先派到山东滕县为粮食局抢运粮食，去时装一车煤，回来装一车粮。待完成运粮任务后，又奉命到山西灵石县，抢运积压在那里的大约15万吨原煤。

山西灵石说起来是一个县，但其规模仅相当于江南一个稍大的集镇。全县只有一所初级中学、一家银行，街道也较窄。灵石县交通局只有5辆旧卡车，而那个煤矿在山谷里，装了煤的重车要开头档才能爬上坡道，很是费劲。但我们的驾驶员不怕困难顽强奋战，在确保安全的前提下，将积压的原煤全部运了出来。

常驻马脊梁　奋力修公路

完成灵石的抢运煤炭任务后，接上级通知，我们便坐火车前往太原。到第四运输处报到后，即被派往山西大同矿务局所属的口泉马脊梁煤矿。至此，我们结束了前一阶段东奔西走的短促抢运，开始了长期定点的运煤任务。马脊梁煤矿没有积压的原煤，每天正常生产，生产多少就运走多少。我们汽车队就驻在那里，将矿上开采

1965年，本文作者在山西口泉马脊梁煤矿留影

出来的原煤直接运到大头沟卸煤场，装上火车运走。上海的工业用煤和居民生活用煤，大部分来自山西各煤矿，可以说山西是我们上海用煤的基地。当时上海派往山西共有5支车队，我们驻在马脊梁煤矿的车队编号为401。

马脊梁煤矿地处雁北高原的群山环抱之中，常年气温偏低，冬季甚至在零下40摄氏度左右，风沙较多。左云县有座山，山顶的积雪常年不化，即使炎夏六月积雪依然，自然条件和生态环境较差。当地有民谣云："雁门关外野人家，不植桑榆不种麻。三春不见杏桃树，五月难觅石榴花"，"六月山顶雪未化，狂风遍地起黄沙。说与江南人不信，早穿棉衣午穿纱。"

从马脊梁煤矿到大头沟卸煤场，全程13公里，仅有一条山间简易公路，弯子多，路基差，路面不平，上下坡度较大。更令人生畏的是，公路一面是峭壁，一面是悬崖，汽车必须紧贴山壁行驶。碰到两车交会，一辆车必须靠壁停下，等对方车辆过去后才能再开，稍有不慎便会滑落悬崖。而装满煤的重车在高低不平的路面上行驶，颠簸得厉害，机械容易损坏，尤以钢板断裂最为常见，每天总有四五副钢板断裂，修理工都忙得喘不过气来。为此，整修公路成了当务之急。从

山西大同矿务局下属的一个卸煤场

车队领导到群众一齐上阵,连停班休息的驾驶员也放弃休息参加修路。修路时所需的黄沙石子,山上有的是,尽可就地取材。在当地群众的大力协助下,我们将这条公路加固路基,加宽和平整路面,并在事故易发地段安装安全警告标志。在卸煤场上下坡进出口处还装上红绿灯,由现场指挥员统一指挥进出车辆,确保安全行车。

在阳泉、口泉、安源、高坑、鹤壁五个煤矿
上海工人辛勤劳动协助运煤
三个代表团分赴各矿慰问鼓舞了运煤工人的积极性

1961年，《解放日报》报道代表团前往山西等地慰问上海运煤工人

　　这条山间公路整修后，不但运煤车辆畅行无阻，还给当地群众带来了更多实惠。过去从大同到左云要从别处绕道，现在可从口泉经马脊梁煤矿直达左云，既缩短了路程，又节省了时间。早先从大同到马矿有定期班车，因公路不安全而停驶，现在公路修好了，定期班车也恢复了，大大方便了当地居民出门。过去煤矿文工团曾定期到矿上慰问演出，也因交通不便而中断很久了。公路修好后汽车能开进来，煤矿文工团以及晋剧、二人转等剧团也先后来矿上演出。我们车队还帮助这些剧团接送器材、道具和人员，使矿上一度冷寂的文娱活动又活跃起来了。

拉货兼救护　　助民解忧难

　　马脊梁煤矿开采的原煤，由我们用汽车逐日拉到大斗沟，装上火车运往全国各地，从而使矿上能及时收到货款，矿工也能按时领

到工资。矿工们有了钱就要消费，也就相应地带动了当地商业的发展。因此，当地群众对我们这些上海运输工人的到来是欢迎的。

我们车队在马脊梁矿以运煤为主，但在力所能及的情况下，也为当地有关部门及居民做了些排忧解难的事。丰子涧公社有一个供销社，专门供应当地居民的生活用品。供销社要到大同市进货，由于这条公路行车不太安全，不敢用汽车运，只能用驴马车拉，到大同市来回100公里，要走两天，而且每次只能拉回1吨货物。由于货源不足，原来设在各村的供销分社纷纷停办了，以至有的村民为买半斤酱油要翻两个山头到丰子涧总社，实在太不方便了。上海车队进驻后，供销社要求我们帮他们到大同去拉货。经车队领导同意，车队每周派出一辆车，先装一车煤到大斗沟，卸下后再到大同拉货，来回半天工夫，拉货量可达4吨。供销社由此货源充足，各村的供销分社也相继恢复营业。

当地煤矿医务室缺少药品，我们去大同拉货时也帮助医务室捎带一些必备的药品，使矿工和居民们能及时得到治疗。一旦遇到矿工发生工伤需要急救、居民患重病或孕妇难产时，在煤矿医务室的要求下，我们的汽车像救护车一样，迅速将病人、孕妇等送到口泉或大同市有关医院。这些都得到了当地有关部门及群众的称赞。

我们车队的汽车性能一直处于安全状态，驾驶员坚持决不带病出车，一有什么机械故障立即抢修。在营运过程中，驾驶员严格遵守交通规则，不因当地没有交通民警而有所松懈，因而在马脊梁运煤多年，从未发生过交通事故，被当地交通管理部门称为"信得过车队"，在车辆年检时予以免检。

轮换回沪时　欣然游北京

当时，上海市政府对我们很关心，特地组织了几个代表团，分

1964年,部分上海运煤工人回沪途经北京时在北海公园游览

别前往阳泉、口泉、安源、高坑、鹤壁等煤矿慰问我们运煤工人。上海交通局和公司领导对驻外车队的职工们也十分关心,设立了家属访问组,定期访问驻外车队职工的家属。去外地搞运输的职工,大都只带伙食费和一些零花钱,余下的工资都由家属访问组按时送到各位职工家中去,并从家属手中接过给在外职工的包裹,集中发往各驻外车队,让职工和家属两边都安心。每逢春节、国庆等节假日,交通局和公司领导还前往驻外车队进行慰问。为丰富驻外车队职工们的文娱生活,还特地调拨了一台约12英寸的黑白电视机。在那个年代,即使在上海能拥有电视机的家庭也是很少的,何况我们是远在偏僻的山区。

公司起先规定驻外车队职工每半年轮换一次,后来改为一年轮换一次。轮换时,有些职工愿意继续留在驻外车队工作的,可以在沪休息半个月后再返回。值得一提的是，轮换回沪途中，都要坐火车从大同经北京到上海，重返大同亦如此，因上海到大同没有直达火车。而到了北京后，当天还不能转车，须在北京住一夜，因此有半天的时间能在首都游览。当年北京有规定，凡持外地证件者到故宫、军事博物馆参观不需要买门票，所以我们几个同事趁这个机会，结伴到天安门、故宫、天坛、军事博物馆、东长安街等景点参观游览。而往返火车必定经过八达岭，在八达岭要停一段时间检查机车，旅客们可以下车散步观赏山景，并可瞻仰詹天佑铜像。这可以说是我们外出运输期间最愉快的记忆。

大约到了1974年，由于当地的运输能力已有改善，而上海的日常用煤供货已充足，没有必要在外省继续派驻车队了，因而那些驻外车队陆续被调回了上海。

转眼将近半个世纪过去了，我们这些参加过驻外运煤的人也都老了。当年被称为"野人家"的马脊梁煤矿，不知在改革开放的大潮中发生了什么新变化；那条从马脊梁到大斗沟的13公里长的简易公路，也许已经重修一新，即使故地重游，恐怕也认不出来了吧？

我在四川工作十七年

叶玲珍

无意间选择了"高温粉尘"专业

我从小生长在上海，家里的条件相当优裕，从没想到长大后会去四川工作，而且一干就是十七年。

高中毕业后，我考上了华东化工学院（今华东理工大学）。学校在上海郊区，比漕河泾还要远。记得报到时，有老师问我想学什么专业，我当时随便说了一句："我的中学老师告诉我有硅酸盐专业。"接待的老师马上为我填了这个专业。回家告诉家人，妈妈当即反对，说女孩子应该学制药之类的专业。等再回到学校，大局已定，不能更改了。后来才知道这是个冷门专业，选的人很少。硅酸盐专业包括水泥、陶瓷、耐火材料和玻璃等，但以玻璃制造为主。入学后，老师带我们到上海耀华玻璃厂去参观，这个厂专门生产平板玻璃。面对1 000多摄氏度的玻璃熔制温度、原材料配制的粉尘，我顿时觉得自己入错了行，这辈子恐怕和高温粉尘分不开了。

1961年大学毕业，我向学校写了申请要求留在上海。大炼钢铁时我们全班去江西参加社会实践，这才体会到上海是最好的城市。当时我陈述留在上海的理由是，父母年老多病需要照顾。现在想想也

本文作者（左）与大学同学在上海东湖路上漫步

觉得好笑，家里兄弟姊妹那么多，恐怕还轮不到我来照顾吧。最后，我只有服从分配，跟许多同学一起奔赴祖国的大西南。当时整节车厢都是我们学校的毕业生。

天回镇是我迈向社会的第一站

到了四川后，因为我是硅酸盐专业毕业生，所以被分到成都陶瓷厂。该厂位于成都天回镇。当时正逢三年困难时期，因燃油紧张，那里没有公共汽车。从成都乘火车，一站就到了。但是出了火车站，还要沿铁轨步行到厂里，这段路相当长。我没有坐火车，厂里派了一个工人用板车帮我拖行李。我从招待所出发，一路跟着板车走，这是我走向社会的人生第一站。

据说"天回镇"的得名，是因为安禄山叛乱时唐朝皇帝李隆基逃到四川曾经过此地。镇上只有一条街，没什么东西好买，我平日很少外出。这个厂原来是规划生产陶瓷卫生洁具的，有几个成都大学生，还有一位从成都军工厂调来的技术员，专门搞陶瓷配方。另外还有几个中专生。厂里的工人大部分是从四川农村招来的。因为技术上不去，厂里只能生产粗瓷碗。这种瓷碗虽然质量很差，但在市场上也很紧俏，要通过关系才能买到。

我分配到陶瓷厂后，按规定要实习一年后才能转正。在实习期间，有一次烘房起火，火势蔓延较快。烘房楼上是女工宿舍，工人们发现着火后，纷纷搬箱子和铺盖往楼下跑。我大声阻止了混乱场面，告诉她们先救火要紧。于是大家纷纷拿起脸盆、水桶，奔向楼下的池塘舀水，一盆接一盆传递，终于把火扑灭了。事后，厂里还特地表扬了我这个上海来的大学生。

陶瓷厂的厂长和书记都是部队转业干部，困难时期食物匮乏，他们便安排厂里的一些劳改分子，在厂后面的空地种菜养猪，所以厂里的伙食比其他单位好得多。每逢节假日，食堂里供应咸烧白（四川扣肉）、甜烧白（加入豆沙糯米的四川蒸肉）、回锅肉和麦芽糖等，每人都能得到一份丰盛的佳肴。每次我都会高高兴兴地把这些美食带到家住德阳市的姐姐家中一起分享。姐夫在中建部二局工作，当时要建设德阳重机厂，所以就调到了德阳。我的大姐是1960年从中国人民银行上海分行调到四川的，就是为了解决夫妇分居问题。我大学毕业分配到四川，起初心里还暗自高兴，因为在四川毕竟还有大姐这个亲人，何曾想到户口也被同时迁到四川，再也不能回上海了。

与家住德阳的大姐共度艰难岁月

从天回镇到德阳，要乘一个多小时的火车，下火车后还要走半个多小时才能到姐姐家。当时成都到德阳的车票票价是2.4元。有时候车票紧俏，我们只能买到闷罐车车票，票价仅1.2元。可是闷罐车的车厢里没有座位，只有两个小窗户透气，我们只好用报纸垫着坐在地上。后来我结婚了，就和爱人一起去德阳。在车厢里，我和爱人之间讲上海话，跟其他乘客就讲四川话。那时我已经能讲一口地道的成都话，人家都不会相信我们是地地道道的上海人。在厂里与师傅们用普通话不容易沟通，用四川话交谈就很亲切自然。到市场买菜我也讲四川话，否则对方知道你是外省人，菜也会卖得贵些。

姐姐在德阳的生活也是艰苦的。厨房里烧的是大灶，每次烧饭时用柴架在炉膛里烧，弄得整间屋子烟雾腾腾。为了节省木材，还要一把把往炉内加木屑，这位沪江大学毕业的上海大小姐被熏得眼泪直流。当时粮食短缺，1斤粮票可以买5斤山芋（四川叫红苕），我和姐姐都喜欢吃，常常吃到肚子发胀还想吃，因肚子里没有什么油水，饱胀的感觉让人很舒服。

我因工作需要常去上海出差，每次同事都会托我在上海买些衣料、衣服、鞋子等日用品。在物资匮乏的年代，也只有上海才能买到当时的紧俏商品。我很乐意助人，每次都会把同事托买的物品一一记下，尽量满足他们的需要。记得有一次出差从上海回成都，带了七件行李，家里的侄儿和外甥共四个小青年送我。到车站候车室，见时间尚早，小伙子们就到外面逛去了，留我一个人看守行李。我手中握着一把长柄雨伞，把行李数了一遍又一遍。这时候车站广播响了，马上就要检票了。我急急忙忙去把那几个小伙子找回来，大家赶紧提了行李就走。等到了卧铺车厢放好行李，我又数了一遍，突然发现只有六件，少了一件。这一惊非同小可，我忙不迭地下火车奔到候车室，看见行李竟然还在椅子上！这件遗漏的行李内是我带给德阳大姐的食品，在当时可是非常珍贵的东西啊。

成都玻璃制品厂唯一的大学生

陶瓷厂的产品质量始终不过关,最后该厂只得下马了。我被调到成都玻璃制品厂(后来改称成都灯泡厂)。这时姐姐也调到了成都工作。有一次厂休,我去看我的同学,她被分配在成都红旗玻璃厂。我穿了姐姐的蓝色布旗袍前往,结果引来厂里的女工,她们纷纷挤在技术科门口看我,我成了她们的"西洋镜",而我却不以为然,觉得她们才少见多怪呢。

我当时是成都玻璃制品厂唯一的大学生,分在技术科工作。厂领导十分重视我。我的办公室就在化验室里,我每天都要根据化验员的原料分析报告,开料方给配料车间配料,再送入高温车间进行玻璃熔制。晚上我就在办公室看书。屋子里有一个大柜子,里面全是专业参考书,这些书我在大学里都没有看过。技术科的同志大多很钻研业务,下了班还在办公室看书的不止我一个。那段时间我感觉特别充实。我们厂附近是成都地质学院,学校里晚间有老师教日语,我也常去听课,因为在大学里学的是英语,我还想再学一门外语。上课的老师是日本人,她温文尔雅,我很喜欢。现在我只记得,有一篇课文题目叫"北京的秋天"。

在成都玻璃制品厂门口留影

当上技术员后，我感觉肩上的担子也重了很多，不但要制定工人岗位责任制度以及操作规程等，每天还要到车间里监督检查。每星期的干部参加劳动也是必不可少的，每次还要让车间师傅签字认可。我主要参加两种工序的劳动：一是配料工序，将配方上的原料按量称好，然后倒在大木板槽内，按照三拌两筛操作规程将粉料拌均匀，最后取样送交化验。只有均匀度达到98%以上，才允许送入熔制车间进行玻璃熔制。当时靠人工拌料，每次配完料，全身上下全是灰尘，即使戴上口罩、帽子也无济于事。另一道工序是玻璃拉管，就是用铁棒在1 000多摄氏度的熔制玻璃坛内挑出一点玻璃料，压成圆饼状后，再与拉管师傅的玻璃大料黏接。我就作为固定点，用铁棒拉住玻璃大料底端，拉管师傅对着铁管边吹气边往后退，把玻璃料拉成近20米长的玻璃管。拉管过程中我与师傅成拔河状，劳动强度很大，尤其是在熔炉边烤着，恐怕没几个人能够忍受的。

一个从上海来的大学生能与工人师傅打成一片，不怕苦不怕累，因而大家对我的印象很好。知道我不能吃辣，食堂的师傅照顾我，在给我的炒菜里特意不放辣椒。有一天上午刚上班，厂部就派人把我叫到厂长办公室。厂长对我说："你来厂后表现很好，厂里决定升你一级工资。"我当时有点懵了。原来1963年工资调整时，每个单位都有指标，有几个指标就加几个人。有些单位会扣留一些指标下来再上交。后来省里下达文件，将这些指标一律加给各单位的技术人员，这样我就成了幸运儿，加了一级工资，由原来的每月53元加到59元。

两个上海人在千里之外巧结姻缘

我从上海毕业后分配到成都，难免思乡心切，总想能早日回上海。杨大容与我同一届，是从北京邮电学院分到成都的。成都气候

本文作者与杨大容的结婚照

潮湿,吃的菜又麻又辣,而且总是吃不饱,水土不服令他心中也很苦闷。我有一位很要好的高中同学,她在北京邮电学院上英语高级班时认识了杨大容,毕业后她留在北京工作。有一天在公共汽车站,她碰巧遇见杨大容的一位大学同班同学。她们在一起闲聊,讲到我和杨大容都在成都工作,但又都不太安心。后来她们各自写信给我和杨大容,想促成我俩交往。杨大容收到大学同学的信后,马上给我写了一封信,信中做了自我介绍,还附了一张他大学毕业后在上海拍的西装照。照片上的他很英俊,长得很像电影明星。我收到信后也想和他认识一下,就回了一封信。他第一次到厂里找我就闹了个笑话。那天正好厂休,我同事告诉他我回家去了。他很纳闷:不是说对方还没成家吗?难道是同学搞错了?第二次来找我时,才知道我是去了姐姐家,这才消除了疑虑。

第一次见面,双方印象都不错。我及时向姐姐和姐夫汇报了。彼此都是上海人,家庭条件都很好,两家也靠得近。我家在淮海路,他家在思南路,上中学时走的是平行线,从来未曾照面,不料却在千里之外牵手了。如果不是北京的两位同学碰巧相遇,热心做红娘,也就没有我们这段姻缘了。这正应了那句老话"千里姻缘一线牵"。但要说我和杨大容在上海从未见过面,似乎也不确切。有个插曲很有意思,当年在上海高考时,我和杨大容在同一个考场,我因为高烧不退被人用担架抬出考场。说起此事他有点印象,还为那位女考生惋惜不已。谁也料不到,当时抬出去的人现在竟成了他的妻子。难道冥冥中真有定数？

我俩成家后，有时去城里玩，都会穿戴整齐，这是在上海养成的习惯。有一年元旦想外出逛街，我穿了毛料西裤和紫罗兰色的驼毛袄，我先生也是笔挺的西装裤子和锃亮的黑色硬底皮鞋。我们从宿舍抄近路，要过一条小河沟时，我先生不费劲地一跃而过，而我害怕不敢跳，让他在对面接我一把。谁知，我拉到他手时身体却向后倾倒，把他也一起拖进了水沟里，两人的衣裤鞋子都被泡湿了，只得狼狈地跑回宿舍去换洗，元旦不得不草草度过了。

在动乱年代筹建气象温度表厂

1967年，因中央气象局需要气象测温仪器，与一机部电子仪表局协商后，决定从成都玻璃厂抽调一套班子，由厂长、技术员和工人组成，建立气象温度表厂。我成了这座新厂的唯一技术员，对内对外什么事情都要管。当时厂里只有传达室有电话，接听电话只能到厂门口去，即使厂领导也不例外。每次有我的电话，传达室的老师傅就一个车间一个车间地找我，忙得不亦乐乎。中央气象局总工打电话来交代工作，我一边听电话，一边把内容速记下来。总工不放心，每次都让我重复一遍，我都回答得清清楚楚，令他十分满意。其实我这点能耐不足为奇，我爸爸的本事才大呢。记得50年代，上海金龙绸布店新进了一种日本料子，十分新颖。我们姐妹每人买了一段衣料，当售货员还在忙着

在成都气象温度表厂化验室工作

打算盘时，我爸爸已经将该付的钱款一分不差地报给了她。

1967年底，厂长带领我和其他人员去北京一机部申请建厂需要的资金。当时，全国各地去北京的人很多，各住处都人满为患。一机部办公室负责接待的是一位中年人，他特地安排我住招待所，是考虑到我已怀孕五个月了，而其他人只能住接待站，睡地铺。

回厂后，领导又派我去上海医用仪表厂参加防汞小组的工作。由于温度表的感温体是水银（汞），对操作工人的健康有危害，故要从防汞角度考虑车间的设计。车间地面要有一定的坡度，便于每天下班时用水冲洗，使地面上残留的汞与水一起顺坡流到四周明沟内，明沟四角处装有水银收集器，将残留水银收集起来统一处理。

当时正在动乱中，成都武斗很厉害。这一趟，我与爱人、大姐、大姐夫四人一起回上海，好不容易找到成都去上海的列车，却是车

1967年底，本文作者（前排右三）与同事为筹建气象温度表厂赴北京，在天安门前合影

门紧闭，站台里又没人管。我与大姐都怀孕在身，只能由两个男人把我们托举到车厢窗口，然后爬进了车厢内。这次回上海路上历时40多小时。我在上海工作期间生下了儿子，产假后即回成都搞建厂工作。

新厂房和车间的设计由一机部第二设计院负责，该院派出了一套班子到我厂，从土建、工艺、通风、给排水、电力等方面进行实地调研。1971年，我代表厂方特地去上海接设计人员到成都，因为我负责全厂技术，所以每个工序我都要了解。趁这次出差的机会，我把儿子也带到了成都。儿子3年前在上海出生后，一直由爷爷奶奶照看着。乘火车时，小家伙在车厢里爬上爬下，和设计院的叔叔阿姨玩得很开心。抵达成都火车站，我先生来接我们。我问儿子，认不认得他是谁？儿子眉头一皱说"杨大容"，引得在场者大笑不止。原来在上海时，他奶奶常拿出我们的照片，告诉他爸爸叫杨大容。

我在四川工作了十七年，把青春贡献给了大三线的建设事业。后来随着岁月递增，父母年纪大了，我们的思乡之情也越来越强烈。经过努力，1978年我们夫妇俩调到了南京邮电学院。从数千里外的成都到了上海的"大门口"，虽然距离上海还有300公里，但我们已经心满意足了。学校放寒暑假时我们都能回上海看望父母和亲戚，感觉太幸福了。我也从工厂的一名技术员转变为人民教师，掀开了人生新的一页。

竹片抹泥土：亦苦亦乐"干打垒"

薛关钧

竹片抹泥土的简易住房

20世纪60年代后期，我响应国家号召支援大三线建设，从故乡上海来到四川盆地一个小县城工作。在那"备战备荒为人民"的年代，倡导"先生产，后生活"，当地生活条件较差，住的是"干打垒"。所谓"干打垒"，是四川当地人对一种简易住房的俗称。这种房子的墙用竹片作为"钢筋"，两边抹上泥土；房顶用粗毛竹或树干搭成"龙骨"，盖上油毛毡和稻草，地面铺洋石灰（即电石糊）；窗户用竹片和篾席做成，用一根竹竿撑着就是"开窗"，放下竹竿便是"关窗"，不开"窗"的话屋内昼夜难分；门也是用竹片和篾席制成，挂一把普通铁锁，住在宿舍内的每个人都配有一把钥匙。

一排"干打垒"，隔成数间宿舍，单身男、女职工房间以及带家属的职工住房混插其间，比如我的宿舍隔壁住着多位女同志，而对面3米不到住着职工和家属。宿舍之间的隔音极差，倘若有人半夜里说梦话，或者有些什么动静，隔壁宿舍都能听得清清楚楚，有时显得颇为尴尬。我住的宿舍内总共有10个人，其中一个东北人、两个当地人、七个上海人（包括浦东人以及江浙两省人），彼此相处十分融洽。宿舍内，每个人都拥有一张双层木床，上层放箱子与物品，下层既当坐椅

工人们在搭建简易住房

又睡觉,一年四季都挂着蚊帐,夏防蚊虫冬挡风。床下用铁丝吊挂一块长木板,用来放鞋子、洗衣刷、肥皂等,毛巾、牙刷放脸盆里,直接置于地上。没多久,大家相继用小角铁和薄铁皮做了个双层床头柜,刷漆上锁,放在床边,用来存放贵重物品、替换衣服以及怕被鼠咬的食品,柜面放着茶杯、小相框和袖珍花草等,别有一种优雅的情调。

一般情况下,每两排"干打垒"旁边都有一个长约4米、宽2米的水泥平台,装有多个水龙头,供职工们漱洗以及洗衣服。在平台上刷洗厚厚的工作服最方便,可以将服装铺平,洗得又快又干净,省时也省力。有时遇到两三个人同时洗衣服,边洗边聊,还互相逗趣,十分开心。

看露天电影的"特殊包厢"

"干打垒"的生活虽然清苦,但亦有乐趣。晚间,大家可以躺在床上,用南腔北调的"普通话"大侃五湖四海的奇闻怪事。谈着谈着,总有人会不知不觉地睡着,响起了呼噜声,直到大家都入梦为止。记得某个夏天的深夜，众人在睡梦中被一声尖叫惊醒，赶紧打开宿舍内电灯一瞧，大伙儿全乐了。只见屋外下着瓢泼大雨，水流从门底下的缝中涌进来，水深已达6至7厘米，几个空脸盆和木拖鞋随波逐流地漂浮着。原来，有位同事半夜起身去外面小解，下床时一脚踩到水，被吓得叫出声来。

　　坐在"干打垒"宿舍里看露天电影尤其令人难忘，我们戏称为"特殊包厢"。那时候，企业每周末都会在露天广场放电影，每次两场，晚上7点半一场，午夜12点再放一场（照顾中班的下班职工）。"干打垒"结构为凹型排列，我们住的宿舍正好位于露天广场电影屏幕的反面，无任何遮挡，我们可以坐在屋内边品茶边观看影片。虽然画面是反的，但并不影响视觉和音响效果，尤其在冬天观看影片，还可以免遭小雪、细雨或寒风的袭扰，很是惬意。

煤油炉不慎引发的火灾

　　谁知三年后一场突如其来的火灾，打破了"干打垒"平静的生活。回想起那次难忘的遭遇，我至今心有余悸。

　　那是一个深秋的傍晚，约5点半，天色还明亮（当地天色暗得晚，与上海的时间差约一个半小时）。我吃完晚饭不久，正准备与宿舍里的两位同事一起出门去溜达，猛然间，听到室外一片嘈杂声，有人尖声呼叫："着火了！着火了！"紧接着，大人的奔跑声、小孩的哭叫声、东西的碰撞声此起彼伏。我们赶紧撑起竹竿（开窗）一看，哎哟，只见"干打垒"顶头部分的宿舍浓烟滚滚，火光冲天，火魔借着风力蔓延得很快，竹竿、竹片和篾席被火烧得发出劈劈啪啪的响声，可怕至极。当时，我们出于本能，快速地取出最贵重的物品，塞进一个旅行包，准备"逃难"。这时候，多辆消防车呼啸而至，消防官兵迅速投入救火，不少职工也奋不顾身，拿着手提灭火机参与灭火。

令人感动的是，驻扎在我企业附近的01部队（其中大部分为上海籍战士）也集合队伍，奔跑着赶来救火。官兵们齐刷刷地跳进旁边一条两米宽、一米多深的脏水沟里，用水桶、盆器等打水，以接力传递的方式，将水泼洒在未遭殃的"干打垒"墙面上，还有不少官兵爬上屋顶，也同样以接力方式，将水泼洒在稻草和油毛毡上，用来增湿与降温，以防止火势蔓延。深秋的沟水很凉，但无人畏惧。我和同事们见状都很感动，立即放下旅行包，拿起洗脚盆以及可以利用的其他工具，纷纷加入救火行列。人多力量大，经过个把小时的奋战，终于铲除了火魔，使几排"干打垒"逃过一劫。

事故造成十多间宿舍被大火吞噬，幸运的是除个别人受点轻伤外，无人遇难。患难见真情。对于无"家"可归的职工，企业工会当夜就帮助安排临时住宿，职工之间也纷纷互相伸出援助之手，一张单人床挤睡两个人的情况屡见不鲜。

那是一个"以阶级斗争为纲"的年代，一点小事都要去抓"阶级敌人"，何况发生了这么大的火灾！翌日下午，企业全体职工在"干打垒"露天广场召开公捕大会，那个火灾肇事者被五花大绑，胸前挂着"现行反革命分子、故意纵火犯"的牌子，站在台上接受批斗后，随即被成都市公安局警察带走。

事后，听那位肇事者同宿舍的人说，他是用煤油炉煮面条当晚餐，却自作聪明，在煤油中兑入不少汽油，认为这样可以使火旺一些。不料刚一点火，"嘭"的一声，火苗蹿得比人还高，整个煤油炉炉面都着了火。他一下子慌了神，赶紧捧起煤油炉往宿舍外扔，没有想到的是，炉子扔到门框上弹到屋中央，混合油溅得到处都是……虽说他不是故意纵火，但这种危害集体利益的失误，也是由于缺乏科学知识造成的。

2008年深秋，我返回上海定居。然而，那些在四川"干打垒"居住期间苦乐交织的往事，一直留存在我的记忆中，永远无法忘怀。

我在"大三线"的那四十年

薛关钧

1968年秋,20岁的我响应国家"支援三线建设"的号召,告别故乡上海,来到了四川省江油县(1988年设为县级市),进入代号为"302信箱"的长城钢厂工作。长城钢厂筹建于1965年,是当时全国十大特殊钢生产基地之一,厂里的员工大都来自上海、东北、湖北、四川等地。

20世纪六七十年代的长城钢厂车间

"干打垒"里反看电影

在江油县,全年三分之二的日子是潮湿阴郁的天气,我初来乍到很不习惯。在那个"备战备荒为人民"的年代,全县没有一幢超过六层的楼房,柏油马路少,泥泞小道多,路上行人常常是"晴天一身灰,雨天一脚泥"。我们厂的职工宿舍也十分简陋,全是用毛竹、泥土、篾席、木板、稻草和油毛毡搭建而成的简易房,屋内地面铺的是电石糊,当地人称"干打垒"。一排"干打垒"被隔成数间宿舍,单身男女和带家属的职工混插入住,每间房一般安排7至10人。我住的那间房一共有10个人,大家相处十分和睦。

那时候,为丰富职工的娱乐生活,厂里每周末都会在露天广场播放电影。我的宿舍房间就在电影大幕的后面,且没有任何遮挡。于是每逢周末,我和工友就坐在屋里边喝茶边看电影。虽然画面是反的,但并不影响我们观影的心情,现在想来,仍觉得别有一番滋味。

跟着老乡学会"酱油添醋"

慢慢的,我适应了江油的生活,还学会了当地的方言。那时,我未曾想到自己与这片巴蜀之地竟会有四十年的情缘。

四川地处盆地,所以山多。山里的老乡要翻越一两座山坡,徒步数公里路,才能到小镇赶集。他们将自家养的鸡鸭所生的蛋,还有一些鱼干山货等装进竹篓里,背到集市上卖钱或换粮票。有时他们也会在集市里买些油盐酱醋及日用品,同样放在背篓里带回家。我刚到江油时,看到老乡赶集总带着几个空瓶子,感到十分好奇。后来才知道,这些玻璃瓶是用来装酱油和醋的,而且是以1:1的比例混装在一个玻璃瓶里。老乡告诉我,江油的水质非常差,烧开的水不能马上喝，因为水中的含碱量高，稍加沉淀，水底就会有一层厚厚的白粉。为中和"喝下去的碱"，老乡们想出了"在酱油里加醋"的办法，以求达到酸碱平衡。后来，我也学会了这一招。

四川人将山坡之间的平地统称为"坝"。坝区的农民经常会背着竹篼，带些蔬果、粮食、禽蛋以及小手工艺品，到集市或路边与人交易。任你精挑细选，他们也绝不会生气。当时的口粮分配中有百分之二十是杂粮，像我这样的外乡人吃不惯杂粮，就可拿去跟老乡们换大米或其他食物。我记得，3斤粮票在最便宜时可以换到10个新鲜鸡蛋或8个新鲜鸭蛋。

为爱人放弃加薪机会

我原先学的是机械制造，一进厂就被分配到102锻造车间机修工段做车工兼镗工，从C618型到C6110型的各种大小车床都操作过。当年，我在小车床上加工最多的零件，是汽缸盖及用以连接缸体的固定螺栓和螺帽。那时组装一台汽缸需要16套螺栓和螺帽，对这两个零部件的需求量很大，且工时定额紧，因此在切削螺纹时要求我们用钨钢刀在三四刀内就完成。一刀下去，铁屑飞出，即使工人再小心，也难免会被溅到头脸或手脚，而高温铁屑一旦接触到皮肤，就会造成灼伤。有一次，一条铁屑正巧飞入我的鞋里。我赶紧停下车床，脱掉鞋子取铁屑，可是已经被烫得很深，至今脚上的疤痕仍隐隐可见。遇上抢修汽缸的紧急任务时，中班连着夜班上也是常有的事。由于锻造车间内粉尘较大，我在工作时必须戴着口罩和帽子，在炎炎夏日，常常热得汗流浃背，因粘满粉尘而浑身乌黑。进入长城钢厂没几年，我便因工作努力且表现出色，获得总厂级"先进个人"称号。

与此同时，学过绘画的我常被借到厂里宣传部门，帮忙制作专栏展版等。有一年,我们厂制作的展版参加国家冶金部举办的"首届全国特钢展览",为此我和同事们一起赴京参展,并停留了40多天。

在努力工作之余,我在异乡也收获了爱情。当时,我的前台车床操作者是曾经的中专同班女同学,由于车床操作换卡盘时,常需两人齐心合作,我俩互帮互助,渐渐滋生感情,于1976年水到渠成喜结良缘。新婚时,我送给妻子一首打油诗:"关钧与玲妹,情深似大海。同舟共甘苦,白发永相爱。"与妻子同进同出上下班,每天都过得很温馨,当然也难免有不尽如人意的地方。在那个年代,厂里给职工加薪的机会难得,除平时表现好外,还须通过"应知应会"考核。然而,最令人难以接受的条件是,夫妻同组,仅一人能够享受加薪,为此我只能主动放弃。

改行记者参与企业航拍

20世纪80年代,四川省广播电视厅授牌企业成立电视台。凭借懂无线电技术,又能写会画,我被调任电视台摄制组组长,成为一

在车间拍摄

名新闻工作者。我全身心地投入到新闻工作中,接连采访了数位省市劳模、三八红旗手,追踪报道舍己救人的英雄故事,同时也关注反映时代精神的社会新闻。1987年2月,在四川省企业电视节目评比中,我所制作的节目获得了新闻一等奖。

  1988年长城钢厂更名为长城特殊钢公司,屡获全国和省级先进企业称号,进入发展的鼎盛时期。为了扩大对外宣传,领导决定航空拍摄公司全貌。在与成都军区凤凰山空军机场取得联系后,机场大队长亲自率队到公司进行实地考察。之后,由企业报总编挂帅,挑选出4名摄影摄像人员,另加1名司机和1名后勤人员成立航拍小组,我也是其中之一。5月末的一天,我们抵达成都,入住西藏饭店。第二天清晨,航拍小组奔赴成都凤凰山军用机场,开始拍摄工作。

  我清楚地记得,那天天公不作美,一直下着零星小雨,但大家却非常兴奋。到达机场后,在大队长的陪同下,我们有幸近距离参观了跑道两边的鹰式战斗机。下午,航拍小组一行7人登上了一架中国民航884直升机,由大队长亲自驾驶进行试拍。飞机在成都上空盘旋了50分钟后返回机场。下机后,大家立即围坐在一起观看录像,一致认为拍摄的效果还不错。

  6天后,天气晴朗,航拍小组再次来到凤凰山军用机场。这次的飞行由三位大校军官分别担任主副驾驶员和导航员。下午1点,直升机腾空而起,41分钟后进入航拍现场。我肩扛15斤重的摄像机,腰部和摄像机上各系一根固定于机舱的细钢绳,站在装有安全栅栏的机舱口进行"高空作业"。我的左右两边各站一名摄影员,录像员紧跟在我身后,所有人都在全神贯注地拍摄。由于飞机需在每个拍摄点上空盘旋两次,因此这次航拍经历了一个多小时后才结束。一位当地领导说:"长城特殊钢公司的这次航拍,开了我市航拍史的先河。"

在机舱内航拍

曾有媒体以"北有长城南有长钢"来形容我们公司当年的辉煌。因此,那几年有不少中央首长、省部级官员前来公司视察。作为企业电视台的一名记者,我全程跟随拍摄,并采写报道,最终制作成当晚9点档新闻在电视台播放。至今我仍清晰地记得,时任全国职工教育管理委员会主任的袁宝华在公司招待所挥毫泼墨,写下"国之干城"四个字;时任四川省省长的张皓若与公司领导会晤时,不无感叹地提到"长钢名气很大"。

难以割舍的第二故乡

1993年,长城特殊钢公司经国家发改委批准上市,改名为长城特殊钢股份有限公司。然而,1997年起公司发展却一落千丈,陷入了长达20年的亏损。此时,我主动办理了内退手续,拿着每个月400元的生活费,离开了自己所热爱的岗位,也算是为企业"减员增效"作了一份贡献。

2008年5月12日,汶川发生特大地震,5月18日江油也发生了6.1级地震。那时我与妻子正在上海,听到消息后心里非常焦急。10

月25日凌晨3点多,我只身一人乘坐火车赶回了江油。一下火车,我就被眼前的景象惊呆了,四层高的火车站新楼几乎成为危楼,当初宽敞的候车室被简易棚取代,四面透风,让人倍感凄凉。当我赶回公司时,发现那里的情况更严重,单身职工宿舍楼、子弟小学校楼、职工总医院大楼以及部分民房都变成了一片废墟。再到江油市区一瞧,更加触目惊心,多幢大楼摇摇欲坠,一处公交候车站仅剩下一根歪斜的站牌杆……后来我从媒体上得知,截至5月底,江油市在此次地震中共死亡394人、失踪44人、受伤10 016人。

我在江油待了一个月,亲身感受了随后2.9至4.7级的五次余震。当地的朋友告诉我:"第一次地震那天,整个江油天昏地暗,天空发出隆隆的响声,空气中还弥漫着异味,地面强烈颤抖了约2分多钟。人都从椅子上被震倒在地,无法站立。"一天晚上,我去拜访两位老同事,其中一位同事家里铺的地砖拱裂得厉害,而另一同事家的墙体上有条一指宽的裂缝,能透进屋外的光,看着挺可怕的。

2008年11月16日,温家宝总理亲赴江油视察,并于当天下午来到了我们公司。我挤在人群中,远远看见总理坐在车内向道路两旁的市民频频挥手。这一晚,我辗转反侧难以入眠。我有江油户籍整整40年,江油就是我的第二故乡。虽然那时我已举家迁回上海,但心中仍对江油有着割舍不下的情谊。

我在新疆支边的所见所闻

沈晓阳

我于1949年7月考入华东军政大学,1952年春从上海出发奔赴新疆参加支边建设,在新疆部队度过了近20年的时光。由于工作需要,我到过南北疆数十个城镇和乡村,领略了天山南北的美丽景色和少数民族的风土民情。

家庭歌舞厅的欢乐之夜

初到乌鲁木齐(时称迪化),感觉城市不大,约六七万人口,相当于关内一个小镇。除盛世才遗留的一幢木结构3层大楼外,尚有一幢刚建好的军区直属合作总社楼房,其余均为土墙泥顶简陋小屋。马路是用碎煤渣铺就的,半小时即可走遍全城。由于语言不通,我们很少外出,上街买东西只懂得一句维族语"康吉甫鲁"(多少钱),接下来双方就用手势来沟通。

1964年,本文作者(右一)与战友在新疆库尔勒骑兵团营房前留影

解放军官兵访问维吾尔族群众

不久，部里调来一位维吾尔族年轻军人，叫夏克尔江，一米八的高个子，是个刚走出校门的大学生。由于我们在同一个办公室工作，不久即成为好朋友。他从小在乌鲁木齐长大，粗通一些汉语，自愿担任我的导游兼维语教师。他先教我维语拼音，又教我一首维吾尔族民歌，接着再教几句维吾尔语会话。他教会话有特点，只教问话不教答话，说是等问话熟练了再教答话。可是直到他因工作调离后，答话课还没有开讲，所以我的维吾尔语只是学了个半吊子，全然派不上用场。我有时候接待来访的维吾尔族客人，刚一落座，我顺口就来了句："你密西可拉色孜（您有什么事）？"人家一听很高兴，当即用维语和我对话。这一来我傻眼了，叽里咕噜一大篇，一句话也听不懂。从此后我就不敢乱张嘴了。

某日吃罢晚饭，我俩上街漫步，不知不觉走到南梁少数民族聚居区。他把我带进一条曲曲折折的小胡同，敲开了一个院子的大门，一对40岁上下像两口子的维吾尔族老乡出来迎接。不清楚夏克尔江说了句什么，两位主人客客气气地把我俩引进一间点着两盏煤油灯的屋子，只见墙壁上挂满各种民族乐器，炕上已坐了4个人。两个军人的出现，而且我还是汉族军人，似乎让他们感到有点意外。但见我学着夏克尔江右手抚胸致维吾尔族人的礼节,在座的也都欠身还礼,说笑着让我俩坐到炕上。留山羊胡子的那位最年长,少言寡语,显得很庄重。留络腮胡子的是个胖子,怀里抱了个冬不拉,正在拨弄着琴弦。另外两个头戴"小花帽"的中年男子,其中一个拿着手鼓。主人很客气,用托盘给每人送上了一小碗淡黄色马奶子酒。我喝了一口,味道很好,略带酸甜味。络腮胡子开始亮开嗓门,高声歌唱,其大意是:

不知越过多少山,不知渡过多少河,
为了生活,千辛万苦来奔波。
远方的客人请您留下,
人生苦短,要多寻思快乐。
我们这里有上等的美酒和奶酪供您享用,
到明天清早起来,给您备上千里马,
去会见日夜思念您的亲人,共度幸福。

  络腮胡子唱罢,"小花帽"又唱一曲。接着大家又鼓动夏克尔江也来一个,他就用维吾尔语唱了一首《我们新疆好地方》。夏克尔江唱完后,众人都将目光转向我,微笑着向我点头示意。男主人这时又端上一小碗酒,在大家热情的鼓动下,我一饮而尽。众人兴奋异常,都拿起琴和手鼓来边弹边唱,女主人也翩翩起舞。除我之外,所有的人都摇晃着身子,随着乐曲放声高歌……
  这时,夏克尔江出了个歪招,不知他说了句什么话,让女主人不停地冲着我作邀请的舞姿。络腮胡、"小花帽"也跟着在一旁起哄,又是高喊又是吹口哨,令我相当尴尬。但自喝了那碗酒之后,我内心也有点控制不住,两脚不由地轻飘飘起来,尽管没有学过维吾尔族舞蹈,仍然壮着胆子起身下炕,并且一把将夏克尔江也拉下炕来,

维吾尔族老大爷用骆驼驼来清泉水慰问子弟兵

挥动着双臂一同跳起舞来。夏克尔江教我的一支《同志您好》（维吾尔语"雅鲁达西，雅克西"），我错唱成"阿达西（妻子、爱人）您好"，一屋子的人听罢都笑得前仰后翻！

高潮过后，"山羊胡"首先告辞，临走时向夏克尔江说："欢乐是短暂的，老婆孩子还在家等着呢，我要先走一步了。希望解放军同志也不要太晚了，不要让家里人惦记。"说完，一一握手，捋着胡须，把酒钱递给主人。我和夏克尔江也将酒钱付清，跟着向屋主人告别。那夜风雨交加，若不是夏克尔江带路，我一人断难摸回驻地。一进宿舍我就醉倒在床上，一觉睡至天亮。嗣后，夏克尔江告诉我：新疆少数民族下自3岁儿童，上至七八十岁老人，个个能歌善舞，新疆自古以来就是歌舞之乡。他和那家人并不认识。那是一个家庭歌舞厅，是当地人休闲时歌舞、饮酒的地方。

如今的乌鲁木齐已经是高楼林立的现代化大城市。50余年过去了，不知夏克尔江现在何处。有时我想，要有机会再和他到那片

驻新疆部队女战士在乌鲁木齐八一剧场表演维吾尔族舞蹈

歌舞厅走一趟,唱歌跳舞,喝一杯香甜可口的马奶子酒,那该多好啊!

一筐苹果见证军民鱼水情

1964年,我在新疆库尔勒骑兵团三连蹲点,该连正进行夜行军战备训练。连长走在部队前头,我和指导员跟在队伍后面压阵。队伍一会儿疾走在河岸边,一会儿穿行于田野上,有时还要穿越戈壁荒漠。前面的口令不时向后传:"不准照手电""不要说话""不许践踏庄稼"……前面是百米村街,在连长的带领下部队疾走如飞,须臾间已穿过了村庄,并在离村子不远的果树林子里歇脚。战士们把马匹拴在树干上,卸下驮子,却不料马儿一个颤动,树上的苹果被抖落下来砸在马背上,马越惊,苹果掉落得越多……在这万籁俱寂的夜里,无法处理这些苹果,连长只好命令战士们将落下的苹果捡起来带回营房。

　　回连部后,我们数了一下,共有200多只苹果,满满地装了一筐。连部通信员小刘告诉我和指导员,这些掉落下来的苹果,是离我连不远的红星公社一大队苹果园的。于是连长、指导员决定,让我和连部文书(兼翻译)、小刘将苹果送回一大队去,并随身带了些钱。

　　清晨8时许,我们三人用一匹马驮上苹果出发。走了半个小时,小刘指着前方说:"一大队就在那里。"我们来到大队部,恰好见到队长艾合买提江和会计依不拉音。队长得知我们要求物归原主的来意后,连声说:"我不知道这苹果是谁家的,还是你们拿回去吧!"小刘听后着急了,悄声问我怎么办。我暗示他照第二方案办,将苹果折价留下15元钱,转身就要走。这下队长急了,他一把拉住我,将钱塞回我的口袋说:"这是我们种的慰问苹果,还有援军葡萄哩!过些日子等葡萄熟了,我们会敲锣打鼓,将这些水果一起送去慰问解放军的。"在场的群众也纷纷顺着队长的话说:"你们讲爱民,我们也要讲拥军嘛!"最后队长恳求似的说:"如果你们不把苹果拿回去,我们会伤心内疚的。"

　　原来一大队与驻军部队有支农关系。队长把骑兵团助民生产的事,当场一件件述说起来:有一次夏收,生产大队人手紧缺,部队派来了100多名官兵,由团长、政委亲自带队,在烈日下汗流浃背地帮助收割,中午顾不得休息,割完麦子又组织大家去捡抛撒在田间里的麦穗。春耕时牲畜不够,部队又主动借给大队马匹,帮助平整土地。还有一次,社员阿西木家的小巴郎感冒,高烧几天不退,他妻子急得直哭。幸亏团部卫生队派出军医,才把孩子的病治好。这样好的军队,他们过去从没有见过。

　　面对老乡们一片诚意,我坦言相告:"队长,你们的心意我们领了,但这筐苹果我绝对不能再收回去。我军三大纪律有一条,就是不拿群众一针一线。"队长听了我的话,明白了部队铁的纪律是必须执行的,也就不再劝说了。

过了几个月,"八一"建军节前夕,连长又要我与文书到一大队去征求群众意见。到了队部办公室,没有找到人,却惊喜地看到挂在墙上准备慰问部队的一面锦旗,上面用汉、维两种文字书写:"军民团结如一人,试看天下谁能敌。"

便装前往喀什市郊参观香妃墓

1954年,我到南疆13师(少数民族部队)帮助建立干部档案。当时13师师部就驻扎在喀什疏勒(回城),这里离香妃墓地不远,有人提出来想参观香妃墓,于是请示该师政委马洪山。马洪山是回族人,抗战初期参加革命的老政工干部。他沉思片刻后表示同意,说这样可以增进对少数民族历史文化的了解。但他同时关照要做好三件事:第一,派人前往墓地联系接待日期及有关事宜;第二,因为陵墓与清真寺连在一起,解放军不能随意进入宗教寺庙,应改穿便

喀什香妃墓

衣去；第三，派一名熟悉当地情况的翻译随同前往。

　　大约过了七八天，在一个星期日上午，我和师部几名科室干部加翻译共十余人，穿着便服，乘坐一辆中吉普车，不过半小时就到达喀什市东北郊浩罕村的香妃墓地。那天正是伊斯兰教库尔邦节，街上赶集的人很多，车子开不进去，只好停在村外一公里处，我们下车步行前往。走了十几分钟，但见正前方有一座高大的门楼和穹隆形的圆顶建筑，圆顶上有座玲珑剔透的塔楼，塔楼顶端又有一镀金新月，在阳光照射下金光闪闪。香妃墓就坐落其中。周围是小礼拜寺、大礼拜寺、讲经堂和主墓室等。走到门楼前，一位年过半百、头缠白巾、身穿教服的阿訇和翻译说了几句话后，就将我们引进小礼拜寺一间空屋内盘腿而坐，听阿訇介绍香妃身世。

　　香妃本名买木热·艾孜姆，自幼体有异香，被称为"伊帕尔汗"（维吾尔语"香姑娘"）。清乾隆年间，其父艾力霍加及兄艾山霍加协助清政府平定当地叛乱有功，而受到封赏。香妃因此被招进宫，当了皇帝的爱妃。后因不服京城水土而病故，遗体用棺木盛殓后，被护送至喀什噶尔，安葬于阿帕克霍加家族墓地。如今墓室中尚存放着从北京带来的运尸驼轿一乘。

　　阿訇介绍完后，管墓人将我们领至墓室参观。主墓室在陵园东部，是典型的伊斯兰式古陵墓建筑，占地面积30亩。陵墓厅堂里，筑有半人高的平台，是香妃家族五代72人、大小58座坟丘。香妃墓设在平台东北角，坟前用维吾尔文刻着她的名字。墓丘都用蓝色玻璃和绘有花纹图案的瓷砖包砌，显得富丽堂皇，典雅肃穆。绕过主墓室，背面是维吾尔族人墓地，内有一个大水池，清澈见底，四周古木参天，并种植沙枣树，香风阵阵，环境幽静。

　　此次参观香妃墓，给我留下了难忘的回忆。后来听说，1979年河北遵化清东陵挖掘出容妃墓葬，2001年安徽砀山发掘出一具回族女尸，当地都说那才是真香妃墓。到底香妃身葬何处，考古学界尚有争论。但笔者以为，不管喀什香妃墓是否她的真身，这座古老的伊斯兰风格宫殿式陵墓仍是中华民族的瑰宝。1988年，国务院将其列为全国重点文物保护单位。香妃的美丽传说，正是表达了汉、维、满等各族人民自古以来团结互爱和睦相处的愿望。

杨永青：天山脚下的浦江支边青年

张志尧

学雷锋的先进典型

记得有一天，曾担任过新疆自治区科协副主席的杨永青邀我去北京路科技大楼叙旧。这位老大姐谦和地与我拉起了家常，自然，也慢慢地聊起她进疆前后的那些岁月。

杨永青的祖父是位中医，家境殷实。她父亲在上海海关当职员。抗战时，父亲逃难至四川、云南，且在昆明学了英语。抗战胜利后，到南京的后勤部剩余物资处当英语翻译。

母亲生了他们五兄妹。大哥毕业于清华大学，研究材料力学；二哥在香港就职于一家美国的石化公司；二嫂中医学院毕业，在香港给人当医疗护理；有个弟弟在香港养病；小妹则去了美国的明尼苏达州，在一家公司搞业务。

杨永青出生于抗战最艰难的1941年。

1948年，她家迁至上海青浦县。她记得上小学时，街上"黄牛"蒙着"假面"，玩耍大头银洋换小头银元的戏法。她毕业于上海市第二女中（前身是务本女中），她外婆则是该女中的第三届学生。

新中国成立初，她父亲失业，母亲没有工作。母亲的一个复旦大学的校友，当时在香港长城影业公司，便介绍她父亲去香港的一家轮船公司当职员。此后，一家人就靠父亲的汇款过日子。

1962年，她母亲带了杨永青的弟妹去了香港。60年代初，有点男孩性格、喜欢梦想的杨永青，在上海徐汇区国防俱乐部里热衷于搞无线电收发报、外超式收音机，雄心勃勃地想通过上大学攀登电子技术的科学高峰。

但她命运不济，因体弱患上肺结核；高考前检查身体时，发现其肺部的钙化面积较大，因而未能参加高考。

那年，她大哥清华大学毕业后在北京的一所农机学院当老师。她已是共青团员，拒绝了母亲欲带她去香港的主张。不久，她被录取为一家无线电商店的营业员。

高中生当营业员，她实在不甘心。她身居小店，胸怀世界。在学雷锋、学彭加木的运动中，她担任公司团支部副书记。当"学习雷锋好榜样"的歌风靡神州大地时，她觉得那家商店销售的尽是一些国外舞曲、歌剧唱片，缺乏革命精神。为此，上海《支部生活》将她作为先进典型采访报道了她。

写下血书奔赴新疆

1964年，上海动员知青去新疆时，她在日记上写了这么一段话：

> 我从小生活条件较优裕。我应做严寒之青松，不当暖房中花朵，应去经受磨炼，走自己的路。

当首批录取通知书发榜时，去新疆的名单中却没有她的名字。她想：是否因为自己的身体状况而未获批准？于是她用锋利的剪子戳破手指，在信纸上写下了一份血书：

> 冲破万重关，创业在新疆。
> 一心为革命，誓死头不回！

她找了徐汇区兵团招生组的领导，表明了不可动摇的决心。此时，已先去新疆支边的上海知青鱼姗玲正在徐汇区永嘉街道开座谈会介绍体会。杨永青看着被晒得黑黑的、壮实而精神的鱼姗玲，心里很激动。

1964年5月16日，杨永青终于被批准去新疆。她满怀喜悦将户口本偷偷地拿了出来，穿上了黄军装，戴上了无檐帽，对着镜子照呀照的。她还央求二哥：在她离开上海前，千万不要给父母写信！

很快，远在香港的父亲却接连来了两封信。父亲担心她的身体，且以她叔叔为例：像他那样的男人，一到外面就病倒了。而新疆的环境比她叔叔待的地方还要艰苦十几倍，若去，恐怕凶多吉少。

她父亲提出：她可以去香港、日本学无线电。

当她即将踏上西去列车时，风云突变：她父亲竟写信给市委领导和国务院领导，强调女儿的身体情况不宜去新疆。于是，组织上劝她回原单位工作。

为此，她大哭了一场，最后还是坚决要求赴新疆。学校将她的要求汇报给团市委。团市委工作部部长找她谈话，鼓励她去新疆商业部门工作，她终于如愿了！

难忘总理谆谆教导

1964年7月7日，她来到了新疆石河子，那穿天杨中矗立的楼宇，真是美极了。一开始，她被分配在农八师商业处工作，但她要求分配到石河子农场劳动锻炼，不久她当上了小学教师。在农场，她不仅吃苦耐劳，而且还注意向优秀老职工学习，时刻注意改造世界观。

杨永青记得她刚到农场时参加秋收拾棉花。一天,她正弯腰拾棉花,忽然听到身后有人带着怜惜的口吻说:"这是多么好的一朵花呀!"她回头一看,原来是检查棉花质量的郭排长,他指着杨永青身后棉枝上一朵很大的棉花,并将花小心地拾进拾花袋。这位脸膛黑里透红的郭排长,上海知青都怕他三分。每天收工交棉花时,不少人拾的花因质量通不过而返工。他对杨永青说,棉花要分等级,将脏的叶子、次花掺入高品质的棉花中是要扣等级的,损失很大。杨永青听了,不由脸一红,忙说:"我没看清楚。"他说,若不及时拾起,棉花被风吹在地上就成了脏花。杨永青这才意识到,作为农场老职工,他正以高度主人翁的责任感在教育帮助自己。她从心底里敬佩他们。不久,她入了党,当上了副连长。

在新疆几十年,最令她难忘的是周总理视察石河子农场时对她

1965年7月5日,周恩来总理视察石河子农场,左二为杨永青

的谆谆教诲。

那是1965年7月5日，周总理与陈毅副总理来到了石河子，师部安排了十几个上海支边青年参加接见。其中有烈士子女、干部后代等，而她与卓爱玲则是出身不好的支边青年代表。

那天下午，二分场的树林里摆了几张方桌，桌上摆着团场生产的水果和冰糕。

总理对支边青年们异常亲切，他习惯地双手叉腰，剑眉下绽出随和的笑容，问卓爱玲："你父亲干什么？"

"资产阶级。"

"还拿不拿定息？"总理问。

"我不拿，我不要！"爱玲大声地分辩道。

周总理闻言，却敛起了笑容，认真地说："我与陈老总都出身旧官僚家庭，历史比你们复杂，还与国民党打过交道。出身于剥削阶级家庭和有复杂社会关系的人，都要看他们现在的表现和立场；一个人的出身不能选择，但前途是可以选择的。"这段话，给了杨永青、卓爱玲等上海支边青年以巨大力量，一直鼓舞着她们为新疆的建设抛洒热血和青春。当周总理听说杨永青的父母在香港，并了解到她是不顾患病、不顾父母兄弟劝阻、写血书坚决来疆的情况后，亲切地对她说："噢，你来得不容易呀！你的父母在香港，你在新疆，照样可以独立生活嘛！"陈毅副总理听说她因患病没能考大学，就鼓励她说："这里就是大学嘛，是劳动大学。"两位革命前辈的话，特别是周总理的话，给了杨永青以巨大鼓舞，使她几十年来无论是在大自然的艰苦环境下，还是在"十年动乱"中遭受诬蔑、横遭批斗时，都能坚定地走自己选择的这条支疆道路。

她对周总理充满了崇敬之情。1978年春，她出席全国五届人大会议，并作为主席团成员有幸见到了邓颖超副委员长。她特地把石河子周总理纪念碑的3张照片送给邓妈妈，并请她老人家有机会能到

1980年6月23日，邓颖超在石河子农场周总理纪念碑前与杨永青拥抱

石河子来。邓妈妈答应道"好的"。果然，1980年6月23日上午，她怀着兴奋的心情等候在她曾参加修建的周总理纪念碑前，怀揣一大本周总理在新疆视察时的照片集，恭候邓妈妈的到来。不一会儿，她日夜盼望的邓妈妈来到纪念碑前。随着领导的介绍，邓妈妈缓缓走到她跟前。她一边和邓妈妈握手，一边准备把影集送给邓妈妈，刚说了一句："这是总理在新疆的照片……"邓妈妈就一下抱住了她，记者迅速拍下了这动人的镜头。此情此景一直萦绕在杨永青的心头，永志不忘。

她觉得纪念周总理的最好行动，就是扎根新疆，为建设好新疆贡献出毕生精力。所以，在以后大批上海支边青年要求返沪时，她却向王任重副总理写信要求从自治区团委回兵团农场，表示坚决扎根干一辈子的决心。但她的行动却不被人们所理解。

我问她："你为什么要逆潮流而动，明知不可为而为之？是否因为你出身不好却当了自治区人大常委、当了全国五届人大主席团成员，想为广大支青再作楷模、表率？"

她淡淡一笑，说："那封给王任重的信，连我的丈夫也不理解。我当时的想法是：'文革'灾难终于结束了，兵团需要我们去建设发展。再则，自己对在大机关里抠字眼、做文章感到不适应，特别怀念曾待过的团场。团场支边青年因生活艰难而要求返城，可以理解。"

杨永青从容地述说当年写信的心态，也希望我能理解她。

之后，她还积极向新华社记者、胡耀邦总书记、王任重副总理等提出她关于解决上海支边青年问题的建议，得到了领导的重视。

1981年3月，杨永青被调到新疆自治区科协担任首任青少年部部长、党组副书记，负责全疆青少年科技教育工作，协同教委、团委、妇联、体委等部门组织自治区青少年科技辅导员协会、青少年科普工作网络、青少年科学基金会，倡导各民族青少年爱科学、学科学、用科学，抵御迷信落后思想的影响，提高科技素质。在有关部门的支持下，全区青少年科学工作蓬勃发展，涌现了一大批青少年科技爱好者，有的还在国内外重大科技竞赛中获奖，有的学生还进入了全国重点高校深造。

1998年，杨永青离开领导工作岗位，回到了故乡上海。在沪3年，她亲眼目睹申城千万家庭（包括她家在内）从狭小的旧里弄、石库门，搬进了有单独煤卫的成套新居室。落后破旧的旧城区变成了交通便捷、整洁文明的新社区。面对飞速前进的上海，她和子女们都深感落伍，只有加强学习，才能在上海新世纪开发建设中有所贡献。同时，她还时刻关心着国家开发西部战略的实施，关注着来自新疆的各种信息，希望能有机会再环绕塔里木盆地作一次科技旅游考察，拜访各民族乡亲朋友。毕竟那是她的第二故乡，在那里留下了比在上海更多的回忆。谈起往事，她豪迈地说："我选择到新疆，获得的生活经历、见识比留在上海工作要广泛，也更深刻。我没有更多的物质财富，但这段人生经历，却是我心中最宝贵的精神财富。"

南疆铁路建设中的上海人

徐立汉

2007年2月28日,由乌鲁木齐发往阿克苏的5807次旅客列车,行至南疆铁路百里风区的珍珠泉与红山渠车站之间时,有11节车厢被大风刮下路基,造成人员伤亡和车厢损毁的重大事故,令人震惊。

这段铁路,对于我来说真是太熟悉了。33年前,我和上海知青一起修建南疆铁路时,就是从这个路段开始的。

早年南疆路　出行太艰辛

当年南疆交通之落后,是今天所难以想象的。

1973年底,我从阿克苏去上海出差。天还未明就赶到城内的汽车站,挤上了开往吐鲁番的长途班车。那时的客车是用解放牌汽车底盘改装的,车厢短而窄,还安了四五十个座位,人一坐下去手脚就别想伸展。时值隆冬,车内又无暖气,旅客被冻得缩成一团。一路上,大人的埋怨声,小孩的哭叫声,此起彼伏,不绝于耳。由于汽车动力差,再加南疆的公路路况差,司机又是朝行晚宿,一天下来只能跑三四百公里。最难堪的是路边食宿站,饭菜质次价高,客舍简陋,被褥肮脏,每间要住七八人。没想到床铺间还有虱子,把我折腾得彻夜难眠,以致回上海后好几天虱子都除不尽,弄得全家都不安宁。

就这样，直至第三天下午，我们才来到吐鲁番火车站。次日一早，我急忙去买卧铺票。只见唯一的出售卧铺票的窗口已排起长队，正发售第二天的卧铺票，但售票速度特别慢，还时常有插队或争吵现象发生，结果未轮到我就无票了。当晚我一狠心，穿上皮大衣提前去排队，在冰冷的票房内苦熬了一夜，天亮后终于买到一张第二天的卧铺票。待我坐上列车，已是离队的第六天。此后又经过80多个小时的颠簸才到达上海北站。这次赴沪，足足耗去9天，饱经旅途的艰辛。

万众齐上阵　夜睡地窝铺

为了彻底改变南疆交通极为不便的落后状况，1974年，经周恩来总理批准，决定修建南疆铁路。这条铁路自吐鲁番起，穿过百里风区至阿拉沟，以千分之二十二的坡度，爬到海拔3 000米的奎先达坂后，再通过多座螺旋形隧道和特长隧道，顺坡而下进入塔里木盆地，经库尔勒、阿克苏直达喀什市，全长1 445公里。其中先修吐鲁番至库尔勒的457公里，计划6年完工。铁道兵从西南调三个师进疆，承担隧道、桥梁等高难度施工项目，新疆生产建设兵团则组织15 000名青壮年劳力修筑路基与涵洞。

我是1957年在上海交通大学读书时被错划为"右派"后来兵团的，"文革"中又受到冲击。由于参加过兰新铁路与新青公路建设，有风区施工经验，这次上级也将我解放出来，让我带一个知青连队去百里风区施工，地点就在吐鲁番以西42公里的珍珠泉。该连均为1964年至1966年进疆的上海支边青年，已在阿克苏地区的兵团各农场劳动多年，思想和身体素质较好。他们多次经历回沪探亲的艰难，如今能有机会亲手把铁路修进来，当然喜出望外，恨不得马上就出发。

当时正值"文革"后期,由于多年动乱,许多科学的制度被废除。基建战线也流行"边组建、边准备、边施工"的"三边"口号,致使南疆铁路在有些基本条件还不具备的情况下,就仓促上马了。1974年3月,正是乍暖还寒的时候,我们连队就上路了。考虑到风区不能支帐篷,除带足苇把外,还要每人带两根木料建"地窝子"用。一到工地,果然豆大的沙粒便随风扑来,打得脸面疼痛,连气也喘不过来。这里真是天上无飞鸟、地上不长草的大戈壁滩,连绵起伏的沙丘和大大小小的石子,在阳光照射下好似缥缈的瀚海,给人一种神秘莫测的感觉。当晚,我们只得以蓝天为帐、大地为铺,让大家在沟槽低洼处露宿。为了防止夜里刮跑被子,睡觉时便用两道麻绳将身体连同被褥捆在一起。早春的吐鲁番白天很热,但晚上还是让人冻得发抖。天明后,除炊事员外,全连上下不论男女全去挖"地窝子"。经过一周的努力,挖出二十多个一人深、面积各为二三十平方米的方坑,放几根木料作橡子,再铺一层苇把子,然后上房泥,就成了建拆方便、冬暖夏凉的住房。别看它土里土气,在极端干旱、气候恶劣的野外工地,却能派上大用场。我们总算有了住处,晚上可以睡个安稳觉了,只是它的房顶和地面一样平,稍不留意就会走到别人房顶上去。

风大又缺水 小车奋力推

住宿问题一解决,连队马上就宣布开工。那时没有任何机械,连夜里照明都是用煤油灯。筑路基全靠手推车上土,定额为男工日产18方,女工日产12方(1方土重1 000多公斤)。风区的地层特别硬,要使很大的劲,才能用十字镐配合铁锹把土装上车。挖不动的土石方,还得靠钢钎、大锤打炮眼,用炸药来炸松。男工力气大,爱用独轮车,自装自推快得很;女工都用两人合推的双轮车,有时起早摸黑还完不成定额。但上海支边青年都有乐于助人的好风气,经常互相帮忙,因而工地上你追我赶,气氛热烈,欢声笑语不断。

然而,风区施工还是给我们带来了许多困难。上级的要求是:"只要人不倒,小车照样推,只要睁开眼,十字镐照样挖。"于是,我们刮五六级风都不停工,但风实在太大也是干不成的。后来发现,白天大风刮累了,晚上就会小一些。上海青年们便把京剧《龙江颂》中"堤内损失堤外补"的台词,改为"白天损失晚上补",晚饭后再去加班加点推土上路基。可惜由于洒水与碾压作业跟不上,往往下半夜大风一来,又将刚上的松土吹得无影无踪。直到后来我们租来洒水车和东方红-54型拖拉机牵引的铁碾子,路基土石方的密实度才得以保证。

进入5月,晴空万里,风势减弱,正是我们大干的好时机。不料有一天午后,突然大片浓云从北方翻滚而来,接着狂风怒吼如雷鸣,沙尘遮天蔽日,周围顷刻间昏暗下来,气温也急剧下降。大家赶快朝"地窝子"跑。一辆给隧道工区送油的铁道兵油罐车正好路过,挡风玻璃被飞石击碎,司机满脸鲜血直流,我们急忙扶他到卫生员那里去包扎。当夜,一位小个子知青出去上厕所,竟被狂风卷走了。天明以后,我们才在1公里外的土包边找到这位被沙埋半身、且奄奄一息的知青。这场大风连刮两天两夜,饭也做不成了,幸亏伙房预先有准备,全连靠吃冷馒头也总算挺过来了。"一川碎石大如斗,随风满地石乱走",我亲身体会到了唐代边塞

参加修路工程的支边女知青

在工地午餐

诗人的描写是那样的真切。

  风区的另一难处是缺水，施工用水和生活用水全从几十公里外运来，真是滴水贵如油啊。沿线便道又是自然地面，有时汽车还没有人跑得快，供不上水吃不上饭都是常事。为此连里规定：每天早晨职工排队领一盆水，洗漱后还要留到晚上擦身、洗脚、洗衬衣用。大家的工作服都被汗渍渍成了硬布壳。为防虱子，有的女知青还剪掉了心爱的长辫推成小平头。那时可没见过瓶装矿泉水，有人就只好买瓶白酒或葡萄酒，夜里口渴或开水供不上时，喝几口也能起点解渴或催眠作用。有次铁路局监理来工地检查，完事后进入办公的"地窝子"，因坐不下只能站着说话。本应招待吃顿饭，但拉水车出故障还未回来，全连都开不成饭。监理对此能理解，连水也没喝上一口就坐吉普车走了。由于缺水、喝碱水，又经常吃不上新鲜蔬菜，许多人的牙床红肿、口腔溃烂，得肠胃病的也不少。

协同铁道兵　　隧洞创奇观

  由于我学过机械专业，1975年上级通知我到隧道工区去报到。南疆铁路要翻越奎先达坂，因而桥隧相连，工程浩大，装备大量施

南疆铁路
哈尔嘎哈
特弧形桥

工机械的铁道兵主力部队正在此日夜奋战，其间也发生了不少伤亡事故。最长的奎先隧道长达6 000余米，工期至少三年。为使线路坡度不超过千分之二十二的极限值，这里有好几座螺旋形隧道——铁路从下洞口进去，在山体内转一圈又从上洞口出来，两个洞口同处一垂线，但落差已近百米。其中施工难度最大的八一隧道，甚至在山肚子里转了两圈。南疆铁路最长的哈尔嘎哈特弧形桥，桥头两端的高差有十几米，人在桥上行走都会因坡度大而产生摇摇欲坠之感。但通车以后，双机牵引的列车照样奔驶而过，也没听说发生过什么事故。在共同的奋斗中，铁道兵对兵团支边青年有了良好印象，因而决定把一部分短隧道的修筑交给兵团战士。那时提倡共产主义的协作精神，这就使我们在机械设备和施工技术上得到铁道兵的大力支持与热情传授，还被准许常去现场参观取经，促进了兵团隧道施工进度的不断加快。山区很少刮风，但奇冷无比，即使盛夏八月也下雪，因而我们常年棉衣不离身，夜里住帐篷，经常被冻醒。经过四年的奋力拼搏，我们建成了总长6 573米的12座隧道。其中包括扎亥萨拉冰碛垄隧道，该处山体主要由冰川堆积而成，终年不化，也属奇观。

1979年，随着十一届三中全会精神的贯彻，我在建设工地收到了上海交大对我被错划右派予以改正的通知，22年含冤莫白的日子到此结束。当晚我思潮起伏，难以入眠，忍不住起身走出帐篷。只见一轮明月从对面山头上冉冉升起，把两条钢轨照得熠熠生辉。望着洞口附近的座座坟墓，想到不少朝夕相处、同甘共苦的工友为隧道施工而长眠于此，心里非常难过。1980年，也是在南疆铁路工地上，我被批准加入了中国共产党。

十年动乱，积重难返。基于当时的历史条件，1980年南疆铁路修到库尔勒后便中止了西进。

西部大开发　古道换新颜

一转眼16年过去了。随着我国经济的迅速发展，中央又提出了西部大开发的战略决策。为此，1996年国家决定续建库尔勒至喀什988公里的南疆铁路。已担任兵团机械施工公司总工程师的我，同5 000名职工一道重返铁路工地。那时的铁路建设工地，再也见不到手推车和密集的人海。我公司已装备当代先进水平的大马力推土机、挖掘机、压路机和自卸车，既能提高工效，减轻工人劳动强度，又可确保铁路的施工质量。如产自上海的320马力推土机，一个台班的工作量比过去知青连队100多人干一天还多。前后不过三年，南疆铁路终于在1999年全线修通，从而使新疆交通的落后状况得到根本改变。

2003年，正当塔里木冰河解冻的时节，我又要从阿克苏去上海。为了重走当年创业之路，我决定坐火车。晚间7时，我登上了5808

南疆铁路隧道群

次列车，车厢内的几十个铺位，床单被子整洁如新，给人以宾至如归之感。当晚我躺在松软的卧铺上，回想30年前回上海的艰辛旅途，真是感慨万千。次日一早醒来，列车正行进在百里风区，但见窗外大风呼啸，不时有沙粒打得玻璃窗啪啪作响，连车厢都摇晃起来。列车员忙安慰旅客们说，今天的风不大，别担心，2001年那次风才大哩，刮翻了十几节车厢。过了红山渠，列车进入"三十里风口"。这里遥对天山达坂城自然孔道，一年中8级以上大风占三分之二，最大风速能达到每秒64米，相当于18级风力。尽管铁路西北侧筑起了3米高、1.5米厚的混凝土挡风墙，然而还是发生过列车颠覆、房顶被掀掉、线路被风沙埋没、值班员被刮离站台甩到铁道上、甚至钢制无线列调发射塔都被拦腰刮断的种种事故。当地人风趣地说："风一刮，石头都站起来了。"

南疆铁路百里风区的挡风墙

列车仍在快速行驶,珍珠泉车站迎上前来。望着下面熟悉的地形和当年居住的"地窝子"残坑,20世纪70年代我同上海知青一道修筑南疆铁路的情景又一一浮现在眼前:那一张张布满尘垢的古铜色面孔,那一双双历经磨炼的坚毅眼神,那一个个你追我赶拼命推土的身影,还有此段路基上碴铺轨后,铁道兵用老旧蒸汽机车拉运首趟道碴车时的欢呼场面……

上午11点,列车准时到达吐鲁番。新建的候车大楼宽敞明亮,几个窗口同时发售至全国各地的客快卧铺票。我很快买到一张当天下午4点去上海的卧铺票,只不过41个小时,便到达了上海新客站。屈指一算,这次由阿克苏赴沪,前后只需3天,而上次则长达9天。

令人振奋的是,根据2006年上海合作组织会议的协议,我国的南疆铁路要继续西延,经吉尔吉斯斯坦同乌兹别克斯坦的铁路接轨,成为我国通往中亚、西亚与欧洲的又一条国际大通道。那时,将会有更多更快的新型列车在这条古老的丝绸之路上奔驶……

在新疆兵团监狱工作的日子里

翁善耀

协助平息犯人哄闹

1983年，我国治安形势严峻。为创造一个良好的社会治安环境，全国开展了一场"严打"专项活动，并将破坏社会治安的累惯犯和严重刑事犯罪分子遣送到大西北服刑改造。当时，新疆生产建设兵团（以下简称"新疆兵团"）接受了上海、江苏、浙江、广东等内地押犯的任务。但兵团的大多数同志是20世纪60年代初期的支疆青年，他们从来没有接触过犯人。于是，按中央有关部门的要求，凡往新疆兵团遣送犯人的省、市，都要派出一支有管教工作经验的同志组成的队伍，去新疆帮助工作6个月至2年。当时，我在提篮桥监狱任大队长，受上海市劳改局（现称上海市监狱管理局）的委派，带领10位同志前去新疆兵团协助工作。

1983年12月11日，上海第一批遣送犯人去新疆的专列出发，押送800名犯人一路西行。火车奔驰了70多个小时后到达新疆的库尔勒。负责遣送的上海干警和武警随车返回上海。这批犯人在新疆干警的带领和武警的押解下，列队分批逐一进入临时的几个大房间。第二天，从库尔勒通过长途汽车分别押送至下属各团场。

谁知刚安顿好，有几个房间内的犯人就发生了不同程度的哄闹，

在民警监管下，犯人乘坐专列前往新疆服刑途中

情绪对立，经干警的教育、训斥之后平静下来，可是待干警刚转身走出房间后，他们又哄闹起来。我虽然没有直接押送的任务，但还是忍不住走进大房间，对那些起哄的犯人进行了教育："一路上1万多公里，几十个小时，大家都很累，到新疆服刑已是客观现实。现在已经由新疆干警负责管教你们，一言一行都将给干警留下直接的或间接的、好的或坏的印象，大家要想明白，好的印象有利于今后的改造和争取好的前途。希望大家面对现实，冷静而三思，好好休息，适应新疆的环境……"起哄的犯人听了我的话后，渐渐平静下来，后来其他犯人也跟着逐步安静下来。

牢房建在戈壁滩的地窖里

几天后，我们押解犯人来到关押现场。一眼望去，但见茫茫无边的灰蒙蒙的戈壁滩，稀稀疏疏的几棵紧贴地面的骆驼草，滩上竖

本文作者在地窖式监舍前通电话

着几根作烟筒的罐子。我好奇又不解地问新疆干警：管教干警的办公点呢？犯人的监房呢？那么多干警和犯人住在哪里？团场领导拉着我的手直往戈壁滩的下沿洞口处走。走了约几步，我们就猫着腰进了"监房"，看到20多张双人床，犯人整齐地盘着双腿坐着，火炉红红的暖遍整个房子，桌上放着一盘盘西瓜、哈密瓜、苹果、香梨、葡萄等，还有一人一大包的生活必需品，屋梁上撑着新的粗细不一的树枝。

原来，新疆兵团为顾全大局，接受内地调押犯人的任务。由于时间紧迫，就根据当地的地形地貌，建了临时性的过渡用房，在戈壁滩上深挖几米做成地窖式的监舍，用大小不一的树枝支撑。这监舍屋顶和四周横梁上支撑着的大小树枝在火炉暖屋内长出碧绿的嫩芽，成了一道独特的风景线。每个监舍都安放了火炉，房顶上挖了几个孔，作为火炉烟囱的出气口；有的房顶上还安上了几块玻璃，利于采光。我抓住有利时机，趁热打铁，对犯人进行了一番有针对性的教育，先稳定人心，消除对立情绪，让犯人感受到新疆干警为他们的到来做了各项准备。犯人安顿完毕之后，干警让他们休息几天，适应一下环境，逐步投入正常的改造生活。我们则抓紧帮助新疆兵团监狱干警制订日常工作规范，研究对策措施，同时还制订犯人的纪律要求、学习劳动细则等。

我们在新疆兵团帮助工作期间，正值寒冬腊月，气温在零下20至30度左右。吃菜以白菜为主。新疆库尔勒一带基本上家家有"天然冰箱",地窖有几十平方米,里面储藏着大白菜、肉、瓜果等,尤其是半湿不干的葡萄,其貌不扬,可甘甜如蜜。老百姓简陋的房顶都是用泥垒成的。我曾好奇地问起,如果下雨不就完了吗?屋外又堆放着大大小小的木柴,不也就淋湿了吗?他们回答:南疆地区不太下雨,即使下雨雨点也很小,飘飘洒洒,很快就雨过天晴,所以从未为下雨而担心过。怪不得,家家橱柜内都放有袋装的20—30斤的白砂糖,因空气干燥从未潮湿而变质。

逃犯被抓回来之后

当时,犯人的改造秩序逐步趋向稳定,但也有"反改造尖子"公开不服管教,抗拒劳动改造。如曾有一个犯人逃跑,很快被我们抓获。他发觉从自己被抓获的地点到押回团场的路程并不远,便迷惑不解地说:"这两天两夜,我在不停的逃跑中,除了在条沟里喝过几口水外,其余时间几乎都是朝着一个方向不停地走,自己感到已走得很远很远了,怎么押回团场,就两个小时左右呢?"事实上,在茫茫的戈壁滩上没有固定的目标,感觉似乎朝着一个方向在不停地走,实际上你在不知不觉中却是在绕着走,所以这个逃犯是绕了一个很大的圆圈,其实没有跑多远。

犯人逃跑后,监狱干警没日没夜地追逃,累、饿、渴、脏都交织在一起。因此当犯人被抓回来之后,个别干警火气大,动手打了犯人,借此发泄心中的怨气。我觉得,虽然他们的心情是可以理解的,但是,这样做毕竟是违反党的改造政策的,处罚不当还很容易失手造成大事故。当时,我当着逃犯的面不便直接阻止。于是,我灵机一动,通知召开紧急会议,命人将逃犯严加看管。在会上,我们让干警"先出出气",接着,我讲清利害关系,让大家抓紧时间好好休息,并决定由我出面找该犯人进行谈话教育。我对这个犯人讲了逃跑的严重危害性以及干警追捕的辛苦程度等，并要他写出逃跑前的思想、逃跑过程以及现在的认识。然后，让他面对几百个犯人现身说法，让其他犯人知道，在新疆戈壁滩是逃不出天罗地网的。这个犯人的现身说法，果然收到了较好的效果。

骑车跌入大坑里

由于我是上海市劳改局支疆工作的领队，经常要在茫茫戈壁滩上骑自行车去团场的各个点，每次骑两小时左右是家常便饭。我不怕路途远，只是感到路难行。由于戈壁滩上黏土厚，骑车时三分之二的轮子在黏土里，轮子转不快，费力费时，一不小心还会摔倒，有一次，兵团干警在前面骑车带路，我在后面吃力地跟着，他不时地回头看我是否跟上，我们距离约50米左右。有一次他回头看我，发现我"失踪"了。他非常紧张，返回来找我，发现我已连车带人摔到一个深10米左右的坑里。他找到我时，我正在吃力地扛着自行车往上爬，他赶紧把我拉了上来，幸好我只是表皮稍有点擦伤。

后来又有一次我骑车外出，见到沿途有一条河，河面结着厚厚的冰，便将自行车扛着下到5米左右宽的河面上，这样骑在上面轻松自如，我称为"腊克路"。尽管冰面很滑，十几公里路滑倒10来次，但都是轻轻滑倒，快快爬起，总之比地面省力多了。后来一段路我不敢骑了，是因为该路上有不少玻璃瓶和玻璃碎片，如果一不小心摔倒，就要遍体鳞伤了。

那一粒什锦糖特别甜

三个多月来，我们与新疆兵团的同志朝夕相处，建立了深厚的同志情。春节快到了，我们考虑再三，决定请团场的干警在春节期间回家与亲人团聚，监狱的工作、犯人伙食与活动等全由我们上海几个同志组织安排。但他们还是留下了几位领导和干警，与我们一起过了一个紧张而有意义的春节。

大年三十晚上，大多数犯人是第一次未能与家人团聚过春节，而且又是身处万里之外，所以思亲心切，情绪极度低落，监房里几十个犯人闷声不响，不少人还在默默地流泪抽泣。我想此刻必须要做好引导工作，于是下监房与犯人座谈。我说："你们是因为犯罪服刑而不能与亲人团聚过春节的，你们有想法，可以理解。那我们监狱干警呢？我们因为工作需要而心甘情愿地放弃与亲人团聚，我们干警想得通，你们有什么想不通呢？你们要面对现实，既来之则安之，大家一起欢乐地过一个有意义的春节。"一席话说得他们频频点头，其中有一个犯人诚恳地说："翁大队长，你的一番话入情入理，我们一定会面对现实，愉快地过好春节。但现在我有一个小小的请求，无论如何要请你接受。"他将手里一粒什锦糖送到我面前说："我知道你们干警不能吃犯人的东西，不能拿我们的任何东西，但今天能否破例？现在我代表全体犯人，在这特殊的地方、特殊的时刻，请你吃下这粒糖，表示我们的真诚谢意，让我们也高兴高兴。"

我毫不犹豫地接过这粒糖，说："我深知这粒糖的分量、意义和内涵，谢谢大家，顺便祝你的家人和你节日快乐，并祝大家今后的改造取得好的成绩，早日与家人团聚。"我的话音未落，全监房掌声响起，大家都欣慰地笑了。这粒糖，我觉得特别甜，至今还回味无穷。

给犯人作一次告别讲话

一晃半年过去了，我们的工作也快结束了，但那段日子过得非常充实，工作也是紧张有序地开展，我们与汉族、维吾尔族干警相

新疆生产建设兵团农一师七团领导和上海市劳改局支疆管教干部合影（前排左一为本文作者）

处非常和谐，留下了难以忘怀的记忆。

当监房的广播传出上海市劳改局委派来新疆工作的同志即将返回上海的消息后，不少犯人提出要与我们再次见面，再接受一次教育。我考虑再三，如果我们悄悄地走，不满足他们的这一要求，似乎有些不通情理。所以，经与当地领导、干警商量后，我决定下监房逐个与犯人告别，并召开一次大会，抓住契机，对他们再进行一次教育，既肯定大家半年来好的方面，也指出一些不足之处，最后提出几点希望和要求。那天大会上，我认真地讲，他们静静地听，有不少人含着眼泪在听讲，会场不时响起热烈的掌声。会后听当地同志说，我的告别讲话，给他们留下了深刻的印象。

1984年初，我结束支疆工作回到了上海。妻子到火车站接我时，我在人群中一眼看到了她，于是三步并作两步向她走去，可是她却面无表情地看着我。我感到非常奇怪，生气地说："离开你半年时间，已经不认得我了?"她说:"是你啊,黑成这个样,像个非洲人,我简直不敢相信自己的眼睛了。"原来因为新疆日照长,紫外线非常厉害,我经常骑自行车下团场,露天在广场上上大课,所以半年下来就被晒成了一个"黑人",连妻子都不敢认我了。

上海 担当

赴新疆支边的上海知青座谈记

丁言鸣

1985年7月24日，时任中共中央总书记的胡耀邦同志到新疆阿克苏视察工作。刚到阿克苏，他就对阿克苏地委和农一师的领导同志说，给他安排一场与上海支边知青代表的座谈。时间就定在第二天上午。

上海知青在新疆

当晚，地处阿克苏市中心的农一师机关大楼的灯一直亮到深夜。为了开好这个座谈会，一方面要准备好汇报提纲，另一方面要确定参加座谈会的人选。农一师党委决定从师机关各处室和附近五团的连队中挑选38位上海支边知青参加座谈。

他鼓励知青们畅所欲言

第二天上午10时许，胡耀邦同志在新疆维吾尔自治区主席铁木尔·达瓦买提的陪同下，穿过大光棉毛纺织厂的厂区大道，来到了座谈会会场——厂大礼堂。胡耀邦同志身穿淡蓝短袖衬衣，神采飞扬，笑容可掬。一进会场，他看到青年们都坐在后边，前排的座位都空着，就用他那特有感染力的手势频频招呼道："来呀，都到前面坐！"

胡耀邦同志接着问："上海的同志来了多少？"时任农一师政治部

座谈会现场

主任的上海支边知青倪豪梅回答说:"来了38人。"

"上海支边知青在阿克苏还有多少?"

"还有15 300多人。"还是倪豪梅作答。

"大家现在安不安心啊?"胡耀邦同志提出了一个青年们不太好回答的问题。虽然1980年冬天的那股返城风已经平息,但在众多上海支边知青心中留下的阴影却难以平复。

此时,招待员端来了名闻遐迩的阿克苏西瓜请胡耀邦同志品尝。他看着自己面前的西瓜,挥了挥手说:"我们有一个习惯,凡事先首长后群众,这个习惯要改过来。来,你们上海支边知青谁来带个头?"参加座谈会的上海支边知青碍于礼节,谁也没有带这个"头"。这下可惹急了胡耀邦同志,他幽默地说:"你们工资低,一个月才60多元,我和铁木尔同志请你们白吃还不吃呀!"这句话把大家逗乐了,原本会场上紧张的气氛一下子烟消云散。

胡耀邦同志接着说:"你们十八九岁到新疆,如今都四十岁了,有些同志不安心,这不能怪青年们。你们有什么合理的要求,我们有什么事情做得不好,你们有什么需要我们帮助的?我这次来主要想了解这方面的问题。"

上海支边知青们被他的真诚和坦率所打动,逐渐敞开了心扉,吐出了真言,把郁结在心头多年的话一股脑儿地倒了出来。

吴月英是一位始终在农业第一线工作的上海女知青,后来因身体不好,才调到五团中学从事教学工作。不久前,她曾两次接到回上海的调令,可是她选择了留下,因为她舍弃不了塔里木和那些渴望知识的孩子们。她心情激动地对胡耀邦同志说:"我是1963年支边进疆的,在塔里木干了20多年了。我们已经把青春献给了塔里木,但塔里木的变化还不大。我们真切希望党中央加快开发大西北的步伐,只有塔里木变得更好,上海知青安心的问题才能彻底解决。我们走的路是对的,但现在有许多人看不起这条路,我们当初的光荣感、自豪感没有了。我们的宣传部门要多造支援边疆光荣的舆论。"胡耀邦同志边听边记边点头，神情严肃而认真。

胡耀邦要我坐到他身边

我当时在新华社学习，放暑假回到阿克苏，有幸躬逢此会。我一边在现场采访，一边在思考着自己的发言。正好有一位同志发言结束，我立即举手说："我来讲几句。"胡耀邦同志问："你是哪里的？"我回答道："我是农一师宣传处的，现在新华社进修。"胡耀邦同志一听是新华社来的，马上招呼我坐在他的身边。我刚在胡耀邦同志的身边坐下，就有人为我们拍下了珍贵的合影照。

我对胡耀邦同志说："60年代吸引了这么多的上海知青来到新疆，今天我们的生产发展了，生活改善了，应该可以吸引更多的人来开发新疆。边疆需要有识之士，更需要有志之士。外面把兵团说得很苦，其实我们在这里生活习惯了，感到还不错……"我的话音未落，胡耀邦同志就反问道："生活不错，为什么还不安心？是还不够好，中心问题在这里。"他一针见血地指出了问题的关键所在，也说出了物质对于人的精神的作用。

胡耀邦同志接着说："生活与以前比是有好转，但与要求比还差得远。江西有个共青垦殖场，去年12月我专门去了一次，那里的生活才叫好呢，比上海还好。"共青垦殖场是胡耀邦同志抓的点，那里的小城镇建设是全国领先的。如果塔里木的农场全都像共青城一样，返城之虞，何患之有？

接着胡耀邦同志语重心长地说："你们年纪轻轻就支援边疆建设，贡献了力量，贡献了青春，这在历史上是要记上一笔的。在中国社会主义建设史上，在中国青年运动史上，50年代末到70年代初，知识青年到黑龙江啊，新疆啊，还有云南嘛，总是要记一笔的嘛。"他一边说，一边做了一个有力而肯定的手势。尽管他的语气很平和，但知青们倍受鼓舞，会场上响起了一阵阵热烈的掌声。

最后，胡耀邦同志说："你们要给你们的上海支边知青朋友们捎上我的两句话，这就是：困难还是不小的，前途是大有希望的。"

他挥笔题词勉励上海青年

座谈会即将结束时，时任农一师团委书记、群工处处长的上海支边知青袁鸿富拿出了早就准备好的宣纸和毛笔，大声说："请总书记为我们塔里木的上海支边知青题词。"胡耀邦同志是军中秀才，他的一手毛笔字飘逸俊秀，能留下他的墨宝，大家都非常期待。

"题什么词呀？"胡耀邦同志有点迟疑。我马上说："您给江西共

胡耀邦为上海知青题词

青城题了词,给我们塔里木也应该题一幅嘛。"这句话说得胡耀邦同志也笑了:"这就使我为难了嘛,你们说题什么好呢?"此刻,会场的气氛极为热烈,青年们围在胡耀邦同志周围,你一言,我一语,搞起了集体创作。

不一会儿,胡耀邦同志问道:"你们这里的山叫什么?"

"托木尔峰。"大家众口一词。

"我有了!"胡耀邦同志高声说:"你们不是要肯定你们的历史贡献嘛,我的上句是'历史贡献与托木尔峰共存',下一句要讲前途了,大家帮我一起想想……"一会儿,但见胡耀邦同志提笔濡墨,笔走龙蛇,一副对联就写好了:

题赠支疆上海知识青年

历史贡献与托木尔峰共存

新的业绩同塔里木河长流

胡耀邦
一九八五年七月二十五日

到今年(指2015年),胡耀邦同志与上海支边知青座谈已经过去了30个年头,他离开我们也有26年了,但他的音容笑貌和谆谆教诲将永远铭记在我们心中。

新疆大雪灾中的一场殊死搏斗

王圣葆

从1963年到1966年"文化大革命"初期,有将近10万名上海知青响应祖国的召唤,从浦江两岸集结,奔赴新疆天山南北的各个军垦农场。自1963年至1966年,在上海文化广场共举办了七次动员、欢送知青支援新疆建设的万人大会,其规模之大史无前例。

我是1966年最后一批赴新疆屯垦戍边的上海知青。50年弹指一挥间,回首在新疆的岁月,有一件往事至今令我难以忘怀:我和我的战友们一起经历了一场整整12天的生死考验!

本文作者的新疆生产建设兵团录取通知书

天山巴音布鲁克草原上的牧场

奋战四天四夜　把牧草送到了灾区

那是1988年初,新疆普降大雪。我所在的农二师二十二团在天山巴音布鲁克草原上的牧场被大雪覆盖,大雪厚约50厘米。由于牦牛和马都吃不上草,山区的牲畜面临着死亡的威胁。灾情就是命令,二十二团党委立即组织全团官兵抗灾保畜,准备抽调16部大型拖拉机装载38 000公斤草料,2辆卡车分别装载推土机和煤炭,由机运科、兽医站、畜牧科牵头分两批进山救灾。当时我担任二十二团副团长,正在库尔勒参加师党委扩大会议。考虑到这次任务的艰巨性,我立即向大会请假连夜返回团部,替换畜牧科周荣仁科长承担起救灾总指挥的重任,于2月5日凌晨带领第一支抗灾队伍启程奔向灾区。

大约三个小时后,车队行进了100多公里,到了206省道130公里处的"猛进道班"。前面的公路被厚雪覆盖,车辆无法前进,于是我们便用推土机推雪开道,车队缓缓地前进了60公里。才终于到达

被大雪覆盖的北疆公路寸步难行

191公里处的草场路口。然而,要到山区牧二连队部驻地还有11公里的路程。此时夜幕降临,再加上积雪很厚,草原上的便道非常难走,车队借助推土机开道,缓慢行进了4公里才到了扎克斯台河边。夜晚气温降到了零下40多度,推土机也已经开不动,趴在了雪地里。奋战了整整一天的21名救援人员也都已经筋疲力尽,可是灾情不允许我们有片刻的懈怠。那时没有通信设备,我只能派人派车连夜赶回二十二团,请求再派一辆推土机和第二批8辆拖拉机立即进山。另外,我派比较熟悉山区的蔡伯君医生前往牧区牧二连队部通报抗灾队伍被阻的情况。谁知这区区7公里雪地,竟然让他连滚带爬走了8个小时,脚趾头也被冻坏了。

我们留下来的人连夜用拖拉机车头拱雪,用铁锹挖雪,凭着直觉一米、两米地向牧二连队部推进。冰雪路非常泞滑,车辆常掉入路旁雪坑,只能用其他机车甚至两三个机头挂上钢丝绳把车拉出雪坑。在这茫茫雪地里,我们靠几把铁锹轮换挖雪开路,靠随身携带的仅有的一点干粮苦战冰雪。第二天,第二批8辆装载牧草的拖拉机

本文作者在团部骑马（摄于20世纪60年代）

和装载推土机的卡车终于到了，我们便立刻投入了开路的战斗。非常遗憾的是，这台推土机也经不住严寒，没用上什么劲就很快趴下了。我们只能继续采取人工挖、车头拱的办法，在天寒地冻的雪地上奋战了近四天四夜，终于走完了剩下的7公里路程，把14车牧草送到了山区牧二连队部。当大家在房子里围着火炉吃着山区牧工递上的热腾腾的饭菜时，心中顿时涌起了战胜雪灾的喜悦，而在这几天里所经历的艰难困苦仿佛被抛到了九霄云外。

半袋面粉救了大家的命

我们原本计划休整一天后，把陷在扎克斯台河边的那两车牧草和一车煤炭拖出来，拉回到目的地，就可以回团部过大年了。

然而出乎我们意料的是，暴风雪又一次袭来，而且来势更加凶猛。刺骨的寒风挟带了大片雪花狂啸怒号，发疯似的吹开整个雪堆，把它卷入空中，横扫眼前的一切……这场暴风雪肆虐了整整一天一夜，房门都被封死，人只能从窗口爬进爬出，我们辛辛苦苦开辟出来的雪道又被大雪全部填埋。面对老天的无情肆虐，大家先是震惊，继而决心一切从头再来。我们依然用土办法重开雪道。就这样与暴风雪又抗争了一天一夜，再次开辟出11公里的草原雪道，并把两车牧草和一车煤炭用拖拉机、千斤顶拖出深坑后送到队部。

我们又一次战胜了灾难，驱车离开草原来到省道191公里处。我们的卡车载着推土机，16辆拖拉机装着那群转下山的绵羊。我乘坐在北京吉普车里，带着这队人马浩浩荡荡地向团场驶去，心中的喜悦油然而生。

谁料天有不测风云。车队才行进了20公里，刚到171胜利道班时，看到前面停了许多车辆，一打听才知道前面公路的低洼地已被大雪填埋，俗称"封山"，汽车无法通行，必须把公路低洼处的雪清理或碾实后才能通行。救灾人员加上两位牧民和他们的小女儿共55人，要脱离险情，可以步行并用大衣铺路，爬过一个个雪坑。可是这样做，就必须舍弃吉普车、16辆拖拉机、2辆卡车和2辆推土机，舍弃我们抢救出来的500只病弱的绵羊，这些都是我团4 000多名职工的心血和财富，是开春十几万亩土地春播的主力军！显然这是绝对不行的。大家只有一个信念，人、财、物都必须保住。

然而新疆冰达坂上的气候变化无常，如果老天爷再翻脸的话，那后果不堪设想……哪怕有一个人不能平安回去，我都无法向组织和战友们的亲人交代。我觉得必须再一次挖雪开路，一步一步向查汗努尔达坂挺进。虽然大家都不知道要挖几天才能走出这20多公里的路程、翻越这海拔3 600米的冰达坂，但是每一个人都明白，大雪天待在冰达坂上就是在与死神挑战，哪怕有一丝希望都值得一试。

这时被困的还有巩乃斯林场、新源县、巴音布鲁克等地的30多辆车、近200人，同样的处境把大家的心紧紧地凝聚在了一起，他们中的一些青壮年也加入了我们挖雪开路的战斗。经过一天一夜的奋战，我们硬是开通了5公里的路段。部分同志由于饥饿、寒冷加上极度疲劳，浑身哆嗦，身子骨几乎散了架，体力已无法支撑下去。我回到汽车旁，小车驾驶员狄树国给了我一小块饼，我不假思索地一口吃了。这是狄树国仅有的一块饼而且是专门留给我的，我知道后非常感动。当我看到其他同志都没有吃到饼时，心里难受极了。

这时，我们离向东道班还有12公里。大家几经商议，决定派熟悉山区情况的兽医站站长谢玉春带上推土机驾驶员何天成、李作成前往向东道班求援。留下的人员轮换用仅有的几把铁锹继续挖雪开路。当谢站长在没过膝盖的大雪中摸爬了6个小时，出现在向东道班时，道班留守值岗的小伙子感到十分震惊。谢站长很快得到了向东道班同志的支持。何天成、李作成立即驾驶推土机向车队方向推雪前进。

这样我们又奋战了一天一夜，向前推进了12公里，来到向东道班。留在道班的谢玉春借了道班仅有的半口袋面粉，蔡伯君等人在达坂严重缺氧的条件下，花了大半天才做了两锅面少水多的面糊糊，我依次分到每个人的手中。当我把面糊糊分给牧工李斯学四岁的小女儿时，她很快喝完，对着母亲小声说："妈妈我饿，我还要喝！"听了小女孩的话，我的眼泪夺眶而出。这些天，挖雪开路的同志们连水都没喝上一口。由于冰雪无法解渴，同时也是为了保证所有机车受冻熄火后能重新发动起来，我采纳了机运科长刘克亚的意见，禁止使用喷灯去化雪解渴。尽管这时我们都嘴唇干裂，脸色发乌，严重脱水，但每个人端过小碗，喝下面糊之后都无言地离开了。大家对把面糊糊分给不相识的牧工及孩子们吃都没有意见，我为我的战友们感到自豪。

半袋面粉救了大家的命。道班小伙子说，前面到冰达坂的路估计没有问题，道路基本畅通。大家听了立即兴奋起来，我那颗悬着的心终于落下了。我们十多天来吃了那么多苦、受了那么多累，现在听说可以马上翻越达坂，虽然还有100多公里的路程，但只需要几小时就可到家。车队只有樊国良驾驶的拖拉机有故障不能行驶，我对他们讲，留在这里修理比较安全，我们回到团部马上送配件给你们，如果你们不能在家过年，我一定返回陪你们。

然而没想到，当车队行进到查汗努尔冰达坂跟前时，发现有一段100多米路面上的坚冰被前面几辆汽车碾碎了，后面的拖拉机、汽车都无法通过。这下子，我们又被困在零下40多度的查汗努尔冰达坂上了，这是非常危险的！

两位维吾尔族兄弟帮助我们翻越了冰达坂

当时已经是2月15日傍晚，也是小年夜，我们却被困在达坂顶上。达坂上没有一丝风，月亮清冷地挂在天上，窥望着地面，星星好像随手可摘，近在咫尺。寂静的夜晚像手握利剑的死神，正悄然地向我们靠近。大家默默地坐在驾驶室内，心情压抑而紧张，驾驶员在时刻确保发动机不熄火。几十名兵团战友为了完成抗灾保畜任务正面临着死亡的威胁，望着他们，我心如刀绞，怎么办？我站在冰冷的雪崖上，苦思冥想各种自救的办法，但又都被一一否定。我决定在万不得已的情况下，哪怕放弃车辆和财物，也要先保全大家的生命！

就在这危难之际，从冰达坂上开下来一辆还没有装推板的推土机。顷刻间，我心中燃起了一丝希望，立即迎上前去。车上两位维吾尔族驾驶员告诉我，他们是给向东道班送年前给养的，随车带着和静县委捐助我们的几袋面粉。我请他们把面粉一起带给向东道班。这种雪中送炭的军民友谊真是感人肺腑，让人难忘！当这辆推土机从道班返回时，我恳求这两位民族兄弟把所有车子拖过这段冰道。他

查汗努尔冰达坂

们非常为难,新推土机连后灯、推板都没有安装就上路了,另外县里在等待他们回去汇报情况。我告诉他们,现在不帮助我们通过这段冰道,200人在达坂上过夜就会有生命危险。如果因为耽误时间,领导批评你们,我替你们去解释,没有后灯就由我在后面指挥并挂钢丝绳。

两位民族兄弟经过商量,终于答应了。我知道,他们将冒着生命危险救助我们。我不忍心把劳累了十来天、正在驾驶室里小憩的同志叫醒。于是,在这段冰雪路上,我跟在这辆推土机后面,将一辆辆汽车挂上钢丝绳,由推土机拉出冰道。天地相连的寒气层层包裹着我们,严重缺氧和过度劳累使我感到筋疲力尽。当轮到拖拉我团的车辆时,我强撑着费力地走到机车旁叫醒谢站长,便倒在吉普车里不省人事了。几个同志见状,立刻脱下皮大衣将我紧紧地裹住,这才把我从死神手中拉了回来。老天不负有心人,我们终于在这冰天雪地里翻越了令人毛骨悚然的查汗努尔冰达坂！更让人欣慰的是，樊国良驾驶着修好的拖拉机也赶上来了。

刚翻过冰达坂顶，团党委派来的周荣仁科长、曹恒义营长等同志率领的慰问车，就在达坂这边等着我们了。他们讲到团里春节慰问老干部时，不少老干部说：你们不要慰问我们，你们应该去慰问上山抗灾的那些同志！听着这一席话，再看到战友们给我们送来的面包、矿泉水、啤酒、点心、油料等和一些家人的物品时，几乎所有的人都感动得跪在地上大声痛哭。休息片刻，我们的车队就向团部开拔了，仅仅用了两三个小时就回到了家。

据说，在团里的救灾人员家属因几天没有亲人音讯都心急如焚，多次把团领导围住，强烈要求向马兰部队求援，派直升机前往山区救助。团里也多次派车前来，但都被挡在查汗努尔冰达坂山外。

春节过后，团党委在听取我的汇报后，又经过参加救灾人员的无记名投票和民主评议，分别给救灾团体和个人颁了奖，农二师和兵团报刊也对二十二团救灾保畜的事迹进行了报道。

如今我已回到上海20多年了，但是每当迎来新春佳节时，我的脑海里就会浮现出那12天与冰雪殊死搏斗的场景，便会思念起那些曾经一起冒着生命危险抗击雪灾的战友们。

我的知青生涯

叶 辛

初到山寨的艰苦劳动

我插队落户的生产队叫砂锅寨。这是修文、开阳、息烽交界之处的一个远近闻名的大寨子。沿着砂砾公路,再往前走3里地,就是

从门前坝眺望砂锅寨全景

有名的开阳磷矿和716矿,那里有专为工人们建造的宿舍楼,老乡们称为新寨。而沿着贵遵公路往前走上十几里地,便是息烽县界,闻名全国的息烽集中营,就在30多里地外。"文革"以后引起全国瞩目的张露萍烈士被杀害的阳朗坝松林,就在那一片山岭之间,从砂锅寨走小路过去,只不过十来里地。在我们插队落户的10年期间,阳朗坝火车站附近村寨,都还没通电。小站上的铁路员工给火车上发信号,都是拿着信号灯使劲挥动手臂。

叙述这些细节,只是想如实地告诉今天的读者,40多年前砂锅寨所处的偏远和闭塞。

倒春寒没持续多久,我们到达砂锅寨的第二天,4月5日,天就放晴了。生产队里也不出工,村寨上显得特别静。

我们铺好了床,架好了帐笼,找到了该干的事情。按照当时上海时兴的做法,我们在山寨上刷写大字标语。我提着一桶石灰水,在田埂上刷写了一条还有点意思的标语:"重新安排修文河山!"刷完了觉得字写小了,于是又爬上半坡去,书写了每个字足有一人大小的标语:"不到长城非好汉!"这条标语我写得很吃力,一直写到天近黄昏才结束。

三天以后,劳动生活开始了。挑灰、担粪、耙田、铲田埂、敷田埂、在砖瓦窑上做小工、打煤巴、薅秧薅苞谷、拣谷子、挖洋芋……农活繁多而琐细,生产队长派我们干啥子活路,我们就学着做。

记得男知青干得最多的活,就是担猪粪和牛粪,从各家各户的猪圈、牛圈中,把粪草挑到生产队集体的大田里肥田。这农活没啥技术,不过就是挑得多少而已。对于我们来说,干这活路简直是活受罪。不是粪草重,而是那一股难闻的恶臭味,让我们这些初进猪圈、牛圈的上海知青都极为不习惯。那年头男知青都时兴穿流行的白色网球鞋,这些男知青钻进猪圈或牛圈里只装了一担粪,鞋面上已经沾满了粪水，变得不堪入目了。我是直到两三个星期之后，才习惯了猪圈、牛圈里那股沤烂了的粪草散发出的臭味的。当然，我们很快就发现了，只有穿上半高筒的胶鞋走进猪圈牛圈，才最为合适。用丁笇把黑臭的粪草装进高挑粪筐，沉甸甸地压上肩头，跟着出工的男社员，把粪草倒进田头。沿田埂的田边倒满了，就要把粪草倒进田当中。打着光脚板的农民们挽起裤管，直接走进水田里去，我们穿着鞋的，必须蹬掉鞋袜，才一脚深一脚浅地走进田中央，把粪草倒掉。

通往低矮的牛栏、马厩、猪圈的小门

生产队的水田有远有近。队里规定，离寨子近的水田，半里地之内的，一天必须挑满30担粪草，才能算一个劳动日，计10分；半里到一里之间的，得挑满17担粪草；一里到二里之间的，得挑13担；三里地以上的，得挑满7担。

和挑粪草相比，铲田埂上的杂草、敷田埂就费不了那么多脚力，但是得从早到晚光着脚站在水田里。春暖花开时节，这活儿不算重。可遇到早春时节，或者是阴冷天，站在冰冷刺骨的水稻田里，那滋味儿真难以忍受。贵州农民从水田里干完活，回家洗净脚喜欢坐在火塘边烤火，很多人上了年纪，都患上了严重的关节炎。我每次洗净脚，坚持用凉水抹拭，如今上了年纪，没患上关节疼痛的病，还得感谢母亲来信对我的及时提醒。

除了干农活外，我们知青在农闲时节干得最多的，就是到砖瓦窑上干小工活——踩泥巴，打煤巴，装窑，出窑。其间最苦的，是烧窑期间挑窑田水。窑田在高处，水源在低处，挑满两大桶水，就得往上攀。三五桶水一挑，我就浑身乏力。从早挑到晚，收工后回到茅草屋里，筋疲力尽，躺倒在床，一动也不想动了。

最难忘怀的劳动，是我随着挖煤的汉子们钻进煤洞里去挖煤炭。煤洞又深又长又潮湿，整整有400多个脚窝。当我费尽力气，在煤洞深处装满一小船煤时，身上穿的衣裳已经里外全湿透了。套上拖煤的绳子，咬紧牙关，一步一个脚窝地死死踩住，把200来斤的一船煤往外拖时，只觉得浑身的骨头架子全抽紧了。我拼尽全身力气，花了足足一个小时，才把这一船煤拖出煤洞。里外三身衣裳沾满了泥巴、水和煤灰，我在地上坐了好几分钟，才回过神来，眼睛才适应了煤洞外强烈的光线。再次钻进煤洞，我也像所有的挖煤汉子一样，脱光了所有衣裳，打着赤膊，挖煤、拖煤。当然，天近黄昏时，我跳进小河沟里洗了几乎一个小时，浑身上下的煤灰、泥巴、脏水才洗干净。

在山乡里干农活，就得付出劳力。付出了劳动力，才能评上工分，有了工分，秋后才能分到粮食、折算工分款。正因为感叹从早到黑的生活，全由日出而作、日落而息的内容组成，我才在劳动中听到了老农跟我说的"山坡是主人是客"的俗谚；也正因为把这句话牢牢地记在心头，才会有我40年后创作的长篇小说《客过亭》的书名。

不过，那是后话了。

湘黔铁路大会战

插队第二年的秋天，正是收获季节，黔北的山乡里也有一个天高气爽的小阳春时节。这时，一道命令传下来，说中央决定修建湘黔、枝柳铁路,这是打通祖国大西南的大动脉,并且传达了毛主席的最新指示:三线建设要抓紧,就是同帝国主义争时间,同修正主义争时间。口头传达时还说,湘黔铁路不修好,毛主席他老人家睡不好觉。于是决定举行湘黔铁路大会战,要动员贵州、湖南、广西的160万民工,抢修这条铁路。

按下达的命令,安顺地区要组建民兵师,安顺地区所属的每一个县,都要组建一个民兵团,修文县民兵团要组建10个民兵连。久

湘黔铁路大会战工地

长人民公社属于三营十连,每一个连队必须有一个女民兵排,任务很快摊派下来,砂锅寨必须派出一男一女两个民兵。女民兵必须是未婚的。

随着命令的下达,各种各样的传言也在知青中传开来:上了铁路线的知识青年,等到铁路修成之后,会优先考虑留下来,在铁路线上当扳道工,在铁路沿线的车站上当售票员、检票员,成为铁路职工。一些知青甚至眉飞色舞地想象,当了铁路员工,连衣服都是国家发的,比去矿山当工人,比到县五小工业的厂矿去,条件优越多了。公社开了动员大会,各个生产队开了群众大会,号召年轻社员们报名修建湘黔铁路,并且说得很明白,批不批准你去是领导的事情,报不报名是你对党中央和毛主席老人家的态度问题。

在我记忆中,几乎所有的上海男女知青,都在自己所属的生产队报了名。

在山乡自古以来流传下来的风俗中,未婚姑娘是不能出远门的。即使到了"破四旧"破得那么"彻底"的"文化大革命"中,老乡们还是不愿让未婚姑娘出远门。我们砂锅寨旁边的杨柳大队,大队支书只能让自己的女儿报名,完成杨柳大队的指标。故而当我和妹妹去报名时,大队干部笑逐颜开地对我们说:"你们两兄妹一报名,

20世纪70年代初,叶辛与未婚妻王淑君合影

就解决我们的大问题了。让你们去，让你们去！"

原来，他们正为派哪家姑娘上铁路犯愁呢！永兴四队的女知青小丁已经报了名，我妹妹一报名，永兴的两个女民兵指标就完成了。

看到我们兄妹报了名，我的恋人、也就是今天的妻子王淑君，也赶回杨柳大队报了名，并且当天就得到了批准。就这样，我们仁一起上了湘黔铁路会战工地，成了修文民兵团三营十连的民兵。

从公社带着行李铺盖和日常生活用品爬上了卡车，开到黄平县重安江畔的鲤鱼冲附近山坡上安营扎寨，我们整整用了两天。头天晚上抵达黄平县城吃晚饭时，因为上路的民兵太多，光是等吃晚饭，就等了足足一个多小时。第二天从黄平到谷陇，路并不长，到了重安江畔，又是等，等待究竟分配我们在哪一座山坡上安下营盘。

一直等到天擦黑，地盘仍然定不下来，接到通知让我们先进鲤鱼冲寨子苗族老乡家里，克服几个晚上再说。于是乎，我们久长公社的上海知青，男生被安排在一间苗家的堂屋里打地铺，女生则睡在院坝里的柴房上头，只是临时用大张的芦席把柴房围了起来。

从第二天开始，男生不能住进苗族老乡家了，要腾出房子，给营部的卫生所使用。我们只能过"天当铺盖地当床"的日子，每人发一根棍子和一张芦席过夜，说是挡一挡露水。寒潮来之前，工棚抢修出来了，人多铺少，规定了每人的铺位只能是八寸，挤着睡。后来又从八寸，增加到一尺二，最后固定在一尺八的宽度。上海知青都怕虱子和跳蚤，这下好了，彻底和老乡们打成一片，混睡在一张大铺上，每个人的衣服上都发现了虱子。

伙食由连队伙房供应，大米饭管饱，随你吃。可就是没菜，头几个月，天天都是老南瓜汤，碱水酸菜煮巴山豆。连从村寨上来的农民们都觉得苦，编了顺口溜哼哼："上顿瓜，下顿瓜，发了工资就回家。"伙房的大师傅说："刚上路的时候，老南瓜卖一分钱一斤，现在多少？四角一斤，还买不到，你们别发牢骚了！"

1974年9月26日《解放日报》报道"湘黔铁路胜利建成通车"

　　是啊，成千上万的筑路队伍涌进深山苗寨，周围只有零星稀疏的村寨，不要说蔬菜、副食品紧张，就连喝的水都成了问题。我们每天清晨和夜晚的洗脸水、洗脚水，都是从泡冬田里挑来的浑汤汤，沉淀半天也不见清。工地上在酝酿把重安江水接过来。我没闲心去弄吃的，每天上班前、下班后带着一个小本子，去记录苗乡的地理环境、房屋结构，去问当地老汉和娃崽：鱼为啥养在稻田里？坡上长的是什么树？林子里鸣唱的是啥子鸟？婚丧嫁娶时为啥非按那些程式办？当地流传着哪些民歌？上山对歌时男女苗家唱些啥？重安江有哪些传说？解放前的土匪是什么样子？商人们带些什么进这一带的山岭里来……问完了，回到工棚里倒头便睡。第二天一大早，不等人家起床，我又爬上山头，去看米色的稠雾从山谷里袅袅升起，去听雀儿清晨的啼鸣，去重安江边的碾米房，去望苗家姑娘们蹒蹒跚跚地挑着担上坡。在腊月间的寒夜，我钻进苗家的火塘边，听他

湘黔铁路胜利通车。图中近处为湘黔铁路,远处为黔桂铁路,两条铁路在贵定县相接

们天南海北摆龙门阵,说古道今……这一段艰辛的岁月,对我来说,是一生最难忘最苦涩也是最有意义的日子。

哦,青春之所以美好,就因为它激发人们不懈地追求。青春之所以幸福,就因为它有未来。

我在山乡小道上跋涉着,为我的这些努力和追求,我开始付出代价,牙齿在连年的剧痛后一颗一颗脱落,这是不是生活留下的烙印?

在山乡小学当教师

在离开砂锅寨半里地的山巅上,有一座小学校,乡村的耕读小学。最早,我说的这个最早指的是解放前,这山头有座像模像样的

龙宫山洞外的梯田

尼姑庵，里面住过好几任老老少少的尼姑。我们插队时，还有农民指着寨子上几位老太太告诉我们，说她们当年就是庵里的尼姑，后来还俗了。

尼姑庵改建成的耕读小学，一切都是简陋的，桌椅板凳缺胳膊断腿不说，还有一两间教室里所谓的桌子，就是两端用砖砌上来，上面铺一块长板子架成。板子后面坐一溜四个学生，那就算桌椅了。

走进这所小学校，纯属偶然。下乡头两年，我们知青住的茅草屋光线晦暗，没有电灯不说，放了四张床，屋内根本放不下一张桌子。而我喜欢写作，经常在膝盖上放一块搓衣板，坐在后屋檐下费劲地把自己的感受和构思写下来。大约是农民们看着我这么写太费劲，就告诉我，那所被砸烂的小学校里，还有几张桌椅板凳，你可以到那里去写。我上去一看，果然如是。于是天天清晨，我就带上纸笔，攀山而上，到那里去苦思冥想。山巅上有风声、有鸟语，山巅上还能眺望远近的村寨和郁郁葱葱的峰峦，一个人呆着虽有些孤独，可它却能使我青春躁动的心获得平静。后来小学校恢复了上课，再后来我在小学校当上了老师。

那是我从湘黔铁路工地返回寨子以后。1972年的8月，我还记得是29日，大队支书和我谈了40分钟的话。第二天他就宣布经大队研究决定，派我到小学校去任教。他说他本来是不同意我去教书的，除了大队会计和其他干部力荐之外，他还特地和我谈了话，发现我讲的贵州话已经十分地道了，娃娃们能听懂，于是他就同意我教书了。

第一次，我感受到人的命运原来就是这么决定的。

教书工作得来不易，我就教得格外认真。小时候，母亲教过书，姨妈也是教师。记忆中她们每天晚上备课，记忆中她们曾经说过，一堂课中，有半堂课需要由老师讲解，然后做习题，然后朗读，偶尔也抽查、默写。山乡里，教师缺乏，耕读小学的四名教师，主要教语文、算术。五年级教一点历史、地理和自然。其他课程如唱歌、体育，一律都是不教的。教这些干什么，老乡们说，上坡干活，跟着大人哼哼唱唱，嗓门好的自然会唱山歌。至于体育，那更是多事，男女娃娃从小掏猪草，爬坡上坎，学做农活，整天干活，哪个不比体育强？我说这不一样，坚持把唱歌、体育列入课程。谁教呢？我。每天晚上，七点钟到七点十五分，贵州人民广播电台有一档儿童歌曲节目，一个星期教一首新歌，我打开半导体收音机（这东西在山寨里是稀罕物，只有知青才有），跟着收音机里学，学会了再到课堂上教学生。《小松树》《小小螺丝帽》《我是公社小社员》……一首首儿童歌曲，我记下歌词曲谱，然后教给学生。体育课也一样，我比照着学区发下来的广播体操示意图，回想着自己在上中小学时做过的广播体操，把比较复杂难做的舍掉，保留易学易懂易做的，一节一节教给学生。每个星期逢到上体育课和唱歌课的时候，总是小学校最热闹的时候，全校从一年级到五年级的学生，集中在一起上大课，大大小小的娃娃跟着我一起唱歌，一起做广播操。大教室里嘹亮的歌声，操场上大小娃儿的欢声笑语伴着哨子声，从山巅上传到周围的几个寨子，小学校显得生气勃勃。

几个月教下来，干农活时，赶场路上，晚上去老乡家里串门，都有老乡扯住我袖子说：还是你教书行！我问何以见得，老乡说，原来我家娃娃一背书包就喊肚子痛，回来不愿做作业，只晓得赶鸭子玩。现在不同了，回家第一件事就做作业，做完作业还唱歌，吃了晚饭还要教他的老奶奶做广播操，读书读得一家喜气洋洋。

说实话，我听了以后喜滋滋的。再加上学期终了，我教的五年级中好几个孩子升上了农中，于是乎我就在寨邻乡亲们心目中成了一个好教师。

不要以为我在这里自吹自夸，关于这段教书生涯，我曾经写过两篇短文，一篇是《一件往事》，另一篇是《脚踏着祖国坚实的大地》。前一篇是散文，后一篇是在儿童文学座谈会上的发言，事后编辑让我整理成文的。两篇文章有一个共同的意思，那就是在教书的同时，我也在接受着教育。正是因为天天和这些贫穷的、衣衫褴褛的娃娃们在一起，我的心平静安然。在向他们传播基础文化知识的同时，我总是从他们的生活形态，从他们的现状，想到栖息在祖国大地上的农民们。他们一年四季辛勤劳作，渴望的无非是温饱的生活。但他们就是如此艰辛，有时候温饱问题都没有解决。我经常停下课程给孩子们讲，为什么贫穷？为什么富饶的山乡人们生活得如此清苦？就是因为没有知识、没有科学文化。我自小读了很多书，我把读来的一些科学家、文学家追求知识、刻苦学习的故事讲给娃娃们听。他们眨巴着大眼睛，经常打断我的叙述，提出一些诸如"什么是面包""什么是有轨电车"之类的问题。但是我看

叶辛离开20年后的砂锅寨小学校

得出,他们是在认真地听。班上几个聪明的学生,一点也不比城市里的孩子差,算术一教就懂。初读四年级时,全班同学造句都经常出错,四年级学期结束时,他们人人都能写一篇语句通顺的作文了。

1982年,《蹉跎岁月》播出以后,中央电视台拍摄《叶辛的"蹉跎岁月"》专题片,我和他们又来到了这所小学校,给孩子们上了一堂体育课,导演把孩子们做广播操的情形全拍了下来。当一天的拍摄结束以后,满寨的乡亲们站在寨门口送我,台阶上、土坝上、坝墙上、大树下站满了老少乡亲。导演说,他是在延安长大的干部子女,多少年没见过这么感人的情形了。

1998年3月31日,是我插队落户30年的纪念日,上海画报社编撰我的散文写真集《半世人生》,要补拍几张砂锅寨和小学校的照片。上海电视台风闻以后,特意组成了《叶辛回"家"》拍摄组,随同前往。那感人的一幕又出现了。同行者问我,这是怎么回事?我也感动得说不上话来。让我欣喜的是,原来在山巅上的小学校,终于搬到山下的坝子里来了,小学校现在建的地方,正是我们当年六个知识青年的自留地。我说这样就好多了，至少风小得多了，娃娃们冬天可以少受一点凉了。不过，这自留地可是一块好田土啊！学校老师说，那还不是因为你在学校教过书，小学校搬到知青原先的自留地上，有一点纪念意义。

我一时怔住，不知说什么好。是呵，一晃又是好多年过去了，但在这些年里，我从来没有和小学校以及我插队的砂锅寨失去过联系。80年代，我在贵阳工作，我的学生中有的遇到包办婚姻，跑到贵阳向我求救，我打电话、写信，让当地干部做工作，不要干涉年轻人的追求，使问题得到圆满解决。有当年的学生来贵阳，给我讲开发鸭子塘、开发后头坡、给寨子上农民引自来水的设想，我让他们好好做规划，不要想一口喝下一大碗热稀饭，要一点一点搞。现在，这些设想正在一步一步成为现实。回山乡去之前，巧遇《上海故事》的主编，他们这几年刊物办得好，在计划今年的实事时，决定结合广告宣传，援助10名贫困山乡的小学生五年的学费。我揽下这件事，通过贵州省希望工程办公室，他们决定把这10个名额全部给我插队山乡的10名品学兼优的孩子，贵州省的大报、小报，全都刊登了这条消息，既宣传了《上海故事》，又为山乡扶了贫……可能正是由于这点点滴滴的小事，使我和自己当年插队落户的寨子，和我曾经任过教的小学校，都有着绵延不绝的联系，一代一代的寨邻乡亲，才会待我如自己人一样。

让我更觉欣慰的是，我当年教过的那一班学生中，男孩袁兴开就在砂锅寨小学教书。我报出一连串当年成绩优秀的学生名字，问及他们在干什么，袁兴开扳着指头，一一告诉我：他们都在这周围的学校教书，像你最喜欢的刘光秀，现在还是出名的优秀教师哩！

哦，山乡小学校，你的今天比我教书时的昨天好。你的明天，一定会比今天更美好！

一件沉甸甸的往事

心头一直挂记着，砂锅寨该有一所更好的小学校。这一愿望，在2004年实现了。在上海企业家的支持下，我筹资35万元，在砂锅寨建起全国第一所"春晖小学"。2005年9月，由修文县政府命名的"叶辛春晖小学"举行落成典礼。消息见报之后，其他贫困山乡的人到上海来找我，说只要20万元，他们同样能建一所以我的名字命名的小学。我坦诚地告诉他们，我做这件事，不是图名声，而是因为我对砂锅寨，对这所我曾任教过的小学，有着一份特殊的感情。我的心头，始终铭记着一件虽小却永远忘不了的往事。

1998年3月31日，在插队29周年那一天，叶辛重访砂锅寨小学

那是1972年，我在小学校里教书。冬日将尽，地处川黔铁路制高点的久长地区，早早地飘起了凌毛毛。凛冽的西北风从峡谷里吹来，吼啸着掠过树林和山野，吹得人只想守在火塘边不挪窝。我像平时一样，早早地起了床以后，匆匆地喝了一杯自制豆浆，便赶往离寨一里多路的庙上小学校去。到了那个由尼姑庵改成的小学校里，四处都是冷冷清清的，一个人影子也不见。我焦急烦躁地来回走了一圈，不由得恼火了。这是咋搞的呢？到了上课时间，不但学生一个没来，连其他几位教师也不露面。这样子教书和读书，教学质量

叶辛重访砂锅寨小学时，被乡亲们围在中间问长问短

怎么上得去啊！要晓得，在到小学校来任教以前，我曾向大队干部保证，一定要送一批学生进公社中学去。因为在我们下乡前后的几年中，大队所属的几个寨子，不曾有一个娃娃进过中学。

烦恼急躁之中，我抓起那根冰冷的铁棍，狠命地敲击着垂吊在梁上的圆铁柱，"当、当、当"的响声，随着寒风飘向脚下的四个寨子。

8点3刻，来了第一个学生。随后，四五十个学生娃娃，陆陆续续地踏着泥泞的山路到学校里来了。直到9点半钟，学校里的大部分学生和几个老师总算到了。我那个班的学生娃娃，每人背着书包，提着火笼。这火笼，不是电视剧《安娜·卡列尼娜》中安娜用的那种高贵皮毛的护手火笼，更不是现在盛行一时的暖手炉，而是用破脸盆、破瓦罐、烂花盆穿几根铁丝做成的火笼。"噗噗"燃起的火苗上，架着几根干柴，烟雾弥漫了整个教室，熏得大家不住地咳嗽、揉眼睛。

天哪，这怎么上课？本来就憋了一肚子火的我，板着脸站在讲台上。学生们似乎并没有注意到我的情绪，只顾闹哄哄地打开书包，拿出一根根干柴，小心翼翼地架到火笼上，俯身呼呼地吹着。一瞬间，满教室都是吹火声，吹得柴灰飞扬，烟雾腾腾。

简直是乌烟瘴气！我恼极了，本来就迟到了，进了教室还这个样子。我一个箭步跃下讲台（原谅我那年只有22岁），对准第一排那个姓杨的11岁娃带来的破脸盆，一脚把它踢翻了！

孩子们被我这一粗暴行为骇住了，一个个呆痴痴地望着我。

我回到讲台上，准备开始一堂强调学习重要性的训话，刚把脑壳扬起来，坐在最后一排的那个年龄稍大的女学生，朝着我连连摆手。我向她一瞪眼，她又用手指了指坐在前一排的一个男生。那是个14岁的娃娃，在五年级不算小了，光着脚板，穿一条褴褛的裤子，脸冻得发青。我愣住了。再看被我踢破脸盆的那个学生，吓得一边啜泣，一边哆哆嗦嗦地从书包里拿出书本、铅笔盒。他穿得更单薄，光脚板还沾着稀泥。我的目光向全班扫去，这些偏僻山寨上的娃娃，差不多都是一个样儿。

我站在那儿，大睁着双眼，傻了！教室里的烟围裹着我们，我和学生们一起淌下了热泪。是啊，我们山乡的娃娃们，理应穿得暖暖和和，理应坐在温暖的教室里读书，可是他们却穿得那么单薄，冬天还光着脚板。我虽然也穷，但我还穿着棉毛裤、毛绒裤，脚上还有一双棉鞋。可娃崽们……一刹那间，我记起了很多事情：开学了，由于山乡外头的世界里在闹"文化大革命"，无数的纸张都被用来刷巨幅标语和大字报，而山寨小学校的课本却印不出来。课还得上，除了教生字，我还给学生讲高尔基的故事。讲到高尔基小时候在面包作坊里当学徒的时候，几乎所有的孩子都把手举起来了。他们问："老师，什么叫面包？"什么叫面包呢？自认为读过好多书、有一点知识的我，却怎么比划也讲不明白。弄得我只好在春节回上海探亲时，给孩子们带回两个面包。还有一次，我病了，发烧到39度7，孤零零地躺在茅屋里，无法起来煮饭吃。连续4天，一个14岁的学生，天天给我送来一暖瓶豆浆。在起不了床的那4天里，我就是靠这豆浆活过来的。他送豆浆来时,对我说:"老师,我们盼你快点好,到学校教我们……"哦,我的脑子里涌起了那么多思绪,我仿佛这时候才意识到我们教室的四五扇窗子都没有玻璃,窗外连绵的山野萧瑟阴沉,枯枝残茎在随风抖动;我仿佛这才注意到,我们的教室连门也没有,而且逢雨必漏,学生们要撑着伞上课;还有那些稍大一点的孩子,他们为干不尽的农活和琐碎的家务事所累,在赶来上学之前,往往还在割草、推磨、挑粪、锄地。他们是愿意来读书的呀,他们是渴望学到知识的呀,我怎能责怪他们呢?我只怪自己在这萧瑟冷寂的环境里待久了,已经麻木了,才如此糊涂,才如此粗暴……

就是这么一件小小的往事,即使今天想起来,我的心头仍感觉到沉甸甸的,充满了负疚感。

在押运活畜的专列上

沈锦华

1973年,我曾参加过一趟奇特的旅行——上海外贸向港澳发送活畜的随车押运工作。从上海铁路南站新龙华转运站登上专列后,一路上就与活鸡活猪们生活在同一节车厢中……

由社会调查引来的押运劳动

1973年,我在上海师大(当时的上海师大,由华东师大、上海师院、上海体院、上海教育学院、上海半工半读师院五所高校合并而成)的政教系学习。这学期的5月至7月,系里结合国际共产主义运动史的学习,安排我们赴上海外贸系统进行社会调查。我们小组的调查对象是市食品进出口公司和粮食进出口公司。

调查结束,适逢放暑假。同学中有一位叫大老李的,来师大念书前即在外贸单位工作,他为我们联系到上海食品进出口公司押运活畜至香港的劳动。早在调查中,我们就了解到:为保证港澳居民的副食品供应,上海食品进出口公司承担了每天向港澳发送活畜的任务。当押运员,对我们来说是绝对新鲜的事,班主任和工宣队也同意。于是,7月下旬学习一结束,大家就纷纷报名。然后,公司将报名者分成几个组,每天安排六七个同学参加押运劳动。

我被安排在8月1日。这一天早上7时刚过,我和其他五位同学来到了市食品进出口公司位于上海南站的新龙华转运站。黑黑的、装运活畜的列车,正静静地停在铁轨上等着我们的到来。初一看,你以为这是一列在铁道线上经常可以看见的货车。走近了才发现,这一节节的车皮都已被改造成上下两层。

穿上了补丁打补丁的押运工作服

转运站的负责人见我们来了,就把我们介绍给一旁的外贸押运员。他们也是六个人,四男二女,都穿好了那种补丁打补丁的工作服,虽然破旧但十分整洁。当年上海大多数工人穿的就是这身破旧工作服(不少人领来崭新的工作服,舍不得干活时穿,而把它当作平时出客的行头)。未几,我们每人也领到了两套这样的工作服,一套即刻穿在身上,另一套路上替换,押运结束以后归还给转运站。

8月1日的专列共有6节车皮,1节运活猪,5节运活鸡,每两人(一个老押运搭一个学生)负责一节。根据香港市场行情,这天外加

驶往香港的运送活畜专列

一大桶（200加仑的铁桶）活黄鳝。我与一位下放劳动当押运员的原海关年轻干部搭档，押运活鸡。黄鳝难伺候，由本次押运的班组长自己照料。整个上午，各节列车的押运员分头打扫自己的车皮，并把一路上伺候这些活畜的"粮草"搬运上车，放到前后大门中间的那块空地方（充其量不过几平方米大，那里也是押运员休息和活动的空间）。

待到午饭后，当我们拿着随身物品以及手电（车厢内无水电设施）之类工具再次走近列车时，却发现活猪活鸡们都已被安置在"双层专列"上了。

8月1日下午1时14分，这列编号为753的列车徐徐开出新龙华站。

在鸡屎猪粪的臭味中度过四天三夜

分隔成上下两层鸡棚的车厢内，满是叽叽喳喳的白洛克鸡，而我们则置身于鸡群之中，俨然是"鸡司令"。空气中弥漫着鸡屎臭，仿佛是在养鸡场；火车开动时，臭味尚可忍受，一停站就不能待在车厢中了。这趟列车虽曰"专列"，却非直达，沿途每站必停。小站停靠时间短，如遇大站或交换站，停靠时间就长了，如杭州停1小时20分，江西鹰潭停2小时30分，湖南田心停靠近3小时，衡阳停1小时45分……每逢此时，我们就抓紧补充车厢中的备用水（押运黄鳝的还得经常换水）。如开车时间还早，我们六人就走出车站，领略一番当地的风土人情、土特产和小吃。

就这样，从上海出发到广州，居然走了四天三夜。这些日子里，我们充分体验了押运的艰辛。

以我押运的鸡为例：白洛克鸡原产于美国，当年的上海人称之为洋鸡，每天需喂食物和水不下4次。原来的车厢也不过比一人略高一些，被隔成上下两层后的"鸡棚"，其高度更有限。每次喂食，押运员手提装着鸡食或水的铅桶，猫着腰，低着头，进进出出何止两三遍；有时还得手拿畚箕扫帚，扫掉地上的鸡屎。大伏天里，每操作一次即汗流浃背、气喘不已，头发上、衣服上沾满了白洛克们的毛……当年的"活畜专列"上，没有水电供应，没有厕所，没有床椅，生活上的诸多不便可想而知。光是这一路上待在鸡屎臭中，就够你受的。

听老押运员说，鸡屎臭毕竟还可以，要是这一趟轮到你伺候猪，那就更脏更臭了。果不其然，我们六人中有一人"与猪共舞"，每次停靠站下车活动活动身子时，三步之外就能闻到他那身工作服上的臭味。港澳同胞爱吃黑毛猪，"猪舍"中的这些猪又黑又大（每只都在150斤上下），能吃能拉。押运者在湿黏黏、臭烘烘的两层猪舍中爬进爬出，一不小心，鞋上、身上就沾上了猪屎。因此，与那些黑毛猪相比，白洛克似乎还显得有点"可爱"了。

沿途农民等候着车上扔下的"美味"

白洛克还有舍身饲同伴的"牺牲精神"呢！这一路上，若非亲眼所见，真不敢相信世上还有这样的事！

一登上"专列"，我的搭档在向我介绍如何喂鸡时，就说到了白洛克族群中的奇特一幕——也许是洋鸡的种气，有时它们会食其同类的肉。当鸡群中领头的鸡啄某一只鸡时，其他的鸡会"群起而攻之"。而被啄的那只白洛克，竟然像母鸡孵蛋一样，伏在地上一动不动，不作任何反抗，听凭自己的同胞们啄它的肉吃。群鸡们先从背上啄起，要不了多长时间，那只"舍身"的白洛克就只剩下头、颈、脚以及一具血淋淋的躯壳了。

对搭档所言，起先我还不信。当火车进入江西境内，想不到一次喂食时，就在"鸡舍"深处看到几只鸡正在啄一只趴在地上的白洛克——它一声不吭，背上的羽毛已全被啄光，任凭它的同类啄食它背部的肌肉……我拎起这只紧闭双眼、气息奄奄的白洛克，像老押运所做的那样，把它扔出了车门。

"你扔出去的这只死鸡，等一会儿就有人来捡了拿回家去吃的。"搭档说，"这趟列车经过的铁道两旁，总会有当地的农民候着，他们知道这一列火车上会扔下死鸡死猪死黄鳝……"火车往前开时，我果然看到沿线确有人守候在铁道旁——在那物资匮乏、缺吃少穿的年代，就是死鸡也可以成为美味佳肴啊！

进入湖南后，"猪包厢"中的一头黑毛猪死了。专列停站时，我那同学与外贸押运员把150斤的死猪抬下车，没等走远，就有早已守候在站台上的一老一少父女俩，把死猪装在了他们的平板车上。我走过去问那个十八九岁的湘妹子："这死猪，你们也拉去吃？"她头也不抬，低声说："我们农村苦嘞……"在一旁的老押运们说，这父女俩肯定与站里什么人相识，否则绝不会让他们拉着板车进来的。

我们这趟"专列"，先后扔下了两只大黑猪，至于被啄得气息奄奄的白洛克，每节车厢总得扔下几只。而那养在大铁桶中的黄鳝，即使勤换水，也免不了有被火车震死或闷死的。一路上只得随死随扔，到了广州，只剩下大半桶的活黄鳝了。

尝到了押运的滋味后，我想：当港澳同胞吃着鸡肉猪肉以及其他山珍海味时（听外贸同志讲，有时候，押运的活物中还有鸽子等），他们或许很少知道，这些都是外贸押运员们备尝艰辛、不远千里送来的！而在大上海，那时的我们还只能在逢年过节时，凭票吃到一只全无鲜味的光鸡或光鸭；猪肉也是定量配给，绝不能随心所欲"想怎么吃就怎么吃"。大都市的上海尚且如此，又遑论其他地方！难怪沿线会有农民专门守着，等着从"天上"掉下的"美味"。

40多年未曾间断的特殊专列

我们的"专列"走了足足70个小时,于8月4日中午11点45分进入广州。上海外贸的押运工作到此为止。从广州到深圳罗湖口这一小段路,就交由经过严格政审、出身好、信得过的广东方面的押运员。

像这样的押运,自1962年就开始了。1997年,我读到泰国华文报纸《亚洲日报》上一篇《吃在香港》的文章,内中披露:"香港每日耗用约1 000吨食米、1 020吨蔬菜、1 400吨水果、520吨鱼类及水产、430吨猪牛肉。香港市场上肉禽菜蛋多来自内地。自1962年起,每天有3趟鲜活副食品货运专列自上海、郑州、武汉或长沙发往深圳,三十多年来共为香港运送了3.61万列鲜活冷冻食品。"

香港同胞选购内地运来的肉制品准备欢度春节

1973年，我们在上海外贸系统作社会调查时得知："文革"前期有一个阶段，由于来自香港的市场信息说需要鸭子，致使内地的活鸭被源源不断地押运到香港，以至香港鸭多为患，每只活鸭仅售人民币7分钱！

21世纪初，上海新龙华转运站仍然天天向香港发出活畜专列。据2003年5月2日《新民晚报》的报道：上海每天都有400—600头活猪，由新龙华发运到香港和澳门。取代当年穿着补丁加补丁破旧工作服的老押运员的，是今天"身着消毒工作服、脚穿长雨靴的工作人员"，而"装运活猪的双层列车则散发出阵阵消毒水味"。

从人到车的形象都变了，唯一不变的是40多年来一如既往的支援。时代的变迁促进了押运工作的现代化。现在，港澳同胞再也不必像当年为了内地人民"勒紧裤腰带"作出的无私支援而歉疚——因为如今的内地人民早已和港澳同胞一样，可以"餐餐吃鸡鸭，顿顿有鱼肉"了。

2008年，我在四川地震灾区参加心理援助

汪新亮

我是中国人民解放军驻沪某部二级心理咨询师，曾奉命于2008年5月26日至6月1日前往四川灾区为那里的战友和孩子们做心理援助。一周中的所见所闻，令我终生难忘。今撷其若干片段记述如下。

倾听战友的心声

四川都江堰市聚源中学是"5·12"汶川大地震的重灾区。学校主体教学楼在地震瞬间整体垮塌，278名师生遇难，11人下落不明。解放军总参某研究所一支由19名党员干部、战士组成的救援突击队，于地震当天下午17时20分赶到聚源中学校区，连续奋战16个小时，从废墟中首先救出14个孩子，尔后又与跟进到达的兄弟部队一起搜救出210多名师生，其中生还40余人。北京总参某部首长和机关，对参加抢救聚源中学师生的19名官兵以及聚源中学师生的心理健康十分牵挂，于5月26日下达命令，从北京、上海、洛阳、成都等地紧急调遣人员，组成5人心理援助小分队，于当天晚上在成都集合，次日即抵达都江堰抗震前线。

飞机到成都已是零点，我在报到时，见到了抢救聚源中学师生

的19名官兵的所在单位领导。这位领导同志见面的第一句话就说："你们来了就好！这支队伍原来生龙活虎的，怎么从聚源中学回来就不说话了呢？我都几乎不认识他们了，多好的兵哪！你们一定要想办法。"情况果真有说得这么严重吗？我的心情沉重起来。

在5位心理咨询师的第一次碰头会上，大家讨论热烈，最终确定了个别心理疏导的工作模式。经商定，由国家三级心理咨询师董建群医生作为入门见面的向导，因为董医生原来就属于这个单位，平时就与抢救队员们熟悉，曾为他们包扎伤口，心理距离亲近，易为官兵接纳，由她介绍利于较快引入心理咨询工作。我们还确定了初次见面的方式。

5月27日，在都江堰营区简易帐篷内，5位心理咨询师一同与19名官兵见了面。大家围坐在几张办公桌拼成的长条桌旁。董医生首先说，同志们在这次抗震救灾过程中表现很勇敢、很出色，总部首长很关心大家，专门派来了心理服务小分队。大家在电视上已经看到，来到灾区的类似心理服务分队也很多，我们仅仅是其中的一支。小分队来这里，就像前一阵子医疗小分队给大家包扎伤口、给营院喷洒消毒药水一样，是正常的工作。大家不必紧张，更不要有什么思想顾虑，就像接受医生正常巡诊一样，有啥说啥。接着，其他4位心理咨询师先后作了自我介绍，他们是国家二级心理咨询师、某军校心理学副教授国岩，国家二级心理咨询师、某部主治医生陈兆宜，国家二级心理咨询师，某部政委汪新亮，国家三级心理咨询师、某部政治干事陈玲。自我介绍完后，带队的刘处长幽默地说，请大家按照各自的喜好挑选自己的咨询师吧！但注意不要重色轻友，光找女咨询师哟！给汪政委留几个吧！随着哄堂大笑，队员们散开了。也许是开场气氛比较宽松，拉近了心理距离，咨询师和队员们很快成双结对，或在帐篷中，或在树荫下，或在路边的石头墩子上，随意而坐交谈起来……

我一共接受了3位战士咨询,其中一位名叫刘海的战士很善于表达,使我对整个抢救聚源中学的官兵的心路历程有了大致了解。以下是我们的谈话要点:

汪新亮:很高兴你能选择我。能介绍一下你自己吗?而且,我在谈话过程中将作一些记录,作为资料保留,你不会介意吧?

刘海:不介意。我叫刘海,河北唐山人。今年24岁,地震那天正好是我的生日。几位战友中午聚在一起,部队规定不能喝酒,我们只在驻地附近的小饭馆点了几个菜,以茶代酒,庆贺一番,吃完饭后,部队两点半上班,刚刚回到营院,便觉得地面晃了起来,心想,我没喝酒啊,怎么会站不稳呢?"地震了!"不知谁喊了一声。这时,地面晃得更厉害了,院内房屋上面的瓦片上下直跳,"哗哗"地往下掉。墙也摇晃起来,大地好像要崩裂,下面"咕咕"地响。屋里的人纷纷往外跑。我们几个赶快叫大伙往宽阔的路上跑,开展紧急疏散与自救。就在大家惊魂未定时,传来聚源中学灾情严重、需要火速救援的消息。只听得首长在大声喊:"人民考验我们的时候到了,共产党员站出来!"听到这样的声音,我心里一阵激动。"我是党员,让我上!"我大声地回答,许多党员也这样回答。不一会儿,一支由19名共产党员组成的救援突击队就火速向聚源中学赶去。出发前,队长还领着我们唱了一首《团结就是力量》,唱完歌真的觉得浑身有了力量。队伍跑出营地,见满街都是人,好不容易到达学校,但大门早已倒塌,而且围满了呼救的家长和学生。我们只好翻围墙而入。校园里的景象的确把我们惊呆了:沾满鲜血和尘土的书包,课本四处散落,空气中弥漫着浓烈的血腥味直呛鼻子,废墟里传出孩子们痛苦的呻吟声……此刻听到人群中有人喊:"解放军来了!"顿时,慌乱的人群安定了许多。其实,我们也只是赤手空拳而来,但也管不了那么多了。我们立即用手刨!用手搬开上面的水泥块,很快发现了一个女生,还活着,赶紧把她抱出来,传送出来。然后继续往下刨,是只书包,没发现人,真急人哪！再奋力往下刨，下面的景象更是触目惊心，一位女生手还伸在抽屉中，好像要抓那串钥匙，却被塌下来的大梁砸中头部死了。同桌的女生幸好被震落到桌下，还活着但已昏迷过去。我们赶紧把昏迷的女生拉出来，传下去抢救，顺手扯下一块破碎的窗帘，给死去的女生盖上头，还死者一份尊严。我们就这样，用手刨呀刨，一直从倒塌的教学楼三层刨到了一层。一层的同学更惨，几乎没有一个幸免于难。后来，后续部队来了，有了起重机等设备，群众还为我们送来了帆布手套，抢救工作效率就提高多了。

晚上10点左右，温家宝总理来了！总理站在废墟上说："多争取一分一秒的时间就可能多救出一个被困者！"我们备受鼓舞，也顾不得上前和总理照个相，继续抢救工作。

余震来了，我们一步也没有退却，因为听到废墟下面有微弱的呼救声，我们不能停下来，就朝着发出声音的方向不停地刨，最后果真救出了一名奄奄一息的男生。口渴了，真想停下来找瓶水喝，但哪里有啊，我们只能忍着，还要忍受呛人的石灰尘土。不知是哪位家长递过来一罐红牛饮料，我们一组的4个战友各喝一口还没把它喝完，谁都渴啊，但谁也不会把它一口喝掉。每个战友的手都刨得开了花，手指几乎可以看到骨头，但我们只是扯块废墟中的窗帘布缠了缠，又继续刨。凌晨3点，中国地质灾害救援队来了，我们被轮换下来休息一会儿。这时，天又开始下雨，我们没带雨衣，只能相互依偎在一起，靠在树下打个盹。

撤回营区后，炊事班给我们煮了面条。当我端起一碗面条刚想吃，忽然注意到自己的双手，血乎乎的，不知是自己的血还是死者的血，我一下子就没有了食欲，放下碗，回到帐篷里，连鞋子都没脱，倒头就睡着了。以后的三天，抢救的任务依然十分繁重，我不愿说话，一到休息时间倒头就睡，而且天天是和衣而睡，没脱过鞋。前两天才把血衣、鞋子洗了。

汪新亮：你感到很疲劳？

刘海：是的。那几天我确实啥话都不想说，只想一个人默默地待一会儿。都是初二、初三的学生，有的个子蛮高了。我们其实比他们大不了多少。

汪新亮：你是否感到应更多地救起他们？

刘海：是的。如果当时抢救的条件更好一些，可以救得更多。我们当时只能用手，哪里有呼喊声、呻吟声，就去哪里救。

汪新亮：你刚才提到你是唐山人？

刘海：是的。小时候，就听我爸讲过唐山大地震的事，我们唐山人的生命都是解放军给的。没想到这次我也碰上汶川大地震。从聚源中学回来后，班长突然抓住我的手，对我说："四川人民感谢你！"因为他是四川人，他知道我是唐山人。我也紧紧地握住他的手，只喊了一声"班长"就抱头痛哭。因为我也知道，班长的家在重灾区，家人当时生死未卜啊！

汪新亮：你们的精神是高尚的！

刘海：是的。我感到能执行这样一次抗震救灾任务很崇高、很光荣，对得起父母对我的教育。

汪新亮：你现在还感到压抑吗？

刘海：不。"5·12"地震到现在已经十多天了。刚开始几天，我们感到心里很难过，毕竟经历了那样的场面，后来，我就慢慢不想了。一是因为工作忙，工作天天安排得满满的，干完活倒头就睡，没时间想它了，慢慢也就平静些了。二是有部电视剧叫《士兵突击》，里面的许三多值得我们学习，还有领导给我们做了专题政治教育，和孩子们比起来，我们更应学会坚强！

汪新亮：我看到你们营院内只有两台电视机，一台放在指挥部，一台放在露天操场大家看。你平时有时间看电视吗？

刘海：有。我们有空就看。但只要看到地震造成的惨烈画面，我就离开。

汪新亮：想过今后如何应对突如其来的情绪袭击吗？

刘海：没有。

汪新亮：实际上你的行动已经说明你找到了解决问题的方法。比如，努力使自己忙起来，防止陷入无休止的忧伤之中，这叫作注意力转移。避开一些不良刺激，像你刚才说的主动回避给你带来刺激的电视画面，这叫作主动消除刺激源。还有你和班长的抱头痛哭，不要说什么"男儿有泪不轻弹"，其实哭是一种合理宣泄。我很欣赏你们的自我疗伤。想过今后的生日怎么过吗？

刘海：没有。

汪新亮：今年，你的这个生日过得很有意义，应该把它记录下来，可以写篇日记，50年以后可能成为一份珍贵的史料呢。我的意思是说，要通过一定形式，把这次抗震救灾中自己的思想、情感、认知沉淀下来，成为人生宝贵的精神财富，使我们更好地面对人生。今后，每当过生日了，拿出今天的日记，回忆曾经历的难忘岁月，不是一种很好的自我激励吗？心理学告诉我们：与其选择压抑，不如选择升华。

刘海：这倒是一个好建议。今天和你聊挺开心、挺有收获的。

汪新亮：我也一样。通过今天的交谈，我们认识了，希望能常联系。虽然我在上海，你在都江堰，但沟通还是方便的。期待着听到你更多进步的好消息。

刘海：谢谢！

引导孩子们讲述心中的故事

结束了对19名官兵的心理援助后，5月28日至30日三天，我们5位心理咨询师一起来到了聚源中学，为同学们提供心理援助。

本文作者在抗震棚内为聚源中学学生上心理辅导课

第一天,带队的领导先安排我们来到灾情严重的聚源中学原址。一进校门,就看见满地的水泥砾石。震塌的三层教学楼只剩下孤零零的一堵断墙。墙上一、二、三楼教室的黑板尚好,自上而下地排列着,似乎依然等待着学生们来上课。断墙下,断梁斜压着课桌,整块的水泥板横卧地上。但从三楼到一楼的断墙砾石已被清理干净,一楼地面可见。断墙周围,堆放着清理过的碎石、水泥块或还没来得及清理的废墟。废墟上摆放着许多花圈和已经枯萎的花束,还有学生的作业本,作业本上写着"愿亲爱的弟弟妹妹一路走好"等悼念文字。塌楼一角,散落一地的是破旧的学生装,一位妇女手执一根木棍在拨,似乎在寻找孩子的遗物。一棵树下,围放着孩子们的书包,但不知它们的主人在哪里……

过了一会儿,我们来到聚源中学的临时校舍。临时校舍建在聚源小学的操场和一大片空地上。教导主任与我们见了面,简要地介绍了学校的灾情与灾后复课情况。然后就根据学生们上课的情况,安排我们进入班级开展心理辅导。我来到帐篷中的一个班,据班主任介绍,该班为初二(7)班,原本60多名同学,现只有40多名,其余20多名学生遇难或失踪了。我先给同学们上了45分钟的心理辅导课。接着我给大家每人发了一张白纸，要求大家画一幅画，画中要有屋、树、人三要素。画可以按平常生活画，提倡画地震中的屋、树、人。画技可以不必计较，但应认真、用心地画。大约10分钟后，大部分同学都画完了，我又要求大家把画翻过来，在画的背面写上一句最想说的话。接下来我告诉大家，绘画作业已经完成，后面将要进行集体讨论，讨论前我们这个团体必须有个规定，如果大家同意就鼓掌通过并遵守。第一是接纳，不论你认为哪位同学的发言对或不对，都应本着无条件接纳的原则给予关注。第二是参与，我们这个集体刚刚经历地震大逃亡，没有任何理由再让哪一个人脱离团体。三是鼓励，无论发言的同学表达何种情绪，都要接纳并给予相应的支持与鼓励。同学们听了都报以热烈的掌声。

首先站起来发言的是位男同学。他讲述道，地震时他最先从楼上跑下来，还为解放军战士指点哪个废墟下可能有同学，为抢救同学争取时间。他画面中的人，是一位正在救援伤者的人。我问他画的是谁，他说是他自己，正在抢救他人。我让他展示自己最想说的一句话，他脱口而出："众志成城，重建家园。"我接过他的话点评道："这位同学不仅在地震中成功逃生，而且还帮助解放军解救被困的同学，他的精神是不是值得大家学习啊？"同学们报以热烈掌声。我接着说："从这位同学写的最想说的一句话来看，他是一位比较独立、信心十足的人。"说到这里，同学们发出一阵会心的笑声。我说，我也相信，只要我们大家团结一致，一定能重建家园！大家说对不对啊？同学们齐声回答："对！"

第二个发言的是位女同学。她说，教学楼垮塌前她奔跑出来躲在一棵大树下，亲眼目睹了解放军叔叔抢救老师和同学的过程。她的画面中没有逃生的场面，屋子是完整的，有窗，有烟囱，有门，门前有条小路；树有粗大的树干、硕大的树冠，树干上有一张蜘蛛网，还有一只蜘蛛在爬行。人是举着五星红旗的一个人。天上有只鸟儿在飞,地面上还有鲜花、芳草。她说,这也许是自己内心的希望吧。她的留言是:"我感谢解放军,是他们让我坚强,是他们救出了我的好朋友。我希望他们把我的家园建设得更加美好,也希望我们的生活更加美好。"同学们为她的美好愿望热烈鼓掌。发言讨论进行了约25分钟,只可惜时间有限,没能让每一位同学都发言。在最后的10多分钟时间里,我简要地向同学们介绍了情绪调整的主要方法。

在游戏中重温共同面对灾难的情景

接下来的两天,我们决定边做团体辅导,边做心理游戏,更多地通过游戏调整孩子们的情绪。我们设计了一个名叫"军营向导"的游戏,把学生们每两人分成一组,一个人的眼睛被蒙上充当"盲人",另一个充当向导。利用校园内的双杠、课桌、沙坑等,在行进路上设置各种障碍。"盲人"在向导的帮助下小心翼翼地翻越各种障碍。不允许向导说话,只能用肢体语言引导"盲人"。非语言的肢体接触,使两位同学融为一体,有时为了帮助"盲人",向导不得不弯腰用手去搬动"盲人"的腿脚。在完成游戏的过程中,让同学们体验互助的感觉。游戏中,咨询师和同学们不时给予掌声鼓励,快乐的气氛在阳光下弥漫。

"起初心里有些害怕,不知会被带到哪里。后来在向导

学生们在咨询师引导下做军营向导游戏

部队官兵与学生们一起折千纸鹤

的帮助下，我终于到了终点。信任他人、受人帮助的感觉真好。"14岁的"盲人"杨敏快乐地说。

"她把手一伸过来，我就想起了地震时同学们相互帮助、共同面对灾难的情景，我要好好保护她，决不能让她再受伤害！"13岁的"向导"刘欣认真地对我说。

每次游戏结束，我们都给予了点评，同学们都报以热烈的掌声。班长提出要和解放军叔叔、阿姨们合个影，同学们一拥而上，把我们簇拥在中间。置身同学们之中，闻着扑面而来的青春气息，顿时觉得心中一股热流在升腾。多么可爱的孩子们啊！

在离开聚源中学的那一天，几位女咨询师们早早地准备好了五颜六色的彩纸和笔。我们来到简易活动房教室，和孩子们一起折一次千纸鹤；一同来到操场，在宣传栏上筑一道心愿墙。那天，几名曾经抢救过同学们的解放军官兵也来到了学校，一道参加活动，现场气氛十分活跃、融洽。心灵手巧的孩子们不一会儿就折出了一堆大大小小的千纸鹤，千纸鹤上写满了他们各自的心愿。

"我们将折好、串好的千纸鹤挂到外面的心愿墙上，好不好？"咨询师提出了建议。"我去！""我去！"同学们争先恐后，都想亲手

咨询师与学生们一起筑起心愿墙

展示自己的劳动成果。

"彩虹总在风雨后,不经历风雨,就见不到彩虹!"

"让我们在一起,手牵着手,共同建设美好家园!"

…………

心愿墙上,一串串写着美好心愿的千纸鹤,放飞出孩子们对明天的憧憬……

昆仑山下的上海援疆情

郑世卿

新中国成立以来,在祖国版图最东边的上海,与最西边的新疆有着长久而密切的联系。莽莽喀喇昆仑山下,总有一批又一批上海人的身影,出现在新疆建设的第一线上。

新疆生产建设兵团的上海知青

游历"新西兰"的"小新疆"们

读硕士时,我的导师曾不无幽默地回忆,他本人作为知青一代,有过一段"新西兰"之旅。当时懵懂的我还不懂,直到导师说出"新西兰"代表新疆、西宁和兰州,才知道它的真实含义。当年有10万余名上海知青响应国家号召来到新疆,他们遍及天山南北,从黄浦江畔的海派生活到沙漠戈壁上的刀耕火种,用汗水、鲜血乃至生命为新疆的建设注入了上海力量。

改革开放后,大批知青返乡,但是仍有3万多名上海知青留在了当地,诚如他们所说,"献了青春献终身,献了终身献子孙"。到了80年代中期,3万名知青的子女陆续返沪读书就业。这群回到上海的年轻人有个共同的称呼——"小新疆"。

我的导师当年奋战在中巴公路建设的工地上。喀什是历史上丝绸之路的重镇,是中巴公路的起点。中巴公路从喀什出发,跨过红其拉甫山口,进入巴基斯坦境内,最高处海拔达到4 700米,是一条用生命铸成的高原公路,留下了上海知青的血与汗。

那个年代,新疆支边知青总计有13万人左右,主体是上海的10万青年,与1954年新疆生产建设兵团成立之初的规模相当,可以说上海为新中国成立后新疆的建设贡献了重要力量,其功彪炳史册。

旅游成为上海援疆的突破口

1997年,党中央作出了开展援疆工作的重大战略决策,上海负责对口支援阿克苏地区。阿克苏与上海有着长久的联系,因为当年10万知青几乎一半到了阿克苏。2009年,党中央号召19省市以灾后重建模式开展新一批对口支援新疆建设。上海援疆干部离开了耕耘12年的阿克苏，转战对口支援的关键点——喀什地区，担负起喀什地区莎车、泽普、叶城和巴楚四县的援建工作。

对口援疆工作既要做好安居工程，让民族群众吃得好住得好，更要做好产业援疆工作，要让民族群众能够乐业。农业援建育苗中心，工业援建各类工厂，上海在产业援疆层面投入很多。但是如何让连普通话都听不懂、连初中学历都没有的困难民族群众实现就业，确实是个难题。时任上海市政府兼新疆自治区政府副秘书长、上海对口援疆总指挥陈靖和负责产业援疆的副总指挥唐海龙看到了旅游产业的潜力。喀什在20世纪90年代就是欧美游客最喜欢到访的景区之一，丝绸之路游线是世界级的旅游黄金线路。新疆的民族群众多才多艺，号称"能走路就会跳舞，会说话就会唱歌"，更是独特的地域美食烹饪技能的行家里手。因此发展旅游就能够实现民族群众就地就业、就地创业和脱贫致富。

我国旅游景区按质量等级划分，分为五级，从高到低依次为AAAAA、AAAA、AAA、AA、A级。国家AAAAA级旅游景区，即通常而言的"5A级旅游景区"，是中国旅游景区的最高等级，代表着中国的世界级精品旅游风景区。北疆就有一个因发展旅游而实现全县脱贫的成功案例，其最核心的竞争力是一个国家5A级旅游景区。当时新疆5个5A级旅游景区都分布在北疆地区，南疆实现5A级旅游景区零的突破是破解旅游产业发展瓶颈的关键所在。在旁人"想不敢想，做不敢做"的背景下，上海援疆干部开启了将泽普县金湖杨国家森林公园创建为南疆首个国家5A级旅游景区的破冰之举，开创出旅游援疆的先河，更引发了旅游援疆的风潮。我作为规划者有幸参与其中，至今想来仍心潮澎湃。

2012年6月，我带着一个平均年龄不超过33岁、由5位博士和3位硕士组成的规划团队，赶赴金湖杨景区踏勘，用了两个月的时间，高效率、高质量地完成了创建草案。规划团队汇集众智，成功破解景区整体资源品位不突出的瓶颈，创造性地将南疆非遗与景区内富民安居工程结合，打造出集生态与人文于一体的金湖杨景区。之后，规划团队分别向地区旅游局、自治区旅游局和上海市旅游局汇报方案，并通过了自治区旅游局组织的专家评审。时任上海市副市长的赵雯听取规划团队的汇报后，对创建方案给予高度肯定，表示上海一定会全力支持金湖杨创建成为南疆第一个国家5A级旅游景区，上海将把金湖杨作为上海第四家5A景区来积极推进创建工作。由此，创建工作全面展开。

低保老汉成了"高收入人群"

金湖杨景区位于叶尔羌河畔，按照当地气候，正月里土地还会结冰，基本无法施工。而2013年南疆的冬天却不是那么冷，因此施工方正月初九就进驻景区，开始了为期4个月的紧锣密鼓的建设。时任泽普县副县长的闵行援疆干部陈冬发几乎每周都要到工地跑三四趟，现场解决问题，全面推进工程。时任泽普县旅游局局长的毛自强更是4个月都住在景区里，每天奔走于各个工地，短短120天中竟然瘦了20斤，三四个施工队队长被他监工监得劳累过度病倒。笔者每个月去现场看进度，每次都为上海援疆干部的认真负责而感动，为当地干部的全心投入而感动。正是援疆干部和当地干部的全力推进，原本需要一年的工程在四个月内完成，创造了新疆景区建设的奇迹。

2013年6月6日，国家旅游局调研组赴新疆实地调研5A级旅游景区创建进度，分别对天山大峡谷、博斯腾湖和金湖杨景区进行细致调研，笔者向调研组汇报了创建情况，最终金湖杨成为新疆唯一一家进入下一轮创建的景区。6月20日，泽普县县长带队赴国家旅游局汇报，成功通过国家旅游局组织的景观质量评审。8月底，金湖杨景区成功通过国家旅游局组织的暗访。9月13日，全国旅游景区质量等级评定委员会正式发文，批准金湖杨景区成为国家5A级旅游景区。

听到金湖杨景区创建成功的消息后，时任新疆自治区党委书记的张春贤指出，泽普金湖杨景区创建成功是"只有努力才能改变，只要努力就能改变"的最佳案例。

金湖杨景区创建成功，也带动了景区内甚至整个县域内的上千民族群众实现了旅游就业。景区一位瘸腿老汉连汉语都不会说，之前只得靠低保度日，开发旅游后，他赶特制马车"马迪拉克"在景区为游客提供特色交通，仅黄金周7天就挣了7 000元，相当于泽普县人均年收入，不仅实现了旅游脱贫，还成为"高收入人群"。

授人以渔的上海援疆经验

上海与新疆同志齐心协力，用近3年的时间，前后投入不到1亿元，共同把3A级旅游景区的金湖杨打造成国家5A级旅游景区，上海也因此在全国旅游援疆大会上，获得了国家旅游局和新疆维吾尔自治区人民政府的共同表彰。

上海的旅游援疆战略实现了真正的授人以渔，更为其他省市的援疆指挥部所借鉴与效仿，由此拉开了旅游援疆的风潮。时至今日，在新疆维稳形势全面好转的大好局面下，旅游是将稳定红利释放的最佳渠道，更是促进民族群众与广大游客交往、交流和交融的最佳媒介。在上海旅游援疆的示范带动下，仅喀什地区就已经拥有3个国家5A级旅游景区，南疆正在重新成为国内外游客的热点关注区。

回顾上海旅游援疆历程，《中国旅游报》用"昆仑山下由此又多了一个传奇"作为评价。想他人所不敢想，上海援疆干部体现出排头兵和先行者所应该具有的"敢为人先"的品质，引领旅游援疆之先河，积极传播旅游援疆的经验，上海援疆干部践行着"海纳百川"的城市精神。

虽然分处我国版图东西两隅，上海和新疆却有着剪不断的情谊。在"一带一路"的版图上，上海是桥头堡，新疆是核心区，未来还将发生更多更精彩的故事，流传在昆仑山下，流传在黄浦江畔。

世界屋脊上的上海援藏干部

朱全弟

平措书记说:"我们这里有几万个孔繁森"

西藏,在我的眼中,它已不是一个地名,而是一座兀立的褐色的山,在苍凉的高原之上,车行一日,有时难觅人影,有时不见寸绿。

有时平展,有时崎岖,有时陡峭,同样都是无边无际。西藏,最令人生畏的是缺氧,严酷的自然环境,由此笼罩上了一层层神秘的色彩。

1998年10月24日,飞机降落在成都,我油然而生一种进入前沿阵地即将参战的感觉。

当天下午,我采访了正在成都开会的中共西藏自治区委员会常务副书记郭金龙。他对上海援藏干部给予了高度评价。

在日喀则,地委书记平措说:"我们这里有几万个孔繁森。"言出由衷,其意自明。我在西藏的所见所闻,可以证明此言不虚。

在拉孜县,上海援藏干部、县长宋惠明动情地说:"在这里,什么都想开了。回到嘉定,我只要过上一个普通农民的生活就已经很满足了。"

上海第二批援藏干部于1995年5月20日进藏。根据中央第三次

拉孜县县长宋惠明（右）与本文作者合影

西藏工作会议精神，全国15个省市对口支援西藏6个地区和1个市。上海和山东负责日喀则地区。地广人稀，气候恶劣，西藏240万人口，人均耕地只有2亩。日喀则地区面积18.2万平方公里，有125万亩耕地，海拔高，植被差。过去，边防巩固、社会稳定是西藏的主题歌。随着援藏干部的到来，把经济工作搞上去，又成了新的旋律。从1995年5月援藏干部到日喀则后，日喀则经济增长率连续保持在10%左右。

有数不清的人，为此作出贡献，甚至还有为此作出牺牲的。

进藏半年，林湘已跑了17个县

瘦削文静的林湘，是上海第二批援藏干部的领头人，担任日喀则地委副书记。

日喀则地委在一幢三层楼的建筑里。刚来第一个星期，为了熟悉地直机关情况，林湘上下楼梯太频繁，引起关节发炎、肿痛，后来只能跛着脚走路，结果住进医院输了3天液。至此他才相信，到西藏一定要慢节奏，按自然规律办事，否则人一吃力就要生病。

6月中旬，西藏的天空很蓝，阳光炽烈，林湘到日喀则两星期后第一次出远门，头戴毡帽和墨镜。路途遥远，充满危险，高山下的道路、桥梁常常被滚落的山石或洪水阻断，有时候车子就在没有路的情况下开出一条路。从日喀则出发，两辆丰田越野车朝阿里海拔4 700米的仲巴开。第一天到达海拔4 300米的昂伦，再到4 500米的萨噶，第三天才到达500公里之外的仲巴。太阳似乎要把人烤焦似的，坐在车上唇干舌燥，心中仿佛有一把火在烧。每隔片刻，就要喝一口水润润嘴。车爬得越高，头疼得就越厉害。到吉隆，要翻过海拔5 700米的马尼拉山。林湘的车在前，到了招待所，才发现后面张秘书长的丰田车没有跟上来，于是县里派车去找。原来，张秘书长的车子坏了，原本只要搭一搭电瓶就可以上路。然而整整3个小时，在高原的荒山野地上竟无一辆车经过。张秘书长一行人在车里冻得瑟瑟发抖，电瓶无电，车窗摇下来就不能再摇上去。他们虽穿着棉大衣，但还是冻僵了，幸好下午3点半县里派来的车赶到了。

每到一县，当地的县委书记、县长就在路边迎候，然后带援藏干部去看受灾的地方。这里连续4到6天没下雨，刚开过抗旱会议，天竟然下雨了。雨一下便发洪灾，于是再开抗洪会议。一个自然村有10户人家房子被冲掉。西藏多为山区，车在山坳里开，抬头看见许多房子就在山坡上，如果遇到下雨引发泥石流，房子顷刻间就会灰飞烟灭。因而在西藏高原经常可见一如古代遗址的断壁残垣。房子没有了，灾民们在帐篷里直不起腰，本来财产无多，受灾以后更是所剩无几。六七名援藏干部见状，纷纷掏钱给藏民。地区机关干部人人捐款，不到一月，捐款最多者达2 000元以上。

每年7至9月,西藏进入雨季,山崩路毁泥石流,说来就来。每一次下乡,都是生与死的考验。经验丰富的驾驶员,在山里开车既看前方,也不时抬头看旁边的山上,如见烟尘滚滚,那么必有崩石下来。西藏的夏季有奇观,凌晨5点多出太阳,晚上9点多天才暗下来。林湘到吉隆调查研究,指导扶贫帮困工作。这里人均收入不超过800元,是一个高海拔的农牧区,急需提高农牧业产量,包括提高牦牛的存活率、小羊的胎数等。

进藏半年不到,林湘已跑了日喀则地区17个县级行政区。1998年11月2日,在日喀则地委办公室,林湘说还有2个近的县没去。他已跑了1万公里,足有一个月是在车上度过的。当地的西藏领导干部曾经劝他,刚来时不要多跑,尤其是听说他要到喜马拉雅山山脚海拔4 700米高的岗巴去,他们都为这位新来的年轻地委书记担心。

然而,林湘跑过了12个县后,就制订出了援藏工作《大纲》。他首先要提高日喀则人口的素质。当地入学率低,仲巴县只有30%,中老年半文盲或文盲多,定结县有80%—85%是文盲。其次缺医少药也是一大问题。

日喀则地区广袤,但在险恶的自然环境下,人均耕地只有2亩,亩产200多千克,大量人口集中在农牧区,城市人口仅有4万。发展经济,吸引农民进城,一幅未来的蓝图已在林湘的心中绘就……

林湘到西藏,说来有点偶然。那是在1997年7月,闵行区党政代表团到达日喀则,准备去看望在江孜的闵行援藏干部。中午,第一批援藏干部、地委副书记徐麟在场,地委书记平措设宴招待。平措希望徐麟继续留任,上海市委组织部未同意。席间,平措不知怎的一眼看中坐在徐麟对面的林湘说:"下一批你来。"

世上事有时就是巧合。第一批援藏干部即将结束光荣的使命时,上海市委组织部领导两次找林湘谈话。林湘都明确表示愿为西藏建设作出奉献,尽管他有心动过缓,身体复查两次才通过。进藏后,他

67岁的父亲胆中管结石，医生建议动手术。林湘远在西藏鞭长莫及，只能要求医生先保守治疗，等他回去后再给父亲做手术。妻子在市委党校，女儿只有9岁，读3年级。这位出生于虹口区、毕业于上海工业大学、已分配在原上海县计委工作的年轻干部，援藏前还在英国诺丁汉留学一年，读的是MBA工商行政管理。且不说英国，就上海而言，生活较之西藏也是十分优裕的，但他放弃了这一切，挺身来到了西藏，他说："这是时代对我的召唤！"

高原翻车，沈亚弟忍痛指挥现场抢救

11月2日，我们一行人到达拉孜，再由拉孜县去定日县采访上海援藏干部——定日县委书记沈亚弟和县委办公室主任邵海云。晚上，拉孜县委旺堆书记定要我们前去他家作客，喝一点藏补酒和酥油茶。一直为我们驾车的尼玛旺堆还弹起了琵琶，边唱边跳。旺堆书记也按捺不住心头的喜悦，即兴演唱了一曲，欢迎远方来的上海客人。

第二天，我们继续赶路，途经喜马拉雅山，遥望珠穆朗玛峰，白雪皑皑，山峰壁立，那种神圣的凛然不动的威严，摄人心魄。

11月4日晚10点半，我们抵达定日县，却被告知，沈亚弟和邵海云已经出去开会了。无奈之下，我们自己找到珠峰宾馆，已是11点了。

上海对口援藏地区，数珠峰脚下的定日县最遥远，海拔也最高。林湘曾劝阻我们，不要在那里过夜，会吃不消的。一宿下来，果然头痛脑涨，连一位上海援藏的拉孜县副县长也感到反应很大。于是，我们赶紧驱车返回拉孜。

回到拉孜，突然听到噩耗，定日县委办公室主任邵海云翻车身亡。大家唏嘘不已。

原来，沈亚弟和邵海云于11月4日上午10点从定日出发到日喀则，集中后第二天再到江孜去开会。下午1点他们车到拉孜，逗留片刻，2点多又出发。离日喀则还有5公里，坐在驾驶员身后的邵海云已远远看见山东大厦这幢高层建筑，于是兴奋地说："我们到上海了。"

上海援藏在日喀则有4个对口县：江孜、亚东、拉孜、定日。日喀则是地委所在地，也是援藏干部经常集中开会的地方，因而就是他们的家。谁知，邵海云话音未落，这辆跑了18万公里的丰田车突然向右甩出去扭不过来了。坐在副驾驶位置上的沈亚弟在2分钟前，就感觉到下面轮胎有杂音并出现抖动，他以为是车轮压在小石子上。等到车子无可挽回地向右边斜着开过去、车上人一片惊呼时，车子已连翻几个跟斗，摔在30米开外的地方。当过兵的沈亚弟急忙抱住头、膝盖，人像在风箱里一样，车子被压扁了。他的腰被车顶压了一下，幸好车子马上又翻过身去。否则，腰断无疑。

四扇车门还是好的，但玻璃全碎了。县计委主任从车窗里摔出去。他倒在地上，看见驾驶员也从门缝里钻了出来，站起来，跑了两步，又倒下去了。这时候，沈亚弟处于蒙蒙眬眬之中。醒来时，他一人在车内，听见计委主任在车外不停地叫："书记啦！书记啦！"计委主任最担心沈书记，他在车外连跑几圈，跑得很快。沈亚弟在车里看见后，想站起来，却爬不动。他用右手招呼："主任你怎么啦？其他人怎么样？"主任安慰他道："其他人一个都没有问题，你放心。"随后，主任叫他喝水，沈亚弟感到很痛，水都喝不下。这位瘦削的计委主任1992年也曾翻过车，当时一点没有伤，这次也是伤得最轻，他关切地对沈亚弟说："书记，等会儿我和你打牌。"

这时，沈亚弟的脑子特别清醒。他看见方向盘、椅子全部挤扁了，收音机仍在响，他担心车子爆炸，从后面爬过去关掉了收音机。他的目光依次在搜寻，离车15米左右的邵海云却趴在地上不动，年仅24岁、大学刚毕业分来的郭宝华也趴在地上一动不动,开车的司机师傅嘴、鼻子里都在出血。这位老实的藏族驾驶员一边用手打自己一边哭号着:"书记啦!出事啦!我对不起你啊!"沈亚弟用脚蹬开后门,爬出来就摔倒了。他挣扎着爬过去,大叫:"邵主任,你怎么样?"一点反应都没有。沈亚弟把他的头翻过来,额角上有个洞,人尚在呼吸,脉搏已经没有了。沈亚弟立即着急地大叫起来:"出问题了,出大问题了!"他接着爬到组织干事和郭宝华身边,伸手去翻小郭的身体,发现他的眼皮已掉下来,露出白乎乎的肉来。他还看到驾驶员的两条腿断了,却还在不停地自责,双手拱拳向沈书记作揖,口中连连说着:"对不起对不起,书记啦!"

沈亚弟是上海第二批援藏干部中年龄最大的,1952年生。这位坚毅的共产党人在意外的车祸面前表现出一种大无畏精神。在身负重伤不能站立的情况下,他想到的是对组织负责,对同志负责,他忍着身上的剧痛找来照相机,拍下了事故现场。他跪着腿,像战士举起手中的枪那样,拍下了6张照片,4张是翻车现场。正好有一辆车,他拍下了牌照,那辆车的驾驶员下车后,他又拍了一张。他对那位驾驶员说:"师傅,我是定日县委书记,求你了,我们有几个人有生命危险。"这时,一位藏民开着一辆拖拉机来了。大家动手,先把驾驶员、郭宝华扶上车。车要走了,沈亚弟急着大叫起来:"这里还有一个邵主任,他伤得最重,快去救他!"说完,沈亚弟也许用力过度,倒下去不省人事。

一直到了医院,沈亚弟被扶下车,才渐渐缓过神来。他看见医生正在给邵海云做人工呼吸。有人看见他叫起来:"定日县委书记来啦!"所有的医生听了马上跑过来准备抢救。沈亚弟一挥手说:"我不要紧,你们快抢救邵主任。"接着,沈亚弟叫人马上打电话给林湘副书记,人们不知道号码,于是马上改拨平措书记。

地委书记平措闻讯立即赶到医院,担任现场抢救总指挥。他指

沈亚弟（左）在医院与县计委主任紧紧握手

为邵海云举行的隆重葬礼

示，不惜一切代价，采取一切措施，要把所有在家的医生，包括部队医生，全部请来参加抢救。

不久，西藏自治区党委书记陈奎元派来了一个专家医疗小组赶到日喀则医院。

当晚，38岁的邵海云终告不治，不幸殉职。郭宝华，腰脊盘被压断，人昏昏沉沉的。40岁的驾驶员达娃次仁，双腿被压断，但是手术很成功。沈亚弟,伤势较轻,不久康复。

11月8日下午,在日喀则医院,从昏迷中醒来的沈亚弟,紧紧地握住了县计委主任的手,这位硬汉子激动的心情难以言表。他让我们拍下了这一劫后重逢的镜头。

之后,邵海云被追认为革命烈士、西藏自治区优秀党员。日喀则实况转播了他的葬礼。在事故现场天葬台下,柴禾堆在他的遗体下面。火化,是藏族对汉人后事最高的礼遇。

谁无亲人?谁不牵挂着父母妻儿?上海的援藏干部就像高原雪莲那样,挺立在那世界屋脊上,顽强地与风霜寒流搏击。

三赴陇南：为了老区的孩子们

余仲舒

1996年，上海有一批老干部惦记着祖国西部革命老区的人民和孩子，自觉地把自己的积蓄捐献出来，并为援建希望小学而四处奔走。老区人民感动地说："上海人民没有忘记我们。上海人好！好！好！"

一种沉重的负疚感油然而生

1996年秋一个偶然的机会，在上海市政协之友社，我遇到了国务院扶贫办驻沪办事处米明杰同志，随后又见到了副主任李洪生和彭晓云同志。经交谈，我才知道，他们三位老同志多年来几乎跑遍了西南、西北"老少边"（即革命老区、少数民族地区和边疆地区）贫困地区。回上海后，他们向许多单位的领导和职工讲情况求援助。他们这种无私奉献的精神使我很感动。于是，我邀请米明杰到我们上海航天局机关离休支部介绍情况。当他介绍到曾经为红军长征的胜利作出了重大贡献和牺牲的甘肃陇南地区人民大多尚未脱贫时，大家心里都感到不是滋味，一种沉重的负疚感油然而生。当场就有6位老同志和我倾囊捐献了2 100元。唉，这点钱也仅够救助那里的7名失学儿童。那年，我虽已76岁，但我决心将援助老区的人民和孩子作为我晚年的一件大事来完成，为陇南贫困地区募集更多的教育经费，将"希望工程"落在实处。不久，我和我们航天系统的上海汽车空调器厂（以下简称上汽空厂）联系，得到了厂长、董事长李文祥的热情支持。1997年初，该厂决定出资30万元，在甘肃陇南礼县盐官镇建造一幢教学楼。我非常高兴，便把在美国的侄女寄给我的美元换成8 000元人民币一起捐上，再多帮助14名失学儿童上学。

一赴陇南：筹建盐官镇希望小学

1997年4月24日，我第一次去陇南礼县，同行者有李洪生和原市政协委员林黛文及陇南驻沪联络处主任王布。此行主要是为落实上汽空厂捐款30万元援建一幢教学楼事宜。我们先火车后汽车，行程2 000多公里，于26日中午抵达礼县盐官镇。那天虽是周六休息日，可当地领导一早就在途中迎候，礼县四套班子的主要领导也赶来为我们介绍情况。我们了解到，全县36个乡镇，共49万人口，至今还有23个乡21万人尚未解决温饱问题，全县人均年收入不足500元，口粮以玉米、土豆为主，教育情况更差。共进午餐时，镇政府备了当地的蕨菜、五撮头等8种野菜和一盆八宝饭。据县委书记张余生说，这8种野菜都有药用保健作用，在当地有一定产量，是老百姓的家常菜。

午饭后，我们一起去盐官镇新合中心小学考察。半路上，全校师生赶来欢迎，孩子们此起彼伏一声声的问候，久久回荡在我们心中。一进小学校，我们看到了学校的断壁残垣和危房简屋，看到了三四个孩子挤在一张课桌旁，也看到了教师办公室兼住房内有孩子衣裤、外有煤炭炉子的窘况，同时，也看到了建造新校舍的准备情况。座谈会上，新合中心小学张芝周校长介绍说，该校建于1932年，是县的先进单位，但校舍年久失修部分已倒塌，现存的大多是危房，有些家长因此不敢送孩子来上学。虽经上级拨款和自筹资金，改建和加固了部分校舍，但仍有一些班级借民房分散上课，上汽空厂的捐助援建真是及时雨，是雪中送炭。村支书当场表示拨地13亩作为修操场之用，以资配套。县长、书记发言中都表示，上汽空厂慷慨援助并由几位老同志亲自前来落实，他们深为上海人民对老区人民的深厚情谊所感动，并表示一定要建好学校办好学校，小学校作为全县的一个"窗口"，起示范作用。

27日，我们翻越了几道山梁，涉过几条河谷，去桥头乡麻元村考察教育情况。一路上，我们见到了古老的风车、磨坊和自然村落，还有骑驴赶路、骡子驮柴、黄牛拉车，更高兴的是还看到了远处冰雪覆盖的岷山。麻元小学一排4间教室，全是摇摇欲坠、仅用一些棍棒支撑着的土垒平房，一张3条腿的桌子架着黑板，每张泥砖砌成的课桌边，都有四五名学生挤在一起。该校原有100多名学生，由于家长们害怕房塌压坏孩子，已有30多名学生转学，每天跋山涉水到10里路之外的学校去读书，有49名学生停学在家，现在只有75名学生还在此上学。年仅25岁、农中毕业的校长王龙海和他的三位同事，都是民办教师，每月工资仅85元，且一年只发9个月。但他们热爱教育事业，坚信总有好转的一天。他们的乐观精神的确令人敬佩。

之后，我们翻山越岭到了阴冬坝小学，又是满目断梁朽柱、破桌烂椅的情景，但在教师办公室的方桌上却工整地贴着"敬业奉献"四个大字，墙上贴着写有办公制度的红纸，其中一条规定："凡开支10元以上，必须经校务委员会讨论通过。"接着，我们又去白关乡访贫问苦，我们的心情越发地沉重起来。

28日，我们还去了草坝乡将军梁，瞻仰了"红军烈士墓"。烈士墓的山下，有所龙池湾小学，进去一看，发现所有窗户竟没有一块玻璃，因为没钱买，冬天里仅用报纸糊一下挡挡风雪。孩子们不是遭风吹雨打，就是在黑暗少光的教室里上课，龙池弯小学与我们在

上海、甘肃两地干部在红军烈士墓前合影

礼县参观过的几所学校一样也是危房陋屋。此情此景，面对长眠在山上的烈士，我们深感愧疚，无言以对！

经过几天的酝酿，29日三方正式签约。由我代表上汽空厂，张明生副县长代表礼县政府，陇南地区驻沪联络处主任王布掌管工程拨款，三方共同签名。工程质量、进度由张明生负责。王布按约先在工程起动之际拨款40%，主体工程封顶时再拨30%，验收合格后再拨30%，严格防止资助款流失，确保工程质量。

5月3日，我们圆满完成了这次陇南之行的任务，回到上海。

上海各界老同志慷慨捐助老区希望工程

为老区人民和孩子开展包括援建希望小学在内的希望工程，得到了上海各级领导及各界人士的广泛支持。1998年1月，上海市、区、县政协之友社联合筹建希望工程委员会，我和林黛文出任办公室正副主任。短短的四个月,我们就收到捐款110余万元,共中55%以上是由2 000多位社员捐献的。他们绝大部分都是政协委员,后来由于年高体弱而退下来的,他们中的大多数并不富裕,但他们都希望在有生之年为老区的发展出一份力。百岁老人荣启立、96岁的名医董廷瑶等,当他们以颤抖的双手送上捐款时,生怕我们不要,就连声说道:"应该,应该,不多,不多。"著名教育家赵宪初、财经大学教授李鸿寿、50年代为周恩来总理驾驶飞机的袁桃园等,都在弥留之际一再叮嘱家人赶快捐款,当这些老人看到捐款收据时,才露出欣慰的笑容。徐汇区工商联的徐琳在孩子的搀扶下,亲自送来简办亡夫葬礼节约下来的钱。嘉定区虞慷同志身有残疾、嘉定区有一副主委身患癌症开过六次刀,也都踊跃捐款。原民主促进会副主委陈德九,家境本来困难,但他却把组织上送给他家的慰问金送到了我们办公室……老人们的捐赠行动,常常感动得我们热泪盈眶。

本文作者和受捐助的学生在新教学楼前

二赴陇南：祝贺盐官上海航天希望小学落成

我第二次去陇南，是应邀出席由我们援建的盐官镇希望小学的落成典礼。

1998年10月16日，我约齐了上汽空厂党委书记胡永达、与盐官希望小学结对子的上海康宁小学副校长谈军，一行三人动身去甘肃。19日下午，我们参加了新校舍落成兼盐官上海航天希望小学命名大会。当我们走进学校时，只见路旁挤满了乡亲们，孩子们穿着节日的盛装，在教师带领下列队欢迎。抬眼望去，学校左边是一个平展的大操场；右边是一座造型新颖的三层白色教学楼，门前悬挂着由航天局原党委书记方荷生题写的校牌；教学楼四周是遍植花木的花坛，后面和东侧有经过整修的两排平房，红墙绿窗显得很有生气，那是办公室和教师宿舍。大会上，胡永达代表上汽空厂、谈军代表上海康宁小学发言祝贺。胡永达还出示3万元赠款供学校购置课桌椅及文体用品，谈军将本校学生们节约下来的1 000多元钱和一些文具赠送给希望小学的同学，我也将带来的礼物和航天局同仁所捐1 500元钱赠给学校。县、镇、学校领导讲话之后，学生们表演了精彩的文艺节目。最使我感动的是自发赶来参观的六七百位乡亲，特别是老年人，他们满面微笑，神情激动，连连说着："上海人好！好！好！"我深切地感到，这所希望小学已为这座古镇带来了新的生机和希望。

我们又要回上海了，师生们闻讯皆来送礼话别，那情景十分感人。有一个男孩叫王强，父母双亡，爷爷奶奶领着他送来了一只大饼，让我们路上吃；一个女孩叫王珏，递来一只挂件给我留作纪念；一位民办教师硬要把自家腌制的两瓶野菜让我带走……一双双热情的手送上来的礼物，他们都希望我能收下。我只能每一种东西各带一点，其余的都留下了。因为我实在带不动啊！

23日上午9时，我走的时候孩子们又是列队相送，不少教师含着泪挥手致意。我深切地感到，我带走的是情，留下的也是情，真情连着我们的心！

三赴陇南：希望小学充满生机蓬勃发展

盐官上海航天希望小学建成之后，如何在教学质量、管理水平上也能上台阶、创一流，将是学校面临的主要问题，也是他们的奋斗目标。为了实现这个目标，我能做些什么呢？

11月5日，《党史信息报》上登载了介绍上海第一师范附属小学进行"愉快教育"的报道。于是，我冒昧地给该校校长倪谷音写信，请求她能在教学上支援希望小学。很快，我和她见了面。她热情地表示支持希望小学，并欢迎我带着希望小学教师去听课，临走时还送了我5本介绍教学经验的书。我很高兴，又为希望小学找到了一位老师。

1999年初，经张文忠同志和申航公司的关心支持，我们捐赠了3万元给盐官镇希望小学购置投影仪等教学设备。807所职工以及乌南幼儿园赠送的电影放映机、幻灯机、物理实验仪器和大孩子的玩具，再加我的七纸箱书籍、六纸箱衣物共26件，被托运到盐官镇希望小学。

5月22日，在小女儿的陪同下，我第三次登上西行列车。

5月24日，我们到了盐官镇，住进希望小学的一间平房。原来这是间教师宿舍，为了我们，学校将房间修刷一新，还借来电视机、沙发。两只床的被垫都是教师结婚时添置的，吃饭是由老师帮着烧，非常热情周到。

第二天，县教委主任蒲阳生等来看我，并带来了礼县人民政府聘我为希望小学名誉校长的聘书。其间，我们参观了盐官镇的新联小学、初级中学、城关的实验小学,大部分时间是在与校领导、教师以及部分被帮扶学生和家长座谈。

我们了解到教师们上进心很强,许多人都在参加自学考试,已有几位获得大专毕业文凭,这对提高学校的教学质量是重要保证。

我们看到,早晨孩子们上学没有迟到的,升国旗、出操列队很整齐,值日打扫校园很认真,放学时孩子们都排好队,唱着歌离开学校,见到我,都有礼貌地举手行礼问好。

清明节,少先队组织到烈士陵园扫墓,很庄严,很认真。特别是在镇里组织的各小学学生运动会上,他们得了总分第一名。在少先队干部座谈会上,孩子们提出了很多很好的建议,如要求按同学的兴趣、特长组织兴趣小组,不要硬性搭配;有的建议组织各班学习成绩好的同学帮助学习有困难的同学,共同进步;有的建议组织护校队,保护花草树木,搞好环境卫生;还有的同学建议大力开展科技小实验活动,组织同学们去野外采集植物和昆虫做标本;也有的建议组织球赛,每学期组织一次智力竞赛……孩子们饶有兴趣的议论和有见地的建议,使我看到了盐官镇乃至整个陇南的美好明天。

被我们帮助的21名孩子表现都不错,考试成绩都在中上层次,有两名还被评为"三好学生"。六年级学生左瑞得该升中学了,但她因父母离异,家里经济困难,无力升学。我决定继续资助她念中学。附带说一说,王坝乡何崖村小学316名学生中,竟有33名学生无力支付书杂费,为了不耽误孩子们上学,我便先垫付了他们这学期的费用。我呼吁,热心人能伸出援手,帮助这些孩子继续学业!

6月18日是端午节,学校组织全校师生一清早去爬南山,我也去了。当我在小河边看着孩子们飞快地爬上山顶、欢声笑语落满山坡时,不禁陶醉了。

19日,我再次依依不舍地告别了盐官希望小学的孩子、老师和父老乡亲们。我在心中默默说道:明年,我一定会再来看望你们的。

情系红土地
——上海青年志愿者赴慎扶贫帮困的故事（1998—2001）

竹 心

三年来，青年志愿者在云南取得喜人成绩

上海与云南有着长期的密切联系。早在20世纪五六十年代，一批又一批的上海知青奔赴云南，与那里的各族人民同呼吸、共命运。进入90年代，自国务院确定上海云南两省市建立对口帮扶协作之后，在优势互补、互惠互利、联动发展、共同繁荣和开发扶贫的方针指导下，两地以极大的热情投入了这项协作。

从1998年6月起，上海团市委以社会招募、组织选定、对口支援、定期轮换的方式，在全市3 000多名报名者中精心挑选出3批92名志愿者，奔赴云南省红河、文山、思茅等3个地区的8个国家级贫困县开展帮扶工作。

青年志愿者在云南按照黄菊同志提出的"动真情、办实事、求实效"的指示精神，克服了重重困难，在当地人民的关心和帮助下，取得了喜人的成绩。据统计，三年来，青年志愿者累计授课达15 500余课时，接诊各类病人21 600余人次，完成手术900余例，农科人员下乡里程达64 000余公里。志愿者们还开设各类培训班1 000余场次，培训山区教师、医生、农科人员及农村青年30 000余人次，为当地引进数十种蔬菜、水果、家禽等优良品种。在志愿者的帮助下，

云贵高原上的梯田

当地还争取到上海单位和个人捐赠的价值500多万元的药品、电脑等物资,并为当地筹建图书馆、电脑房、语音室,搭建蔬菜大棚,改善医院治疗条件做了许多工作。此外,青年志愿者个人为当地贫困学生捐款或联系捐款16.4万余元,救助了426名山区贫困学生完成小学阶段的学业。

三年来,上海青年志愿者在云南贫困地区的艰苦奋斗中,磨砺了意志,涌现出一批先进人物,他们的动人事迹在沪滇两地人民中间传颂播扬。

诸旖:那封山区女孩的信,深深地打动了我

初次见到诸旖时,她还沉浸在新婚的喜悦之中。问她怎么会想到加入志愿者队伍时,她甜甜地一笑,说是受到两个自愿到西藏去参加建设的大学同学的影响。她觉得,他们放弃优裕的生活去艰苦

的西藏，很了不起。她也想学习他们，为贫困地区做点事。经过一番努力，她如愿以偿地成为第一批赴云南志愿者中的一员。

诸旖是位中学教师，来到云南的贫困地区江城县第一中学教英语。她教的是一批可爱而又调皮的学生，他们的英语基础的确很差，但并不笨。诸旖刚开始教孩子们英语课时，孩子们觉得很新鲜，所有的新单词在课堂上都能记熟，回家也能复习，诸旖很高兴。但是，随着时间的推移，孩子们的新鲜感逐渐消失，学英语的热情也慢慢冷却，有不少学生甚至还认为，学好了也没有多大用处。于是，课堂上有的讲话、有的做小动作、有的看着窗外；课后有的不背单词、有的甚至抄同学的作业。对于诸旖苦口婆心的教育，这些调皮的学生嘴上应付却行动依旧。终于有一天，诸旖再也控制不住自己的感情，她缓缓地放下课本，看着孩子们难受地说："诸老师真的失望了，本来想好好教大家学英语，让你们长大了成为建设家乡的人才。可我觉得，你们中间有些人不愿意学。同学们，学习一定要有自觉性，我不能强迫你们。从今以后，我不愿意再教你们了。"说完，诸旖苦笑了一下，仍心犹不甘地问孩子们："大家知道我现在是什么心情吗？""难——过！"孩子们异口同声地答道。是的，她很难过，也很不甘心。但她还是含着泪，决定放弃这个班的教学任务。

令她感到意外的是，就在这天午后，班里的两位女生在校园里等她，递给她一封信，然后害羞地走了。她展开一看，信上字迹端正，语气诚恳：

诸老师：

近两个月来，我们的学习态度比较差，所以让你为我们班感到痛苦和失望。由于我们班像你所说的那样没有学习的风气，所以是个没有学习自信心的班级。也正因为如此，我代表全班像（向）你表示欠（歉）意，并打算以后保证不再出现类似现象，使我们团结起来以优异的成绩来报答你的恩情。

　　请你留下来吧，老师，我们以后一定认真学习，不让你失望，老师请你不要走，留下来吧，我们等着你。

　　至此（此致）

敬礼

98.10.27 段秀英代表全班

　　这封信深深地打动了她。她从这封信里，看到了山区孩子渴望学习的心，看到了贫困山区明天的希望。她决定收回成命，答应这些孩子的请求，继续教下去。

　　那天，当她再次走进教室，孩子们那久违了的专注神情又一次让她感觉到他们并不比城里的孩子差，只是由于长期生活在山区，不了解学英语的重要性。于是，她就在如何培养孩子们的学习兴趣上动脑筋、想办法。

诸旖老师与云南的孩子们交谈

她根据孩子们好动的特点，寓教于乐，把游戏、音乐、故事带进课堂，让孩子们在快乐的游戏中记住每一个单词、每一句对话。每当学生有一点一滴的进步时，她都及时地表扬他们、鼓励他们，使孩子们的学习兴趣更浓了。

有一次，恰逢其他学校的老师来听诸旖上公开课，孩子们比往常更认真、更活跃。老师提问，全班踊跃举手发言，而且个个回答正确、声音响亮，得到她的表扬后都满含笑容地坐下。课后，听课老师反响很好，连连夸奖孩子们基础好。这更坚定了诸旖教好这些孩子的决心。

一年时间很快到了。诸旖真舍不得离开这些可爱的孩子。在离开云南之前，诸旖和队友们集资帮助了部分学生，使他们能够继续完成学业。回到上海以后，她还时常想念这些孩子，还梦见过他们好几回呢。她经常和他们通信，了解他们的学习情况，鼓励他们坚持下去，学好知识，长大成为有用之才，最近诸旖又收到来自江城一中的感谢信，信中说有7名学生分别以全县第一、第八、第十九等好名次，被思茅地区最优秀的重点高中思茅二中、江城最好的高中江城一中录取。她读着信，心里比灌了蜜还要甜。

高原：在手电筒和烛光下抢救危重病人

来自首都的高原，人如其名——高大魁梧，谈吐间带着北方人特有的豪爽。大学毕业后到医院工作，医院组织医疗队到大别山等老区、1998年组织抗洪医疗队等，他都报过名，但由于派出人员需要副主任级别的，高原因工作年资不够皆未能成行。这次招募是团市委组织的，需要的是低年资的主治医生和高年资的住院医生，他正好符合条件，就高兴地去报了名。最后，他在数十名竞争者中脱颖而出，被光荣地批准加入志愿者队伍。他的妻子也是名医务人员，

高原医生走村串户为云南孤老义诊

很能理解他的做法。

在云南的一年,给高原印象最深的是"一次难忘的抢救"。那天深夜,一阵异常急促的敲门声将他从梦中惊醒:"高老师,有一位枪伤患者需要急救,请马上到抢救室!"他立即翻身起床,披上白大褂,趿着拖鞋,一阵快跑,冲进了急救室。

病床旁除了两位医护人员在忙碌,还有20余位伤者亲属在焦急地等待着、愤怒地诅咒着……原来,由于工作纠纷,患者被人用"五四"式手枪在近距离内连续击中右肘、左髋及胸腹部共3处,身体前后6个弹孔,其中左上腹的弹孔还在不停地渗血。看着病人苍白的肤色、微弱的脉搏、几乎接近零的血压以及膨胀的腹部,高原立即意识到患者的致命伤在腹部,而且非常危重,必须立即手术抢救。虽然他已是一名有数年工作经验的主治医师,但在上海,连真正的枪声都很少听到，又哪会有治疗枪伤的经验呢？在上海可以请主任医生帮忙，而今天他只能独立作战了。他还意识到，如果在上海抢救这样的危重患者，肯定选择全身麻醉，并且有足够的血源供给使用，而现在是在墨江县，一方面因为技术原因不能实施全身麻醉，另一方面只靠个别献血人员根本无法保证危重患者对血的需求。患者的伤势已容不得有片刻的犹豫，他和医护人员一边组织伤者家属紧急验血，一边又在做自体输血的准备，以防万一。同时高原抓紧时间翻阅了外科书的有关章节，他还不放心，便索性将书带到了手术室备考。

手术很快开始了，经过仔细探查，发现伤员体内除了近3 000毫升积血外，小肠、胃共被击穿直径4厘米左右的四个不规则弹洞，右肾挫伤，小肠系膜血管破裂出血。据此，他们果断地做了"小肠部分切除术""胃修补术""右肾上极清创修补术"。

手术已接近尾声，就在大家刚想松一口气时，意外发生了。由于缺血后得不到及时的输血以及麻醉后供氧不充分，导致伤者缺血、缺氧，以致小肠失去光泽，并渐渐变成紫色，血压迅速下降，心电图监护仪上显示的心跳类似一条直线。难道所有的努力都将化为乌有吗？高原他们不甘心就此失败，赶紧对病人进行人工胸外心脏按压，通过手捏橡皮球供氧，又不停地通过静脉注射急救药品。墨江凌晨的温度虽然只有十几摄氏度，但每位医务人员的额头上却都沁出了汗水。也许是精诚所至，心电监护仪终于跳出了生命的音符，伤者的呼吸、血压也恢复到了正常，小肠也变得红润有了光泽。

然而就在此刻，老天爷却下起了雷阵雨，整个县城忽然一片漆黑，停电了！此时不允许哪怕仅仅一分钟的等待！很快，医护人员点燃了蜡烛，两只手电筒变成了自制的"无影灯"，偶尔还夹杂着一道道从窗外迸射进来的闪电。高原和当地医护人员就是在烛光、闪电与电筒光线的交相辉映之下，完成了清洗腹腔、放置引流及关腹的扫尾工作。

至此，高原那颗悬着的心才算放了下来。一看手表，手术整整进行了3个多小时。他虽然感到有些疲劳，但更多的是成功后的喜悦和自豪。他为"上海医生"争了光。

王海：圆了一回"战地记者"梦

与王海相约在广电大厦见面，首先吸引我的是他那字正腔圆的普通话。很有意思的是，第一个问题竟是他向我提出的。他问我怎么想起来采访他的，我笑了起来，对他说："也许在三批志愿者中你是唯一的新闻工作者，也许你的工作是经常采访别人而很少被人采访的缘故吧。"说完，我俩都笑了，刚开始时的拘谨也随之消失。随后，王海对我兴奋地谈起了他在云南当了一回"战地记者"的惊险经历。

王海曾经很羡慕爱德华·默罗、乔治·赫克斯等战地记者，在硝烟弥漫的战场上用广播、笔和相机等武器为和平呐喊，也深为许杏虎等因工作而奉献生命的同行而自豪。他好多次梦想自己有一天也能成为一名战地记者，可是多年来这只是一个梦。然而，当他来到云南后却真的头顶钢盔，身穿防弹衣，手持防暴枪，参加了一场子夜打黑行动。

一天下午，王海刚刚结束昆明国际旅游节分会场的现场主持工作，与广电局同仁共庆转播成功之际，突然传来一个新任务：今夜县里有统一行动，要打响新世纪打黑除恶第一仗，需男性记者随行采访。他立刻向领导请战，却被局长一口回绝："不行，这很危险，你旅游节工作刚结束很辛苦……"

"不怕，我注意就是了，就让我当一回'志愿兵'吧！"经不起王海的再三请求，局长终于勉强地同意了，还另派了两名小伙子与他同行。

吃过晚饭,天色已擦黑,但离出发的时间还早。王海整理了一下"武器"——采访机、照相机、笔记本,又到设备科领了摄像机、电池。

凌晨2点,县公安局会议室灯火通明,分管副县长、公安局长等对行动作了周密部署。细心的公安局副局长还专门给王海配了件防弹衣,并让王海随他行动。凌晨2点30分,随着一声令下,全副武装的80余名干警分成15个抓捕小组,向丘北贩毒较严重的回者乡新寨、河边等地迅速进发。赶到村寨后,在乡派出所的配合下,由带路人引领,干警向各自的目标猛扑过去。王海紧随着一个小组。一到达目标住处,他们先派人把住每一个出口,然后由两名警察前去敲门,但无人应答。干警当机立断,破门而入,只见犯罪嫌疑人马某惊恐万状地蜷缩在床脚边。干警们仔细地进行了搜查,王海这才发现马某注射吸毒后残存在手臂上的血迹还依稀可见。另有少数负隅顽抗者试图反抗,但在公安干警的强大攻势下,最终只能束手就擒。由于是在深夜,大部分嫌疑人尚在睡梦之中,所以战斗进行得非常顺利。仅用了3个小时,就抓获了犯罪嫌疑人14名,其中一名是批捕在逃人员,还缴获了吸毒用具和炸药等违禁品。

回到公安局,王海顾不得休息,连钢盔也忘了摘下,就和另两名记者赶回广电局,趁热打铁地把片子剪出来,好尽快将喜讯告诉丘北人民。

战地采访抓捕毒贩的纪实片播放后,获得全省上下一致好评,王海也因此获得云南省级大奖。之后,王海在当地同行的协助下,又拍出不少优秀纪实片,先后三次获奖,成为赴滇上海志愿者中唯一获得外省大奖的青年。

龚亚君、薄玉华夫妇:在贫困山区种出了大棚蔬菜

龚亚君、薄玉华是赴滇志愿者队伍中唯一的一对夫妻,原本以

为能同时采访他俩,不料龚亚君生病尚未出院,薄玉华正在参加市委党校学习,结果只能分头进行采访。

他俩是上海农学院的同班同学,又从小生长在农村,对农村有一份特殊的感情。所以,丈夫一提出参加志愿者队伍,立即得到妻子的热烈响应,而且她还要求率先报名赴滇扶贫。丈夫深知妻子回报社会心切,因为她当年若不是得到学校和社会各界帮助,绝不可能念完高中从贫困山区考入大学的。他同意妻子先去,并鼓励说:"亚君你要好好干,明年我接你的班。"

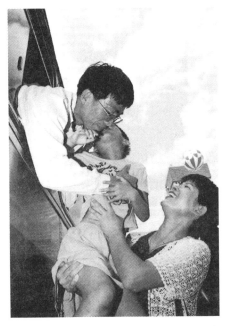

龚亚君和孩子欢送丈夫薄玉华赴滇接力扶贫

龚亚君所在的云南江城县气候干湿分明,全年80%—90%的降雨量集中在5至10月份之间,雨季种菜一直是江城人民的一大难题。江城山高路险,外面运进来的菜价格昂贵,给贫困的当地群众增加了沉重负担。龚亚君看在眼里,急在心里,她积极向当地领导提建议,力争就地基本解决群众的吃菜问题。当地政府十分重视她的建议,就在上半年度将近结束、她返沪休整前的一天,农牧局的领导郑重地将建立大棚蔬菜示范基地的任务交给了她。

回沪后,龚亚君顾不上休息和照顾孩子,马不停蹄地做好建立大棚基地的各项准备。她彻夜撰写示范方案,到处搜集蔬菜优良品种,实地观察上海郊区菜农的简易棚结构,并向有经验的老农咨询简易大棚的搭建方法等。

她一回到江城县,就在猛烈镇物色了一块约2亩左右的荒地,带着三位助手(当地的农技人员),着手进行项目的实施。那是一块靠近猛烈河边、相对比较平整的沙地,由于长年不种庄稼,因而杂草丛生、砾石遍布、地力贫瘠。要在这块土地上种出蔬菜,就必须进行彻底的"改造"。她和助手们翻耕、整地、去砾石、开深沟、筑高畦并进行培肥。没有现代化的开沟耕作机,也没有排灌设备,他们仅仅依靠简单而原始的工具进行操作。

为了能在雨季到来之前搭好棚、移好苗,他们必须在4月底之前结束育苗。要培育壮苗,必须有足够的腐熟有机肥配备营养土。江城的牲畜大多放养,收集粪便不易,而去农家掏厩肥又臭又脏,且让人恶心,龚亚君对此却不在乎。

在此期间,龚亚君既是一名指导员,又是一名普通农民;几乎所有脏活累活她都抢着干,常常是一天下来拖着一身泥水和汗水回到住处,一倒在床上就再也不想起来。

功夫不负有心人。秧苗育出来了,非常健壮,而秧苗从苗床移栽到大田却又是一道关口。江城的天气只要不下雨,白天的太阳总是热辣辣地灼人,根本不能移栽秧苗。为了确保移栽质量,提高秧苗的成活率,她规定移栽时间必须放在太阳下山之后。在那些日子里,他们每天都忙到星星点灯时才收工。

秧苗移栽刚过关,繁重的田间作业便接踵而至,整枝、搭棚、施肥、浇水、防病治虫,真令人有点应接不暇。不久,一场暴雨袭来,叶子又出现了不规则的病斑,而且有迅速蔓延之势。龚亚君一检查,原来黄瓜比较"娇气",得了"细菌性角斑病",需立即用农用链霉素防治。无奈当地没有这种药,后来,还是当地医院提供的医用链霉素解了燃眉之急。

就在她一年扶贫工作将近尾声之际,试验田里呈现出一片丰收景象。这边"宝杨5号"黄瓜已进入盛收期,产量高、瓜条美、瓜色翠绿、吃口爽，农民非常喜爱；那边热带豇豆的豆架上，挂满了又长又绿的豇豆；而"江丰1号"茄子也开始结果了，紫色的枝叶丛里绽满了花朵，那些紫得发亮的条茄害羞似地"躲"在枝叶和花朵下面；至于那些橙红色的番茄，更似一盏盏红灯笼悬挂在枝干上，透出殷红的光芒……她看着这一切，几个月来的疲劳一扫而光。示范地得到了领导和乡亲们的认可和称赞，每天来参观的山民、乡农、干部一批接着一批。团县委还特地将这块示范地命名为"青年科技示范基地"。

说到成绩，龚亚君腼腆地说，这里的一半功劳应归功于丈夫。因为丈夫不仅带好孩子管好家，而且在她试验的全过程中，丈夫始终全力支持她。龚亚君每每遇到难题时，总是打电话与丈夫商量，丈夫再忙也会及时出主意、想办法，还给妻子寄书、寄资料、寄蔬菜良种等。

一年后，龚亚君凯旋回沪，丈夫立即握住了妻子递过来的接力棒，来到了云南省红河县这块贫困的土地上。他在当地领导和群众的支持下，先后在勐龙乡一个傣族村寨和垤玛乡一个哈尼族村庄成功开展了蔬菜栽培试验，既解决了当地群众的吃菜困难，又向少数民族群众传播了农业科学技术，做出了令妻子为之骄傲和羡慕的成绩。

共同的理想和奋斗，使他们夫妻感情更深了，家庭更温馨、更和谐了。最让他们欣慰的是，孩子没有因为父母离开身边而产生抱怨，反而为父母感到自豪。他们用自己的行动教育了孩子："奉献就是快乐！"

"百企帮百村"，高原脱贫忙
——长宁区助力对口地区脱贫攻坚记

徐 鸣

2020年4月21日和5月17日，青海省、云南省人民政府先后宣布：与长宁区对口的果洛州甘德县与红河州红河、绿春、金平等四个国家级深度贫困县脱贫摘帽。至此，长宁区对口帮扶的四个县全部退出贫困县序列。

甘德县为青海省果洛藏族自治州辖县；红河县、绿春县和金平县均为云南省红河哈尼族彝族自治州辖县，是一个多民族聚居的边疆少数民族地区。上述四县原来均为国家级深度贫困地区，贫困人口多、贫困程度深、脱贫难度大。根据2017年底国务院扶贫办认定数据，上述四县约有建档立卡贫困人口22万人，其中红河县8.1万人、绿春县5.7万人、金平县7.2万人，甘德县1.03万人。对于长宁区来说，脱贫攻坚之路任重道远。

越是艰难越向前。长宁区区委、区政府发扬"红军不怕远征难"的精神，高度重视对口帮扶工作，坚决贯彻党中央和上海市有关脱贫攻坚的精神和指示，并在实际工作中紧紧围绕"六个精准（对象、项目、资金、措施、干部、成效）"，严格落实"四个不摘（摘帽不摘责任、摘帽不摘政策、摘帽不摘帮扶、摘帽不摘监管）"，精准聚焦"两个帮（在劳务协作上帮、在消费扶贫上帮）"，把各项帮扶举措进一步落实到贫困乡镇、贫困村、贫困户和建档立卡贫困人口。在

"两不愁、三保障"前提下，长宁区通过产业合作、劳务协作、人才支援、资金支持、社会事业帮扶，大力帮助对口四县努力翻越贫困这座大山。

同时，长宁区不断强化对口四县帮扶工作的"三个坚持"。一是坚持全员参与。无论是政府机关还是国有企业，都主动带头，牵动社会各方，探索形成"区县帮扶、街乡共建、企村结对"三位一体携手奔小康模式。全区10个街道与对口四县40个乡镇实现了结对全覆盖，136家企业、社会组织与对口四县240个贫困村实现结对全覆盖。长宁区还精心挑选了11批共22名干部援滇、4批共7名干部援青，为当地带去来自上海的转型经验。二是坚持全面帮扶。长宁区将帮扶工作范围从产业、消费、就业、人才扩展到教育、卫生、文化、公益等各个领域。长宁区教育局自2018年10月起，为期3个月，派出首批6名支教老师，奔赴红河县第二中学、绿春县第一中学、金平县八一中学，开展调研和支教。长宁区7所中小学与红河州对口三县的8所学校签署了学校帮扶协议。随着两地中小学结对帮扶协议的签订，长宁区陆续派出更多的教师奔赴边疆开展为期1年的支援交流活动，也会有更多当地校长和老师到长宁来跟岗学习。长宁区除了不定时前往红河州对口三县进行义诊和巡回医疗外，还派遣3批次27名医疗专家开展1年期的援建工作。同仁医院等13家医院、社区卫生服务中心同红河州对口三县的40家医院、卫生中心开展结对帮扶。长宁区还与对口四县开展文旅交融交流交往活动。2020年度文化和旅游部72个全国舞台艺术重点创作计划之一的扶贫题材歌舞剧《流芳》在长宁公演。三是坚持远近结合。2016年以来，长宁区政府共投入资金近3亿元，用于对口四县的帮扶。而在短期资金投入后，更注重夯实当地长远发展的基础，通过产业合作、劳务协作、消费扶贫等途径，从"输血"到"造血"，不断增强对口四县的自身实力，以改变帮扶地区的落后面貌。

一分耕耘一分收获。2020年长宁区双喜临门：国家颁发的全国脱贫攻坚奖，上海共获3个奖项，其中有两个奖项出自长宁区。一个是春秋航空董事长王煜的"2020年全国脱贫攻坚奉献奖"，一个是上海寻梦信息技术有限公司（即"拼多多"）的"2020年全国脱贫攻坚组织创新奖"。至于默默无闻、无私奉献的扶贫帮困事迹则更多。

哈尼红米走进大上海

2019年11月2日下午，习近平总书记来到长宁区虹桥街道古北市民中心视察社区治理与服务工作。在中心老年助餐区，当听到介绍其中的面食——米线是来自长宁区东西部扶贫协作地区云南红河州绿春县的红米时，习近平频频点头、连声称赞，予以充分肯定。

哈尼红米是山泉灌溉、古法种植、有机生态的大米，内含丰富的磷、维生素A、维生素B，能改善营养不良、夜盲症和脚气病等疾病，又能有效舒缓疲劳、缓解精神不振和失眠等症状。红米所含的泛酸、维生素E、谷胱甘膝胺酸等物质，则有抑制致癌物质的作用，尤其对预防结肠癌的作用更是明显。此外，红米还有健脾消食、活血化瘀、降血压、降血脂的功效。

红米只能在红河州当地的梯田里利用古法进行种植，但由于亩产量小，导致农民收益偏低。如果再不去扶植这项传统产业，不仅会使得一部分当地老百姓失去得以糊口的生计，而且会令梯田逐渐荒芜。更为重要的是，红河梯田作为世界非物质文化遗产，需要大力保护。那么作为梯田的产物——红米，自然也需要被同步传承和保护起来。因此，长宁区援滇干部牵头发起"红米三部曲"。第一部曲系公益认领。该行动不是单纯让企业或员工直接认购红米，而是利用消费扶贫新模式，组织长宁的区属企业来绿春县红米种植基地认领。2018年，长宁临空园区党委发动园内19家企业，认领了165亩红米稻田，总产量达到62 272斤。并邀请东航食品美食创意中心为红米研发出新品"俄罗斯牛肉焖饭"和"腊味红米卷"。东航航班餐食引进红米后先行研发2—3款民航餐食，在赴京参加全国两会的东航包机上首推，逐步推广至更多的航班。长宁区九华集团推进"红米进学校"，与上海食品研究所等专业机构开发红米深度加工配方，并同紫米、东北米等经过专业配比，支撑复合型稻米产品推向市场。还举办公益跑活动，现场推广红米，请来厨师用红米制作成各色红米寿司，通过当场品尝、烹饪教学与认购，形成公益循环，获得好评。经过一系列运作，基地的红米在还未播种前便预先获得订单，能保证农民利益不受损，农民种植红米不用愁销路，解决了其后顾之忧。此外，为此项目还专门成立了红米种植合作社，以增强组织化管理水平，统一红米的选种与种植标准，确保红米的质量和产量。第二部曲为打造红米伴手礼，带动当地绣娘收入。滇绣是绿春县的民族特色，援滇干部通过调查发现用刺绣包来包装红米，可以锦上添花，于是同上海素然服饰有限公司合作，由公司提供绣品的技术支持，再把刺绣订单交给绿春县的绣娘来做。通过一枚细小的绣花针，绣娘们既能足不出户获得一笔额外收入，又能照顾家庭，减少了留守儿童的比例。由于滇绣品质非常优秀，绿春县绣娘制作的"玉兰花香"入围了第二届进博会上海伴手礼展区。第三部曲是从红米的种植、采购、加工和消费着手，不仅打通了农户到合作社、餐饮企业到消费者的供

云南红米线

应链，而且连接起了有效的供求关系。酒香也怕巷子深，红米虽好，但在过去很长一段时间里，由于各种原因，不为外人所知。2019年4月，上海东方卫视《我们在行动》剧组经长宁区牵线，同绿春县进行对接。公益大使陈蓉携手蔡国庆、吴谨言、汪香澄等明星来到绿春县，作为扶贫之路第五站。当明星们跟随当地贫困学生谭攀鑫、李慧鑫走进乡村时，受到好客的村民们的热情款待，他们品尝了具有当地特色的红米酒和红米线。藏在深闺的红米线通过媒体广泛宣传，逐渐被外界了解。不久，绿春县就顺利收到了来自易果生鲜等企业共计966万元的红米线订单，1 000户贫困农户每亩增收从90元迅速攀升至1 200元。一亩梯田，是沪滇两地实现精准帮扶的守望情谊；一袋红米，是长宁企业对于贫困地区群众庄严的责任。

红河小姐姐飞上了蓝天

在全国发起"万企帮万村"、上海发起"百企帮百村"行动后，长宁区所属企业春秋航空高层就在考虑如何具体落实扶贫计划。带着问题，春秋航空调研组于2018年8月来到长宁区扶贫帮困对口的云南省红河州三县进行实地考察，对那里的落后面貌都感到非常震惊。由于缺乏资金，所以在春秋航空调研组提出扶贫帮困时，村里提的要求也很实际和实惠，只要求为村里修厕所、装路灯等。但调研组总觉得美中不足，村里的环境确实需要改观，而要摘掉贫困的帽子，就得把人的主观能动性充分发挥出来。正所谓"授人以鱼，不如授人以渔"，那么如何才能做到授人以渔呢？在充分调研基础上，春秋航空人力资源部总经理助理肖飞大胆提出，既然是精准扶贫，着手公司的"蓝天筑梦计划"，与其招聘机场搬运工、红河嫂之类的劳务人员，不妨开拓思路，从红河州的姑娘中招收一批空中乘务员（即空姐）。因为红河地区哈尼族彝族众多，而少数民族天性能歌善舞、热情活泼，很适合空姐这种职业。

不过该类招聘以前没有先例，所以刚开始准备干时谁心里也没底。为此，春秋航空高层领导六赴红河州，共召开了15次座谈，通过调研并汇总各方面的意见，针对红河州三县的现实条件，在符合民航规章标准的前提下，适当降低身高和学历要求，推出面向红河州建档立卡贫困户优先、少数民族优先的空乘岗位。三县的县领导也非常积极并大力支持，绿春县委甚至向基层发了红头文件，正式传达关于春秋航空招聘空乘的消息，还把符合招聘条件的姑娘都集中到县政府广场上测量身高（空乘必须双手摸得到飞机客舱里的行李架，所以有身高要求）。

2018年9月，春秋航空在红河州党校召开了两场招聘会。由于金平县离州府最远，绿春县路途最险，所以决定尽量采取网上报名的形式。两个月的报名期限内，红河州累计报名915人。最终通过面试、体检、政审的合格人员共35人，其中建档立卡户8名，少数民族25名。出乎春秋航空招聘人员意料的是，35人中本科学历者占51%，专科学历者占49%，平均身高166厘米，完全颠覆了原先打算降低身高和学历标准的打算。当家乡人民知道某一家的姑娘被录取为空乘后，全村欢天喜地，甚至姑娘家的亲戚会翻山越岭赶来庆贺。招聘人员满载而归时，这批新学员从蒙自坐7个小时汽车到昆明，然后登上春秋航空的班机飞抵上海。当然，绝大多数姑娘还是头一次乘飞机。

为了尽快让新学员掌握技能上岗，春秋集团客舱服务部党支部专门选拔了35名党员干部，展开"一对一"结对帮扶。功夫不负有心人。经过培训，有33名学员顺利完成理论培训，考试分数都在80分以上，其中有32名学员完成20个小时的航班带飞考核，成为合格的空中乘务员。

春秋航空给红河州带来了从低端劳务输出向高素质人才输出转

红河空姐认真听课

型的重要机遇。成功入职后，每位红河空乘人均月薪8 000余元，且飞得多，奖金就拿得多，最多的1个月可以拿到12 000元。2019年11月5日，当国务院扶贫办党组成员、副主任陈志刚等在春秋航空调研劳务协作扶贫工作时，当听到红河空乘当月收入达到12 000元，高兴地夸奖说该收入已经超过部级领导了。陈志刚还特别强调：近年来，长宁区充分发挥航空服务业集中集聚优势，在东西部扶贫协作工作中，以招收空乘的方式提升劳务协作工作质量等方面，形成了许多有益的探索和做法，为上海东西部扶贫协作与对口支援工作增添了新亮点。

自食其力后，姑娘们没有忘记反哺父母。绿春县建档立卡贫困户李慧鑫，家里住的是土坯房，一家三口挤在一间房里。通过"蓝天筑梦计划"，李慧鑫成为春秋航空的空乘，在第一次飞行时，她的父母也一起见证了女儿的"首飞"；空乘李文英，父母务农，靠种茶、养猪供她和弟弟上学。当李文英把自己第一个月的收入寄给父母时，父母高兴极了。因为这笔钱几乎是她全家一年的收入。建档立卡贫困户的标准基本上是全家年收入在1万元左右，所以姑娘们如今一个月的收入就等于过去全家一年的收入，这怎么不让人高兴呢！很多

红河空姐合影

学员拿到人生第一笔工资后,都把大部分钱寄回家里,实现了"一人就业,全家脱贫"。

有了稳定且令人羡慕的工作,有了稳定且较高的收入,姑娘们深知这份幸运来之不易,她们没有辜负家乡父老的期望,勤勤恳恳、认认真真做好本职工作,得到了组织上的认可和好评。由红河空乘组成的"红河班组"荣获了2019—2020年度全国民航"青年文明号"荣誉称号。

一炮打响后,春秋航空再接再厉,运用"技能扶贫"模式,同上海开放大学联手,推出"云南红河空乘定制班",招收对口地区16—22岁高中及以上学历的建档立卡贫困学生,免费提供在校期间的食宿,全额减免9 120元学费,仅在校期间代办费及个人生活开支自理。春秋航空还承担学员从昆明到上海首次入学报到的单程机票,减免每人15 000元的乘务学员初始资质培训费和体检费。红河空乘班共录取18名学生,其中建档立卡户15名、哈尼族17名。通过两年半的在校职业培训，学员顺利毕业后，既帮扶了对口地区，又为春秋航空输送了一批新生力量。

山里娃踏上"风火轮"

长宁区独创"技能培训+入职就业"的就业扶贫新模式，将招聘政府专职消防员同精准扶贫相结合，该模式已入选2020年上海市精准扶贫十大典型案例。遵照"扶贫工作不但要做得好，且要讲得好"的指示，宣传先进典型，笔者专门采访了长宁消防救援支队。据队务监督科副科长李尧参谋介绍：自2018年改制，消防划归地方后，仅靠应征入伍的消防员已经远远满足不了现代化大城市火灾扑救、应急救援和防火监督等任务的需求。政府允许编制缺口从社会上公开招聘，称"政府专职消防员"。尽管每年可以从社会上补充人手，但由于种种原因，还是招不足，也就应付不了各种突发险情。尤其是由于长宁区规模不大，上级分配给的招聘名额有限，只有10名，排全市16个区末位。因此在时任区长顾洪辉深入基层到长宁区消防救援支队搞现场调研时，支队领导向顾洪辉实事求是反映了目前消防员不足等难处，希望协助解决。顾洪辉区长联想到区里对口帮扶的红河州红河县的就业问题。而就业是民生之本，2020年又是脱贫攻坚收官之年，劳务就业和转移就业是帮助对口地区贫困群众稳定收入、可持续脱贫的重要举措。为此顾洪辉区长提出是否能直接去红河县招收专职消防员，这样既帮助了贫困地区就业，又解决了长宁区消防救援支队消防员兵力不足的难题。大家都觉得这是个好主意。于是长宁区会同市、区两级消防救援部门，结合消防体制改革和消防队伍建设实际要求，提出将招聘政府专职消防员同精准扶贫相结合的"技能培训+入职就业"的就业扶贫新模式。不久，联合招聘工作组在云南红河县面向18—24岁的建档立卡贫困人员，开展政府专

红河来的消防员正在接受培训

职消防员面试及体能测试。

也巧了,红河不少年轻人都有当兵情结。过去受参军条件所限无法如愿,现在看到跟解放军差不多性质的消防队来招人,大家都踊跃报名。在当地政府的支持和配合下,工作组对前来报名的适龄青年分别进行了政治审核、体能测试和文化考试。经过严格考核和筛选,最终有15名适龄的建档立卡户青年成功入围拟招录名单。因为新冠疫情,首批入选者推迟了报到时间。2020年8月份抵沪后,长宁区消防救援支队确定了以老带新、干部带训的方式,展开为期6个月的岗前培训,以帮助这些山里娃尽快掌握消防技能和业务,尽早成为合格的专职消防员。

整个培训期分成"2+4"两个阶段,即前2个月是素质学习,后4个月是业务训练。素质学习又细分为队列操练、内务整理和军纪作风。素质学习结束后,开始业务训练,先学理论知识,再进行实践操作,练习铺水带、接水带、快速爬18层楼梯、攀4层楼高等,甚至在模拟高温、浓烟、高噪音、有毒气体等场合下进行。山里娃特别能吃苦,尽管训练很艰苦,但是大家都能咬着牙坚持下来。

消防员肩负重任、关乎生命,因此对山里娃的业务训练丝毫不能有半点马虎,但是在生活上,还是给予特殊照顾。消防中队领导和区政府相关部门非常关心这群山里娃的日常生活,定期慰问,帮助他们缓解思乡之情,尽快适应大城市生活。到上海4个月,中队里已经搞过两次云南美食节活动,让喜欢吃辣吃酸的山里娃尝到家乡的味道。由于是试用期,目前山里娃人均月工资超过7 000元,且享受政府专职消防员相关保障。6个月转正后月收入将超过万元,并能获得更加广阔的发展机遇。

收入大幅增加,心里乐开花。李城华家里属于建档立卡户,父母务农,姐姐和妹妹都还在上学。由于经济上的捉襟见肘,小伙子高中便辍学外出打工帮父母挣钱,先后在云南的饭店里和上海的汽车配件厂里工作过。后来家乡的父母得知长宁区招收专职消防员时,立即通知李城华直接来报考,李城华从小就想当兵,所以他毫不犹豫地报名,终于当上一名专职消防员。录取后他才知道,消防员的待遇比打工好多了,吃、穿、住全包。打工时李城华每月拿5 000多元工资,但日常开销花掉一大半。现在只要不乱花钱,工资基本能存下来,至少一半可寄给父母,分担家庭重担。哈尼族小伙周保举,因为父母年老体弱,弟弟还在读书,全家人都靠周保举种地和姐姐摆地摊维持日常生计,一家五口的日子过得较为艰难。如今周保举走出大山,当上了政府专职消防员,有了固定收入,家里生活马上得到改善,真正做到了"一人就业,全家脱贫"。而山里娃也因为政府专职消防员这份崇高的职业感到光荣和自豪。

拼多多在红河开办电商培训班

长宁区充分利用电商零售在线新经济能级高、密度高的特色,鼓励支持电商企业发挥自身专长,将更多资金、技术、项目投向对口帮扶地区,积极参与全国"万企帮万村"助力消费扶贫。互联网电商拼多多在红河州三县牵头开办了电商培训班，邀请中国农业大学相关专家，对农民进行为期两天半的培训。目前，红河州三县在拼多多网站上开店160家，为红河的土特产提供了庞大的物流渠道，使其能够顺利走进千家万户。

  与对口地区结对的长宁区九华集团，在红河三县设立了九美商贸公司，进行农产品集中收购。与此同时，九华邻里中心的10个美天菜市场专柜及新泾镇龙安市场、愚园路公共集市等均设立对口地区农产品销售点。"原先是当地有什么我们卖什么，而产业扶贫则是市场需要什么，当地就产出什么，这样才能真正提升产业链能级。"九华集团帮助当地优化产品包装，令产品规格更加符合城市消费需求、检验检疫标准和食品安全标准，从"原生态"跃升到"标准化"。当美天副食品公司将红河梯田鸭引进上海市场后，上海擅长"买汰烧"的阿姨爷叔试吃后都说好。因为梯田鸭是野外生态放养，肉质鲜嫩，受到消费者欢迎，回头客络绎不绝。长宁区在区内22个菜市场开设了"云品专柜"，在中山公园商圈推出上海市消费扶贫产品直营店，出售梯田红米、山茶籽油、玛玉茶、红河沃柑、诺玛飞鸡等云南当地特色农副产品。同时10元1卷的葛根面、30元1袋的云南红糖等价廉物美商品，以其绿色生态、健康无公害的独特优势，受到周边社区居民的欢迎，让消费者更加方便地买到对口地区的农产品。结合"五五购物节"，长宁区策划了"消费扶贫、长宁Come On"等活动，区领导变身"带货主播"，为对口地区的土特产吆喝推介，还走进上海广播电视台"主持人来啦"抖音直播间，结果不少推介商品"秒抢"售罄。2019年，拼多多云南农产品销售额同比增幅202%，仅长宁区对口帮扶的3个县，2019年就实现土特产成团金额5 742万元。截至2020年8月底，销售额已超过4 200万元。2019年，拼多多在云南74个贫困县共投入1亿元扶贫资金，落实"多多农园"精准扶贫项目，重点优化提升农产品种植、加工和销售环节，构建贫困户增收的可持续发展机制。

2018年6月，一条5里长的栈道从万亩哈尼梯田中蜿蜒而过，红河县政府同上海携程商务有限公司签订战略合作协议，从此哈尼梯田登上携程网2019年推荐旅游目的地。传承了千年的少数民族文化，开始被世界瞩目。利用互联网平台的大流量大数据优势，旅游发烧友可以在携程网上精准找到哈尼梯田的深度旅游攻略。而哈尼梯田的门票预订较同期上涨7倍，热度上涨20%，进一步激活了当地文化旅游资源，让更多游客领略到哈尼梯田的魅力。同时为了方便境内外摄影爱好者拍摄以及保证这些摄影爱好者的人身安全，援滇干部向长宁区政府申请了50万元启动资金，与当地干部共同修建了几个观景台。观景台建成、投入使用后，吸引了更多的游客来哈尼梯田旅游、休闲，从而带动了餐饮服务业的发展，也促进了当地农产品的销售。

帮助脱贫从身边事做起

红河州三县均为山区，县级公路只通到县政府所在地，所有能通车的路基本上都是盘山公路，一面峭壁，一面悬崖，有的路面很窄，仅能勉强通过1辆车。从州政府所在地蒙自到金平县城的山路共有约266个弯道，最多的1公里盘山公路上有30多个弯道，10米一大转、5米一小转，130公里的山路一般要开4个小时。乡镇级道路基本上是泥沙路，乡到村则是土路，坑坑洼洼。许多村里甚至没有通往外界的路。尤其是每年的7、8月当地的雨季，山体经常滑坡，山高路险、气候多变。正是由于交通不便，造成了山区的落后和贫困。

俗话说得好：若要富，先修路。在长宁区帮扶资金的不断投入下，往日坑洼不平、一到下雨天就泥泞难行的山间土路，变成了平整的硬化公路。交通条件改善了，收购农产品的货车便可以直接开到边远的田间地头，解决了农产品运输难的问题，为进一步加强产业合作打开了通往大城市的运输通道。

红河州当地大多数村民养猪，但是不设猪圈，放养的猪满山乱跑，甚至人吃饭的时候猪就在桌子底下窜来窜去，气味难闻，污水横流，极不卫生。长宁区援滇干部看到这种情景，觉得要让当地群众脱贫致富，首先要改造当地环境，把家园建设好。于是提出将猪圈养起来，利用猪粪建设"沼气猪圈"。因为沼气可以点灯照明、烧火做饭，村民就不必再大量砍伐树木，既能保护山上植被，又能优化生态面貌。而粪便经过沼气池发酵后是很好的有机肥，可以栽种有机蔬菜，运往县城销售，可大幅提高村民的收入。

但是要转变传统习惯很难，一开始该设想并没有得到村民普遍认可。援滇干部就先在村干部家试点。为了鼓励先行者，当地按照政策给两户试点家庭分别补贴价值2 000元的物资用于建造沼气池。沼气猪圈建成后，援滇干部又组织全村村民前去参观，且请来技术人员为村民一边讲解、一边示范。干部带头，群众很快就跟了上来，村民们纷纷表示愿意建造沼气猪圈。在县里派出的技术人员的帮助下，援滇干部资助5万多元建设资金，经过一番辛勤劳动，村里建成猪圈、厕所、沼气池三件套的沼气猪圈配套工程，形成了以沼气为纽带的循环经济，拉动了养殖业，调整了种植业结构，实现了农户生态家园的连锁效益。同时，这解决了当地饮水困难的问题，提高了村民的生活水平。

猪圈砌好了，接下来的问题就是如何把猪养肥。养猪首先要挑选仔猪。在前期调研过程中，援滇干部得知当地农户从市场上买回仔猪家养，病死率一般为5%，且很多农户根本不知道仔猪的购买渠道。考虑到养猪产业属于脱贫的重要示范项目，关乎农民的收入，因此，援滇干部提出在乡这一层面上，成立由乡长任组长，分管副乡长、兽医站站长任副组长的专项工作组，制定工作职责，明确责任到人，并实行奖励制度，规定在整个养猪过程中猪的病死率不能高于2%。通过援滇干部从建造猪圈起就介入加强培训和上门指导，金平县米乡的农户在饲养过程中再也没有病死过一头猪，且长势比以前更好，仔猪从原来10斤左右，长到近百斤，卖掉一头猪可以拿到四五百块钱，令养猪的农户看到了实实在在的收益。

红河州土特产中最具代表性的是绿春茶，有汤亮、香浓、无茶垢等优点。然而，原先的产品包装由于工艺无法跟上，导致不够精致，在上海等一线城市的市场上难以站稳脚跟。长宁区帮助当地茶农和茶商综合开展地理环境、品种优化、栽培技术、采摘标准、加工工艺等方面的培训，让绿春茶变得既好喝、又好看、更好卖。2020年以来，已经促成4家上海茶企考察调研绿春4个重点茶园，与当地进行深度交流，开展"一县一品一策"，为拓展茶产业市场给予专业性指导意见，因地制宜帮助绿春茶产业提质增效，并签订首批绿春茶的采购协议。看到绿春茶销路前景光明，当地年轻人乐意回到家乡创业。90后小伙白冰大学毕业后，从省城昆明回到偏远的绿春，跟着父辈在山上开办了茶叶公司，每年可生产600吨茶叶，相当于能为周边1.3万亩茶园的800户茶农提供增收渠道。白冰的绿春"玛玉茶"品牌也因此逐渐在云南打出名气。

当地海拔较低，光、热条件充足，四季温差小，十分适合种植香蕉，且香蕉生长周期短，当年种当年就能获得收益。尽管如此，援滇干部在组织当地农户种植香蕉过程中，还是碰到一些问题，农户们从来没有见过试管苗香蕉和新品种香蕉的样子，不懂得如何着手，也不愿意冒险尝试。为了解决这些难题，援滇干部从帮扶资金中抽出50万元，整合当地部分扶贫资金，由县扶贫办负责建立近300亩的香蕉种植示范基地，从育苗、定植，到管护、采收，每一关键环节都从每个村里选出干部和有积极性的农户现场观摩、学习，让群众在整个过程中学会种植香蕉的方法。在此基础上，又有选择性地培养20户种植专业户，以此来促进家家户户跟进种植，增强了农户自我"造血"能力，从而实现脱贫致富。

要让英雄的土地富起来
——静安区对口帮扶工作纪实

韩建刚　高鸿文

2021年2月25日,全国脱贫攻坚总结表彰大会在北京隆重举行,习近平总书记向"全国脱贫攻坚楷模"荣誉称号获得者颁奖并发表重要讲话,上海市共康中学校长李劲和上海静安白领驿家两新组织促进中心分别当选全国脱贫先进个人和先进集体。

静安区的对口扶贫工作已经坚持了20多年,春华秋实,成果丰硕。2020年是东西部扶贫协作攻坚决胜年,经过努力,静安区对口扶贫的云南文山州的文山市等一市三县、新疆维吾尔自治区的巴楚县、湖北夷陵等地区已经实现脱贫摘帽。领导的重视,全区的协同,各类人才的汇集,援外干部的奉献,为静安区对口扶贫工作顺利开展打下了基础。20多年来,区领导多次带队赴对口帮扶地区考察扶贫工作,慰问当地贫困户,看望对口扶贫干部和技术人员,给对口扶贫地区提供支持。

2020年,静安区共选派援外干部21名,选派医生、教师等专业人才40多人。通过项目落实、人才支援和骨干培训等方式,带动了受援地区经济、医疗、文教等各方面事业的迅速发展。面对老、少、边、穷地区的困难,面对三峡移民地区的稳定发展问题,扶贫干部抓好援建项目,主动直播带货,积极培育当地致富带头人,抓好防疫工作;援建医生提升医院的医疗技术水平,援建教师助力提高学校教学水平。他们日日耕耘,助力对口帮扶地区的面貌不断优化。在对口帮扶工作中,涌现出不少优秀公益组织和先进个人:2016年,李劲获得西藏日喀则市委、市府授予的"优秀援藏干部"称号;2017年至2019年,蒋明亮连续被评为湖北夷陵区"担当有为好干部";2019年,李晟晖当选云南省第一批"云岭楷模"。

学习英雄,做老山下的"带货小能手"

在老山精神的发源地云南省文山州麻栗坡县,有这样一位干部,他自称"带货小能手",每到一个乡镇、村委会,最爱问的就是"你们这里有什么可以带出去的货"。他带的,不是私货,不是假货、水货,而是真情实意、真帮实扶的干货、硬货。其实他口中的货,既有东西部扶贫协作结出的硕果——黄花梨、百香果、草果、小龙虾,更有深藏于麻栗坡沟沟壑壑的古树茶、小粒咖啡、土蜂蜜……他是上海市第11批静安区援滇干部中的一员,现任麻栗坡县委常委、副县长,他叫顾瑜。

2019年7月15日,在飞机引擎的轰鸣声中,顾瑜告别了妻子,告别了即将升入高二的女儿,告别了熟悉的上海,与其他100多名援滇干部一道前往2 300多公里外的彩云之南。这一去,就是三年。此刻,他和身边的其他援滇干部一样,心中有对故土的眷恋、有对家庭的愧疚,但唯独没有对这个选择的后悔,因为他知道,自己的肩上担负着组织的重托,担负着106万静安人民的期望:传承延续好上海静安与云南麻栗坡两地"山盟海誓"的廿四载情分!

顾瑜没想到,前任李晟晖会把与自己交接工作的地点选在麻栗坡革命烈士陵园。在肃穆的英雄纪念碑前,在烈士长眠的陵寝旁,两名同样来自浦江之畔的干部交流了许久。从李晟晖同志的口中,顾瑜第一次知道:陵园里埋葬着960名烈士的忠骨。他也了解到,这是一块英雄的土地——当祖国其他地方高唱《春天的故事》之时，这里还回响着《血染的风采》。"麻栗坡人民值得支持！"顾瑜一直记得李晟晖的叮嘱，"我们不仅是来帮助他们的，也是来向麻栗坡人民学习的！""我是一名新麻栗坡人"，几天后，在任职麻栗坡县人民政府副县长的仪式上，面对在场的人大代表，履职承诺前，顾瑜很郑重地说了这样的话。

顾瑜的任务无疑很重——他既要抓紧时间熟悉麻栗坡的县情乡貌，也要迅速进入角色做好东西部扶贫协作工作任务的推进，确保项目如期完工，还要督促落实好挂联乡镇及行政村的脱贫攻坚补短板工作。面对繁重的任务，顾瑜迅速将城市精细化治理的上海"绣花针"模式调整到了"只要干不死，就往死里干"的老山方式，仅用不到一个月，他就走完了麻栗坡县11个乡镇；两个月，走遍了全县沪滇扶贫协作所有的项目点。

"云品入沪"作为东西部扶贫协作重要内容之一，顾瑜到任后一直在为麻栗坡县的农特产品走出大山、走进上海而奔走，因为他知道"只有把山里的货卖出去，麻栗坡的好钱途才会更扎实"。他曾率队参加上海茶博会，让挑剔的上海人品味到了老山古树茶的独特芬芳；他配合上海东方卫视大型扶贫公益节目《我们在行动》在麻栗坡的摄制，把麻栗坡鲜为人知的史地风物，尤其是草果、三七、土蜂蜜等特产展现给了全国观众。2020年，麻栗坡县的小粒咖啡等农特产品因为疫情影响销量大幅下跌。怎么办？顾瑜想到了方兴未艾的"直播带货"。他想到了出路，却又在"主播"人选上犯了难——整个农投公司，没有一个人尝试过。思索再三，他决定带头"吃螃蟹"，当全县领导干部中的第一个带货"主播"。2020年4月24日，也就是直播的前一天，借着休息的片刻，他在朋友圈许下了那个"为麻栗坡挣个好钱途"的心愿。因为当了带货的"主播"，2020年4月和5月，顾瑜比之前更忙碌了。5月中旬，他返回上海对接"百企结百村"项目,忙里抽空,没顾得上帮妻子干一些家里的重活,也没和女儿聊聊天,疏解一下她即将到来的生物小高考的压力,而是连着上了三天静安团区委在B站的直播,热情地向大家介绍:"朋友,请买一份云南麻栗坡的农产品。"他面向楼宇白领青年,侃侃而谈,推介麻栗坡特色农产品和秀美景色,从老山的产品聊到老山人、老山情,直播的最高即时在线观看量达到创记录的近6 000人。2020年,顾瑜在景域驴妈妈直播带货平台销售麻栗坡县的小粒咖啡销售额达5万多元,产生了影响力。2021年年初,仅国泰君安证券公司就买了150多万元麻栗坡小粒咖啡;顾瑜等扶贫干部还通过农行扶贫商城,销售麻栗坡的茶叶、咖啡约50万元。

时间悄然流逝,喜悦也不期而至,2020年5月21日,云南省扶贫开发领导小组公布了各县市2019年东西部扶贫协作评价结果,麻栗坡县被列为"好"档次。顾瑜说,这是上海与麻栗坡"山海结盟"、协作共进的结果。如今,他依旧很忙,忙着干他的本行——东西部扶贫协作;忙着干他的副业——帮麻栗坡带货。他很乐意和大家一起联手帮扶,让这片贫穷的边地改变模样。

三峡扶智,绣出一片新天地

"我住长江头,君住长江尾。日日思君不见君,共饮长江水。"

在静安区合作交流办公室里,蒋明亮讲述着静安区和湖北夷陵区因三峡工程而结缘的往事。蒋明亮于2016年12月赴夷陵区挂职任区对外交流合作办(原夷陵区三峡工程建设领导小组办公室)副主任,为期三年。他介绍了自己和其他帮扶干部助力基层,畅通两地合作渠道、助推夷陵经济发展、帮助移民致富的故事。

静安区结合夷陵所需,连续多年真心真意地倾情帮扶。围绕让三峡移民"搬得出、稳得住、逐步致富"的目标,注入帮扶资金,落实帮扶项目,委派挂职干部共同奋斗。对口支援,要扶资,更要"扶智",静安区在加强"输血"的同时,重视产业扶持、热心孵育致富带头人,不断增强夷陵发展"造血"的能力。

湖北省宜昌市夷陵区,是三峡工程所在地。从20世纪80年代三峡工程筹建开始,夷陵即启动了移民搬迁安置工作,它是湖北省三峡工程移民最早、就地就近安置移民最多、移民结构最复杂、安置难度最大的县市区。

许家冲移民新村被称为"坝头库首第一村",由于修建三峡工程,当时19岁的谢蓉成为三峡库区第一批移民,她跟随父辈一起离开家园,搬迁到这个村子。

过去,村民以传统的水稻、柑橘和茶叶种植为生。搬迁移民后,青壮年劳动力大多外出打工,村里妇女留守在家,除了锅台灶台,就是串门聊天打牌,谢蓉也在其中。

随着三峡工程完工,原本热闹的坝区突然安静下来,谢蓉也开始迷茫:"没有地,又没工作,怎么办?我要找一条就业的路子。"2012年,她组织同村姐妹组建了宜昌绣女工艺品合作社。可是,因初期产品没有特色,销量不佳,初次试水没有成功。

2013年,谢蓉在三峡坝区太平溪镇许家冲村,成立了宜昌沁邑民俗文化产业发展有限公司,她自主创业,带动一批赋闲的移民妇女谋发展。她的创业得到了上海对口帮扶干部的大力支持。

2014年,通过静安区扶贫干部牵线,谢蓉和其他5位移民妇女受邀来到上海静安区社会组织联合会参加培训。在上海,静安区的老师耐心指导,细心示范,教会她们如何创意、如何营销、如何创品牌等。通过在静安区学习培训,谢蓉眼界大开,她学会了如何把手工产品做得更精致、更有卖点,如何推销自己的产品,由此打开了一扇崭新的大门。除了业务培训,静安区的一些部门还给谢蓉办的刺绣公司资金帮助,让她发挥引领作用,帮扶更多的三峡移民姐妹

谢蓉教姐妹们学习刺绣技术

就业脱贫。

"到了上海，感觉一下子打开了视野，"谢蓉说。除了要在产品上挖掘当地特色外，还要关注产品的实用性，这样消费者会更乐意购买。

她和姐妹们回三峡后深耕当地非遗绣艺"牵花绣"，开发出"中华鲟艾草布艺挂饰"等公平贸易旅游产品，还试着将当地的艾叶填充到绣品里，打造"手绣+艾草"的生态特色文化理念。

路子找对了，方法学会了，销路也打开了。谢蓉注册了"峡江绣女""三峡·艾"等具有三峡特色的商标。渐渐地，产品开始走向全国市场。

在静安区社会组织联合会的牵线下，谢蓉还和上海市乐创益公平贸易发展中心合作，通过"手工艺+旅游服务"模式，带领更多的移民创业就业。如今，企业带动了200多名移民绣娘灵活就业，以计件的方式支付报酬，2018年创造的收入就超过200万元，成了三峡移民的一个就业基地。

三峡移民牵花绣培训班

基地在上海市社会组织联合会的帮扶下,积极推动"三峡移民公平贸易旅游合作社"的发展,基地先后被评为上海市静安区"公益品牌基地",宜昌市、区"巾帼脱贫示范基地"。基地负责人谢蓉也获得"全国农村电商致富带头人"称号,获得"湖北省三八红旗手"等荣誉。2018年4月24日,在习近平总书记考察许家冲村时,谢蓉向习总书记汇报了工作,得到了总书记的肯定。

拉孜巡诊,走好医院整改路

一个阳光明媚的下午,静安区彭浦镇社区服务中心主任办公室里,主任李天舒讲着那年援藏的故事。2013年6月,李天舒任西藏拉孜县卫生服务中心主任,负责医院的工作,也负责卫生援藏工作。让他印象最深的是在拉孜的乡间巡诊和医院整治。

2014年一个春天的早晨，李天舒等人第一次参加巡诊，目的地是扎西岗的苏村，巡诊的路曲曲弯弯。

下乡巡诊的设想，是从2013年7月1日，李天舒随拉孜援助小组下乡调研时开始的。从县城到扎西岗的苏村，两个多小时的车程，一路颠簸，让人头晕胸闷，很难受。在苏村，他们遇到一位82岁的老太太央拉，老人独自在家，子女白天不在身边。近期她一直咳嗽，因路远和无人陪同，无法去医院就医。那天，老人蜷坐在家中的床上，向援助小组的同志投来求助的目光。调研回来，李天舒心情沉重。拉孜地域广阔，交通不便，群众就医困难，怎么办？拉孜援助小组的同志提出下乡巡诊的倡议，县卫生服务中心领导商量后决定组织巡诊，服务百姓，走好医院的整改之路。

因不久前出现过山洪，此时路上坑坑洼洼，比上次去时更难走。弯曲的路，就像艰难的医院整改之路，李天舒心如铁坚，他要在艰难困苦中闯出一条路来。

李天舒到拉孜后，任拉孜县卫生服务中心主任，也就是县人民医院院长。分管的副县长告诉他："县医疗服务工作基础薄弱，医务人才少，医院的管理服务欠佳，要花大气力改进。"李天舒也发现，医院里欠缺很多：缺厕所，缺有资质的医生护士，缺系统的管理部门，缺完善的规章制度；医护人员的工作积极性也不高。于是他一一着手改进：修建厕所，健全规章制度，培训医护人员，成立医教科、护理部、院内感染管理科和预防保健科等4个现代医院管理部门；且责任到人，及时奖罚。援藏干部和医院领导则身先士卒做好表率。

李天舒一直记挂着那位央拉老太太，希望能帮助她。苏村到了，在驻村工作队的陪同下，巡诊医生来到央拉大娘家里。老人家仍像上次那样蜷坐着，咳嗽着，医生的到来让她感到意外和惊喜。询问病情后，医生为她做了详细体检，发现她两肺下部均有点啰音，血压也较高。医生告诉她病情，叮嘱注意事项，赠送了一些药品，告诉

巡诊现场一角

她怎么服药。老人满是皱纹的脸上露出了灿烂的笑容,"谢谢你们,谢谢你们!"她连声道谢。接着,医生又为其他赶来的村民看病,提供咨询,一口气诊治了十几人。针对这些人的病情,医生对症下药,分别发放了药品。

此后,李天舒又组织了多次巡诊,深受农牧民欢迎,共义诊了千余人次,足迹踏遍拉孜县所有乡镇。通过义诊,医疗队为村民治愈陈年疾患,对疾病进行及时治疗,就诊的村民都非常感激。在扎果村,他们发现一名2岁的女孩营养不良,不能站立,可能是先天畸形,医疗队联系了地区医院的援藏干部,并委托驻村队送她到医院治疗。在拉孜村,他们又发现一名3岁的男孩,确诊为斜疝,需要手术,但患儿父亲去世,家境贫困没钱手术,拉孜县卫生服务中心就免费收治该患儿。在明玛村,他们发现一名14岁男童患先天性白内障,视力模糊,鉴于男童家境窘迫,医疗队为他及时联系了免费的复明手术。

义诊是拉孜县卫生服务中心的一项重要工作。李天舒知道,提高医护人员的业务水平更是重中之重,它关系到医院的医疗能力,关系

下乡巡诊现场,人头攒动

到病人的健康。他们自筹资金30万元,率先建立了上海闸北—拉孜远程医疗及教育系统。通过这个系统,完成远程会诊5次,远程教育1 200人次,提升了拉孜县医务人员的业务水平。三年来,医院共有30多人通过了各种岗位和职称考试。他们还实行每周小讲课制度,由技术骨干讲医疗、护理和防保等知识,提高卫技人员素质。他们还编制医院的"基本理论、基本知识和基本技能"目录,每季度进行"三基"考核。通过医院内部授权,让卫技人员实现定科定岗,实行卫技人员年度技术考核和专业考核制度。他们还开展医院等级评审工作,在2014年拉孜县卫生服务中心通过"二级乙等综合性"医院的评审,也是当时西藏自治区两家通过"二级医院"评审的县级医疗机构之一。因工作成绩出色,李天舒被评为拉孜县民族团结先进个人。

抓住关键,答出一道难解的试题

2015年4月13日,上海市共康中学校长、日喀则市上海实验学校党总支副书记、校长李劲到西藏的第五天，就参加了学校的一个会议。这是李劲第二次参加对口扶贫工作。2005年7月，他曾参加援疆工作，在阿克苏地区奋斗了三年。

这是一所小学、初中、高中合一的12年一贯制学校，是西藏唯一一所这样类型的学校。6月是小考、中考、高考三考的考试月，距考试月只有不足2个月的时间了。那天，上海市第七批援藏干部领队、日喀则市委戴晶斌副书记到学校进行薄弱学科攻坚调研会，发现了问题，戴书记说："实验学校小学部小考考进内地西藏班的学生数，2012年是3名，2013年是2名，2014年是1名，按这个趋势，2015年可能就要归0了。怎么办？"

怎么办？要答好这道试题不容易，李劲心里压力很大。戴书记说这话，是期盼这所学校能有大的变化。于是他抓紧对学校做调研，进课堂，听评课，找干部、教师、学生谈心，积极寻觅对策。

屋漏偏逢连夜雨。4月25日，尼泊尔发生地震，日喀则也是震区。地震后，李劲迅速赶到学校，仔细巡查校园，排除安全隐患。学校里有些学生来自地震灾区，因无法与家人联系，情绪不稳定，要求回家。李劲带领学生处干部和班主任，找学生一一谈心，耐心做思想工作，帮助学生联系家人，安抚了学生的情绪。

通过调查发现，小学生生源欠佳，是小考成绩不理想的重要原因。学生都是附近农牧民的儿子，家长大多不懂汉语，不懂怎样教育孩子。家长没办法管教这些孩子，学校就要多想办法。于是在近两个月里，李劲将大多数精力都花在了小学部。他经常随机进小学部课堂听课，指出不足，督促老师认真备课；他请小学部的中层干部和班主任来开会，了解有几个学生成绩较出色。经过排摸，他发现2015年的两个毕业班里59人中，只有四五名学生具有冲击内地西藏班的潜力。李劲和老师在做好毕业班整体工作的同时，重点盯住这四五名学生，给他们开小灶强化辅导。这里的小学生是走读的，中午12点回家吃饭，下午3点来学校上课。李劲让几位重点学生中午在学校里吃饭，老师抓紧时间带教。下午放学时，让他们在学校里做好作业再回家。经过一段时间的强化训练，效果非常好，2015年6月小考考进内地西藏班的有三人。此后，小学生中午就被规定在学校吃饭，老师抓紧时间辅导。第二年六月，小考考进内地西藏班的达到六人。在雪域高原，李劲漂亮地答出了戴书记出的试题。而学校中考则保持着自治区第一的水平，2015、2016年连续两年高考上线率为全自治区第一。

在2015年小考录取的三人中，有一个女孩是藏族孤儿。2016年，她的妹妹也即将小考。眼看离小考的日子不远了，原来年级排名第二的妹妹成绩突然落到了十名之外。李劲问班主任这是怎么回事，班主任答道，看到姐姐进了上海共康中学，她也想进。但妹妹的出生年月报错了，出生时多报了两年。妹妹性格内向，当她听说自己因年龄偏大无法报名进共康，就没心思读书了。面对妹妹的年龄比姐姐大这件怪事，面对藏族遗孤无法解决的难题，李劲说，我去试试，看看能不能纠正错误。

询问妹妹是在哪里报户口的，没人知道。李劲托人到市里寻找，没有结果；再到县里找，千方百计找到妹妹报户口的地方，向有关部门说明事实真相，再请福利院出具情况证明，学校也写说明，费尽周折终于把妹妹的年龄改回来了，让她有了参加考试的机会。错报的年龄纠正之后，李劲找来这位藏家小妹妹，对她说："年龄改回来了，你有机会进共康了，你要全力以赴把小升初的考试考好。"两个月后，小妹妹上线了，也进了共康中学。两位藏族姐妹在共康中学学习很好。姐姐2018年考进上海市珠峰中学高中班，妹妹则于2019年考进广东佛山一中。春节时，李劲会去看看这对藏家姐妹，给一点红包，让她们感受到社会的温暖。李劲非常感慨："通过关键的小考，两个女孩的命运完全改变了，通过教育，改变了她们的人生。"

春节时李劲带藏家妹妹去看望读高中的姐姐（右一：姐姐；右二：妹妹；右三：李劲）

知青儿子，捧红"巴楚留香瓜"

2013年11月16日，静安区对口援疆报名的最后一天，严布衣报名援疆，当时他的妻子已有身孕。他父亲是在疆上海知青，他出生在上海静安，成长于阿尔泰山南麓。不久，他来到新疆巴楚县，任县商务和经济信息化委员会副主任。

到巴楚后，他走遍了所属的12个乡镇。在和当地人员的交流中，他发现农民种的瓜果严重滞销。巴楚地处偏远，运输成本高、损耗高，老板来包地时会把价格压得很低。有些农户把瓜存于瓜窖，想等天凉后拿出来卖个好价，可由于储藏技术不佳，有一半的瓜都烂在窖里。巴楚农户的瓜果销售很难。

2014年夏天,他去某合作社调研,见一位农户拎着一些瓜来找销路。这位老乡先请严布衣吃瓜,说这个瓜是当地特产。在新疆长大的他吃过许多好瓜,但老乡的这个瓜口味独特,清新可口,让他大吃一惊。品完瓜后他提出,要带两个瓜回去给指挥部的同志尝尝。当天,这个瓜得到了大家的一致认可。于是他向领导请示,希望能将其推向上海市场。这种瓜被当地称作"库克拜热",意为"绿色营养瓜"。在严布衣等援疆同志的努力下,他们和农村合作社联手,将当季的一批"库克拜热"发往上海试销。

这款瓜从未运出过新疆,市场上对它不了解,销售很困难。严布衣等对口支援干部就先在朋友圈内推销。一个同学为他引荐了一家水果批发企业的刘老板,在尝过空运到上海的样品后,他决定先进10吨货。

"库克拜热"有了销路,他们便开始与当地合作社洽谈收瓜事宜。起初,他觉得此事没啥技术含量,可放手让合作社做。后来不放心,就去现场看。一看,就发现了问题。原来,合作社为了利润最大化,专挑便宜的瓜收。他意识到了问题的严重性,如果这批开拓市场的瓜因质量问题没能打响"头炮",以后推广就难了。于是他决定立即整改。

刚解决完瓜的品质问题,包装箱又出了状况。原来,合作社订购的纸箱因质量欠佳,无法承受瓜的重量,弄破了。于是,严布衣他们从阿克苏订购了标准纸箱,再请当地百姓重新装箱。

30吨"库克拜热"装车后,他派了合作社的一位维族小伙跟车。自己也向单位领导请了假,飞回上海处理卖瓜事宜。9月4日,货车抵达上海,那天是他的生日,他宴请了几个同学朋友,并请他们一起做快递员,把预售的瓜都送到客户手上。他们送了一个通宵,才把几吨瓜送到位。就在他为剩下的瓜该怎么处理而发愁时,突然接到了刘老板的电话。

电话那头,刘老板要求把剩下的瓜全都送进他的冷库。刘老板说,当初只要10吨,是看在朋友的面子上帮忙,因为那时他并不觉得这个瓜有多好。可在收到运至上海的"库克拜热"后,他立刻被瓜的品质所征服,并发现了其中的商机。就这样,刘老板将剩余的十几吨瓜全部收购,并将瓜发往家乐福等一些大型卖场销售。

第二年,"库克拜热"丰收季来临前,巴楚分指挥部便联合巴楚县政府、农村淘宝和当地龙头电商企业,大家发挥资源和技术优势,通过政府支持、平台引导、精准定位、市场运作,用现代供应链方法推广"库克拜热"等当地产品。他们利用订单农业模式,通过"互联网+扶贫"的方式提升产品种植标准和产品品质,实现贫困县农业规模化、标准化、产品化、品质化,促进互联网销售。

为了让"库克拜热"的知名度更高,他们将巴楚地名与"库克拜热"唇齿留香的特性相结合,打造出"巴楚留香瓜"的新品牌。随着宣传力度增加,各地的网民都开始知道"巴楚留香瓜"。

此前,当地农户种瓜,一根藤上会结六七个瓜。合作社请来专家指导技术,严格控制藤上瓜的数量,以保证质量。早期种植时,农民没有商品和外观概念,一些瓜品相不佳。对口支援的干部和县农业部门一起指导农民,按商品瓜标准要求改变种植方式,实施品控管理。农技专家在田间为农民授课,指导种植、田间管理和采摘。随着种植农户能力的提升和农产品品质提升,"巴楚留香瓜"的市场价迎来了新一轮的增长。老百姓得到了实惠,他们在实现脱贫的同时,也对自己的能力与价值有了新的认识。

随着"巴楚留香瓜"项目的成熟,甜瓜的种植和销售逐步由客商和农户自己运作。有趣的是,就在严布衣返沪前,有位领导用玩笑的口气向他抱怨:"你们把'巴楚留香瓜'做活了,如今我们想吃都吃不到了。"这也从一个侧面证明,"巴楚留香瓜"已经是供不应求的网红商品。

在推介巴楚留香瓜的活动上

白领驿家,探索社会援疆新模式

白领驿家中心于2009年12月成立,是凝聚白领、优化区域发展环境的公益性社会组织。近年来,其旗下又成立了白领驿家巴楚工作站,积极探索社会援疆新模式,搭建白领志愿者参与国家脱贫攻坚工作、帮扶新疆喀什巴楚县群众的桥梁。

2018年9月,通过召开座谈会,白领驿家中心获知静安白领有参与脱贫攻坚的意愿。在上海援疆巴楚分指挥部的帮助下,白领驿家中心也了解到,巴楚青少年有不少心愿,主要问题是他们能看到的书太少。

数月后,白领驿家心愿认领和图书捐赠活动开始进行。静安白领通过心愿认领和图书捐赠,助力对口扶贫工作。公益目标为"999+1"——认领对口扶贫地区少年儿童的999个愿望,募集少年儿童图书10 000本,为对口扶贫地区小学——巴楚一小建设1个"益家盟小胡杨图书室"。随着募捐活动的进行,认领和捐赠数字不断攀升,最终在活动结束前,静安白领助力对口扶贫公益行动的公益目标超额完成:少年的999个愿望全部被认领,募集到的少年儿童图书12 000多本。据悉,这是上海首个面向社会广泛发起、"两新"组织和白领群体自发参与的对口扶贫项目。白领驿家中心在改变白领的生活方式的同时,也激发起他们内心深处向上向善的力量。

"白领有参与公益的热情,新疆巴楚青少年有需求,这是我们参与援疆的对接点。"白领驿家中心党总支书记、理事长史逸婵感到,要想把援疆工作做扎实,必须接地气,于是萌生了在巴楚成立工作站的念头。

2019年6月,白领驿家中心参与援疆的前方工作站——"白领驿家巴楚工作站"启用。工作站位于巴楚"市民之家"的"小胡杨实践基地",112平方米的独立空间包含展示区、服务区和互动区。他们设立了静安巴楚联动工作组,派人与巴楚工作站联系,每周召开工作会,和巴楚工作站连线沟通交流。白领驿家中心团队定期赴巴楚开展培训和指导,提升了巴楚工作站的自我运行能力。

巴楚工作站成立后,白领驿家中心召集"静安益家盟"28家单位、团体的负责人和代表考察巴楚,与巴楚县委县政府签订共建战略合作协议,与巴楚企业代表座谈交流,为青年干部、妇女干部、社区干部、青年教师、在校学生开展专项培训。

除了妇女维权、家庭工作方面的培训,代表们还为当地中小学生和英语教师带来浸润式英语体验公开课。一些企业家结合地理和形势,探索提升巴楚企业竞争力和经济效益的路径,已开展培训19场,培训各类群体1 096人次。

静安区有许多热心公益的组织和企业,用爱心滋润着远方的"小胡杨"。白领驿家中心不断播种社会援疆理念,靠社会力量让援建工作持续发展。

2019年8月，白领驿家中心复制"静安益家盟"模式，辅助"小胡杨"发起建立"巴楚益家盟"，召集巴楚地区企业9家，组织开展单身青年七夕联谊活动、为金婚老人家庭拍照活动，探索团结本地社会力量服务群众的创新社会治理模式。通过签署共建协议，将两地"益家盟"连在一起，通过这一纽带传递发展理念，帮助巴楚脱贫。

2020年，新冠疫情笼罩，对静安和巴楚都是一次挑战。2020年秋季，"静安益家盟"募集100瓶消毒洗手液、5 000只一次性医用外科口罩，再度发起向巴楚的援助，两地人民守望相助、共克时艰。

援疆不仅是资金上的支持。扶贫重在扶志，扶志教育为本，带领新疆青少年拓展视野，为他们栽下一颗梦想的种子，也很重要。

2019年8月，20名新疆巴楚的小朋友来到上海，在白领驿家巴楚工作站志愿者带领下，进行了"探秘上海滩"之旅。沿着职业体验、参观学习、信念教育的路线，小朋友们跟随白领驿家工作人员参观了上海广播电视台、十六铺码头、自然博物馆、上海航空科普馆、团中央旧址等一系列地点。

他们还走进楼宇"当"了一天白领，体验无人便利店，制作APP……这些体验，激起了小朋友们对未来职业发展规划的热情。或许有一天，在选择自己人生之路的时候，他们会回忆起那些美好的梦想，以便走好未来的路。

愚公移山，心想事成。当一个又一个上海儿郎辞家别子来到边疆，当一批又一批静安子弟来此传经送宝育才育智，数千里外的输出，促进了边地景色的美化和优化。几番寒暑，月缺月圆，静安区的对口支援者得到了锻炼，提高了水平，边疆的百姓开阔了眼界，增强了脱贫致富的能力，他们和祖国一起奔向小康。脱贫地区的百姓献上洁白的哈达，献上自种的瓜果，献上家酿的美酒，以感谢上海静安人的爱，感谢对口援建干部、技术人员和志愿者的无私奉献。

对口帮扶的那些人、那些事
——普陀区对口帮扶工作纪实

高鸿文　韩建刚

从东海之滨到祖国边陲、从天山南北到红河两岸、从雪域高原到赤水河畔,为打好对口帮扶协作攻坚战,根据国家和上海市的统一安排,普陀区委、区政府以高度负责的政治意识,从1995年向西藏日喀则地区定日县派出首批援建干部至今,已先后派出28批次69名干部,分赴西藏、新疆、云南、贵州四省11个县(市)开展扶贫协作、对口支援工作。参加援建的干部们,带着普陀人民的深情厚谊,把对口支援地当作"第二故乡",全身心投入,与当地的干部群众心连心、手拉手,为促进受援地经济发展、维护社会稳定,贡献了智慧和力量。2020年,普陀区对口各受援地已先后完成了脱贫任务,当地群众也和全国人民一道进入了小康社会。

二十六个春秋记录了普陀干部的责任和担当。他们坚持"输血"与"造血"、当前与长远、扶贫与扶智、对口支援与双向协作、政府引导与社会参与相结合,注重挖掘地方潜力,加强经济建设和生态文明建设,综合施策,系统支援,为改变受援地的社会经济面貌,改善广大人民群众的生活品质而孜孜以求。

二十六个春秋,彰显了普陀扶贫干部的为民情怀。他们战胜高原缺氧等挑战,翻山越岭,走进千家,在崎岖山林里谱写对口帮扶的篇章,在往来千里的路途上架起东西两地的"山海情缘"。他们为大家、舍小家，当得知亲人病重，他们强忍热泪；当听到电话那头传来的孩子呼唤，他们默默以对。在每一次调研的路上、每一次访贫助困的时候、每一天繁忙的劳作中，他们都传递着来自上海的爱，践行着党员的初心使命。

二十六个春秋，锻造着普陀干部的优良作风。他们遵循"中央要求、当地所需、普陀所能"，谋划好每个援建项目。从山林资源中培育特色产业，从村路民居中打造示范亮点，从小小教室里培育造血基因。援建工程的每个节点都有他们的身影，运货发货的每个夜晚都有他们熬红的眼睛。为了让援助资金效益最大化，他们盘算好账簿上的每一分钱；为了尽快打开工作局面，他们深入村寨成为乡亲们的"好兄弟"。在此我们选取了几则小故事，来回顾这段难忘的历史，展示普陀干部融入西部的历程，展示普陀健儿亮丽的丰采。

"上海光明工程"照亮新疆小村庄

严志农，1961年12月生。2016年9月至2020年1月，任上海市普陀区城市建设有限公司党委书记。2002年7月至2005年7月，他参加了上海第四批援疆工作，任新疆阿克苏地区计委党组成员、副主任。在阿克苏，他有一个非常好听的称呼——"光明使者"。

2003年10月的一天，严志农来到了边远的农牧区调研。傍晚时分，他拖着疲惫的身躯从山上下来，发现家家点着油灯。真没想到，这里的百姓居然还在靠点油灯过日子！

后来他才知道，阿克苏还有近12 000户牧民生活在没有电的日子里。这些牧民居住的地域偏僻，电网无法覆盖。他们没有见过电灯、电视、电话，有的老人甚至一生都没有走出过山村。由于没有电，他们缺少了一条接触现代科技知识的途径，使他们生活在一种闭塞落后的环境中。

这一夜，严志农彻夜未眠，一个大胆的决定在脑海中渐渐清晰起来：利用太阳能这种取之不尽的能源来解决牧区的用电困难问题。他将这个想法向联络组长、地委副书记金士华同志汇报，得到地委的批准，地委将这一计划命名为"上海光明工程"。

不久，严志农利用回上海休假的机会，向区政府递交了"光明工程"行动的论证报告。为了争取这笔援助款项，他不断到各委办局讲解、协调，争得上级部门的理解与支持。为了向领导汇报工作进程，有时他在待候室里一等就是大半天，甚至守候在领导住所门前，尽一切可能争取援助资金。

这片情系边疆的诚心，打动着接待过他的每一位同志，他们也感受到"光明工程"将对新疆稳定、和谐起到重要作用。经过多方努力，在区领导的大力支持下，"光明工程"争取到了150万元资金，再加上地区配套的50万元资金，他们购买了1 000套由德国与荷兰联合研制的太阳能光伏用电设备，为1 000户之前从来都没用上电的牧民带去了光明，带去了外面世界的精彩。

2004年6月，"光明工程"启用仪式即将举行，得知消息的亚克里村父老乡亲奔走相告，他们穿着节日的盛装，端着自酿的美酒，载歌载舞地欢庆这个不眠之夜。在一声"启电"的口令之后，一盏盏明灯在牧民的家中纷纷亮起，一阵阵欢呼声此起彼伏，古老的村庄沸腾了，人们围着电视机唱着、跳着，尽情地享受着光明所带来的快乐，而严志农也被人们簇拥着走进了欢乐的麦西甫舞场。

看到眼前欢快的场景，严志农的眼睛不禁湿润了。他参加过许多隆重的宴会和舞会，但这天晚上的舞会是他一生中最难以忘怀的。为了这一时刻的到来，他付出了很多努力，每一盏明灯都是村民欢乐和富裕的希望。热合曼大叔激动地拉着他的手说："用上电是我这辈子连想都不敢想的事。今天看见了，我太激动了，谢谢你们！"沙雅县二牧场农民艾山老人也动情地说："我在这里住了50多年，晚上

2004年7月在库车县，严志农查看农民家中的太阳能发电装置

都是用油灯过日子，油灯把我的眼睛都熏坏了。现在看到这个干净的没有油烟的东西还能照明，真的太好了。这辈子我做梦都不敢想的事实现了。共产党亚克西！上海干部亚克西！"老人把太阳能看成宝，还特意用洁白的纱巾把灯泡包住，舍不得用，怕灯泡脏了、弄坏了。经过工作人员解释，他才很不情愿地把纱巾取下。

在三年的援疆工作期间，严志农默默地克服着家庭困难，承受着对妻儿老小的愧疚。他把阿克苏当作自己的第二故乡，为边远农牧民带来光明，为温宿县扶贫帮困基金会注入资金，为残疾人捐助生活费，向乌什巴楚县的灾民伸出援助之手，他尽力奉献，把点点滴滴的爱注入到新疆群众心中。

藏族孩子的"阿爸啦"

夏时勇，1973年10月生，中学高级教师，2013年6月至2016年7月任中共西藏亚东县教育局书记，亚东县中学校长。2016年8月任上海市铜川学校校长。

夏时勇

夏时勇曾在2007年去云南支教,当时他的女儿才4岁,拉着他的手哭着叫"爸爸不要走"。2013年他又要去援藏,已经10岁的女儿很懂事地对爸爸说:"你去做藏族学生的爸爸,我在家会努力的,让你为上海女儿骄傲。"热泪盈眶的夏时勇,义无反顾地踏上了援助亚东教育的新征程。

夏时勇记得,他踏进亚东县中学时正值中考。一些陪考家长在学校垒灶煮茶,烟气弥漫,校园里满是垃圾。当时学校的教学质量欠佳,数学、藏语和英语戴着薄弱学科的帽子。面对这样的学校,怎么办?经过商量,他决定率先示范,带头捡垃圾,发动全校师生进行环境整治义务劳动。当他弯下腰,捡起第一片垃圾,当他徒手掏阴沟,冲洗厕所的尿垢、屎垢,全校师生也都默默地跟着干起来,不再乱扔垃圾。校园慢慢地开始变得干净起来。夏时勇又联合相关部门,拆除了学校周边的各类小店,还学生一个安宁的学习环境。干净整洁的校园环境,成了这位援藏干部送给孩子们的第一份"见面礼"。

整治环境不难，难的是育人育心。夏时勇对照着全校教工的照片，硬是把比较难记的藏族名字记下来，做到了不认错人。他和全校教工逐一谈心，了解他们的想法，倾听其心声。他还经常家访教工，看望学生，拜访老领导，了解了学校的现状和师生的期望。他每天第一个到校，巡视食堂和教学楼，认真听课；他每晚都到校，检查学生晚自习和培优补差工作，查看学生宿舍情况，周六也不休息，经常因工作忙而赶不上回食堂吃饭。

提高教学质量的关键是提高教师的素质。夏时勇他们发现，亚东中学教师的业绩考核有"大锅饭"现象，老师的工作积极性不高。为了激励先进，他们拿出部分援藏资金，制定了教师考核激励方案，教师工作出色，考评后给予一定的年薪奖励，还给予升职空间。待遇提高了，老师的工作积极性也大大提高。

亚东县中学有400名学生，他们大部分来自海拔超过4 300米的帕里、堆纳、吉汝和康布等乡镇的农牧民家庭。由于家庭经济困难，学生辍学时常发生，夏时勇便主动和一些牧民家庭结对。

堆坎乡小学的次旺卓玛同学，家里只有年迈的奶奶和体弱多病的母亲，生活贫困。由于家里缺乏劳动力，次旺卓玛经常旷课去放羊。得知这一情况，夏时勇就认了次旺卓玛一家做亲戚，定期给予资助，而他唯一的要求是：次旺卓玛必须上学。次旺卓玛从此记住了自己有个上海来的"阿爸啦"。

后来，次旺卓玛来到亚东县中学读书。一次，夏时勇到她的班上听课，次旺卓玛一下子便认出了"阿爸啦"。下课后，女孩跑到夏时勇面前，叫了一声"阿爸啦"！全班同学不服气啊：凭什么夏校长只是次旺卓玛的"阿爸啦"？于是全班同学都叫夏时勇"阿爸啦"。

2019年暑假，夏时勇的女儿和次旺卓玛见了面。虽然语言不通，但两人很快就熟悉起来。原本约定到了寒假请次旺卓玛到上海来个全家大团圆，由于新冠肺炎疫情影响，只好推迟计划。

通过教育和活动，援藏教师和当地孩子建立友谊

亚东县中学教学楼的两条长廊，是学生最爱的地方。艺术长廊的唐卡教室里摆满了学生的唐卡画作，其中不乏全国级比赛的获奖作品；舞蹈室里，孔雀舞、狮子舞和藏族当地舞蹈的道具，琳琅满目；科技长廊的机器人3D打印室里的智能机器人、3D打印作品陈列成行；气象生态俱乐部迷你科技馆里，发电机等各种设备等待孩子们来动手动脑。这两条长廊正是援藏校长将素质教育引入亚东县中学的见证。

现在，亚东县中学的教师素养得到了很大提升。学校6名教师在西藏自治区、日喀则市教学比赛中获奖，1名教师被评为自治区学科带头人，援藏工作也从"输血式"变成了"造血式"，为亚东教育的明天培育了一支责任心强、能力强、留得住的优秀教师队伍。从2014年起，亚东县中学学生的中考成绩在日喀则地区的23所中学中的排名直线上升，数学、藏语和英语也摘掉了薄弱学科的帽子，学校的升学率不断提高。

将珠峰大本营建成世界级旅游景点

许为民，1966年7月生，2001年5月任西藏定日县乡镇企业局

许为民

局长。2002年12月任定日县外事旅游局局长。现任普陀区政协秘书长、机关党组书记、办公室主任。

西藏是美丽的,蓝天白云和雪山映衬着它的纯净与宽厚,但高原恶劣的自然环境也造成了它的贫瘠。2001年5月,许为民刚到西藏,就出现了头痛等高原反应,但他克服困难,与前一批援藏干部做了工作交接,就开始调研,尽快熟悉当地情况。

定日县平均海拔5 000多米,境内8 000米以上的高峰就有四座,经济以农牧业为主,当时是国家级贫困县。

沿着协格尔河北上,就是协格尔镇的一些老民居。与其说是镇,不如说就是一个大点的村子,民居都是土坯房,大都很陈旧,每家每户的墙上都整齐地贴着一坨坨牛粪。许卫民心里很疑惑,为啥要把牛粪贴在墙上?他问了同行的当地干部,他们告诉他,定日县资源贫乏,没有煤,没有木材,贴在墙上的牛粪晒干了,剥下来就是柴火,它是当地老百姓家用的主要燃料。许卫民恍然大悟,明白了大街上小孩捡牛粪的原因,他深深地感受到当地民众生活的不易。

定日县有着得天独厚的旅游资源,世界级的著名旅游景观珠穆朗玛峰就在境内,但因环境恶劣,经济落后,定日县很难在旅游设施建设上有更多的投入,旅游业发展落后。随着国内经济的发展,到珠穆朗玛峰旅游的游客逐年增长,日益增长的市场需求同定日县旅游保障不足的矛盾日渐突出。

从定日县城到珠峰大本营有100公里,主要是以土路为主的山路,途中还要翻越一座海拔5 000多米的甲午拉山口,山路崎岖难行，一般车辆是开不到珠峰大本营的，需要像丰田陆地巡洋舰这样的"越野硬汉"才能进入大本营核心区。驱车单程需要近四小时，来回需要大约一天时间，沿途只有一个稍微大一点的扎西宗村，村头开了一家简陋的私人家庭旅馆，供应一些酥油茶、煎饼和面点，可供游人稍作休息就餐。由于设施简陋，效益也不太好。除此以外一路上基本渺无人烟。

在珠峰大本营，有牧民自发搭建的帐篷，作为游客的接待点，但随之而来的是出现了不少生活垃圾，造成环境污染。为防止污染破坏生态环境，县里有各种意见，也有建议要关停牧民的帐篷。当县政府听取援藏干部意见时，许卫民提出了自己的想法：珠峰大本营是定日县得天独厚的旅游资源，是世界级的旅游品牌，我们捧着的可是金饭碗啊！现在定日县的旅游市场客观上有需求，只是没有将旅游市场的需求转化为经济发展的优势。定日县旅游产业大有文章可做，要把旅游市场的人气转化为定日县的财气，以此带动定日经济发展，实现群众脱贫致富。对于牧民搭建帐篷作为接待点的问题，应实地调研了解：牧民是否有收益？游客是否有需求？只要牧民有收益，游客有需求，我们就应该支持鼓励，帮助牧民创收。关于生活垃圾污染问题，可以出台制度规定，加强管理，变无序为有序，通过引导和管理，将生活垃圾集中收集、定期清运，这样就能避免污染。之后，他们对定日县的宾馆旅店及家庭旅馆数量、设置分布和床位数、接待能力等情况进行调查摸底。按当年到珠峰旅游的游客数，定日县现有的接待能力是远远不足的。定日县旅游市场的发展主要有两个瓶颈制约：一是海拔高，自然环境恶劣；二是基础设施薄弱。由于没有较完善的旅游设施保障，游客宁可连夜赶回日喀则，也不愿意在定日住一宿，定日旅游大都是"过路经济"，既存在行车安全隐患，也无法带动定日县旅游经济发展。客观上，政府没有更多财力投入，那就更需要走市场化道路，发挥好市场配置资源的作用，鼓励有条件的老百姓发展家庭旅馆，从为游客提供最基本的旅游保障做起，边发展、边规范。

他的建议被定日县政府采纳。为推动旅游业发展，县政府成立了定日县外事旅游局，任命许为民为定日县外事旅游局第一任局长。援藏期间，他还规划筹建了318国道边上的白坝旅游小镇，建成了集救援、接待、观光、管理为一体的珠峰大本营观景台等一批旅游设施援藏项目，增强了当地农牧民发展致富的能力。

"谢谢你，陈上海"

陈张良，1956年3月生，2001年5月至2003年5月，参加上海市第三批干部援滇工作，任云南省思茅地区行政公署计划经济委员会副主任，负责普陀区与景东县、镇沅县的扶贫项目。2012年11月至2016年3月，任上海市普陀区档案局副局长。

2001年5月，陈张良来到思茅后，与思茅联络组的其他同志一起历时多天，行程2 000多公里，完成了思茅地区8个对口帮扶县的调研工作。他多次上景东县、镇沅县，会同两个对口县扶贫办的同志，到几个预选的项目点，到最贫困的农民家中了解情况，了解这两个县的贫困原因和发展潜力。

陈张良

想要富，先筑路。为使脱贫奔小康试点村的家家户户走上致富道路，就必须解决乡村道路问题。他第一次走进一个奔小康试点村寨时，经过的一条山间小路，高高低低的很难走。天晴时，一脚踩下去，尘土飞扬，弄得脚上全是粉末，下雨时，深一脚，浅一脚，鞋上沾满了泥巴，越走脚越重，一不小心还会滑倒，弄得身上全是泥浆。这个自然村小组的农户，散落在山坡的东南西北，为了将他们集中在环村路上，还要和他们商量，做好动员。于是，他和两县扶贫办的同志及村干部挨家走访，宣传建设环村路的好处和重要性，也听取当地群众的意见建议。经过一段时间的工作，大家都表示愿意把房子搬迁到环村路两边，于是在村组长的带领下，一场修筑环村路的战役打响了。

因村里的男性都出去打工了，村组长只好带着全村妇女背上竹箩，走上来回两公里的路，去河床上取石头装进箩筐，背回村里作为路的奠基石。就这样，村组长带领全村妇女奋斗了一段时间后，一条环村路修好了。村组长为了感谢大家对他工作的支持，在2002年3月8日"妇女节"这一天，特意带领全村妇女到县上旅游，并到县政府浴室洗了澡。事后村组长说：我给她们最大的福利，就是让全村妇女到县政府浴室洗澡，这是她们最好的一次享受。在上海洗澡算不了什么，而云南省思茅地区特别是山里的妇女，却把洗澡当作是人生最大的一次享受，真是天壤之别。

在一次走访中，陈张良发现两户村民的房子很破旧，上前一看，房子矮小，门板都坏了，墙板东倒西歪的还漏着风。从外面墙板缝往里看，家徒四壁，只看到一个铁三角上放着一把烧得黑乎乎的水壶，也没看见里面的人。他问村干部："这屋里住人吗？"村干部答："住。""人呢？""外出劳动了。"于是他对村干部和扶贫办干部说："新建安居房一户都不能漏掉，这两户人家也要一起建新房。"当地干部听了，觉得有些为难，摇头道："给他们造新房子有难度啊，有人会有意见的。"陈张良立即与当地干部商量，一定要让这两户人家的破房新建与整个项目同时进行。有意见的人，扶贫办与村组长去同他们做思想工作。通过上门做工作，有意见的人也想明白了，于是出现了"一方有难，八方支援""有力出力，有钱出钱"的标语。

全村的新建房屋一幢幢地排列在环村路的两边。

建新房的时候,他特意去看了两户困难对象的房子,一户已建好,另一户正在上房梁。新建房屋都是统一按少数民族风格建造的。房屋上的三角顶中间是镂空的,横梁上可以存放粮食和种子,腊肉也可吊在上面。三角顶既通风、透气,也利于采光。当陈张良查看新房时,也不知道谁去通知了这家农户。农民夫妻俩闻讯后,急步来到陈张良面前,"扑通"一声,双双跪在他的面前磕头。面对这突如其来的情景,他着实有点蒙了,说:"为什么这样?快起来,快起来。"正当他不知所措时,一位村干部说:"有人帮他们造新房,夫妻俩心怀感恩,一直在打听是谁帮助的。后来知道是你,上海人,姓陈。今天见到你了,就叫你'陈上海'。"陈张良赶紧将夫妻俩扶起,两人双手合掌不停地说着:"谢谢你,陈上海。"陈张良谦让道:"不用谢我,要谢的是你们村里的百姓和村干部,要谢的是我们的党和政府。"

"陈上海"不仅仅代表对一个人的称呼,也代表了上海人民与云南少数民族人民的兄弟情谊。

把方竹笋送到上海人的餐桌上

何果龙,1972年11月生,2014年10月任普陀区民防办公室副调研员。2018年赴贵州扶贫,挂职贵州省桐梓县,任中共桐梓县常委、副县长。

桐梓县位于贵州省北端,地处云贵高原,属于典型的喀斯特地貌,山高坡陡、沟壑纵横,生活条件恶劣,增收致富困难。提起桐梓县的产业,何果龙谈得最多的是方竹。方竹,生长在海拔1 200米至2 500米的高原山区,杆型细长、外形四四方方。每年9至10月出笋,纤维丰富,肉质细腻。

何果龙

由于生产技能、产品意识、市场信息薄弱,山里的资源基本上仅用于满足生活需要。怎样发掘这里的山地林下经济,把山里的宝贝推向市场,把西部的美味送到上海;怎样培育产业新增长点,带动群众生产致富,这一切都有文章可做。

桐梓县拥有方竹近百万亩,其中原始方竹林30万亩,为全球之最。延绵的方竹林是山民的亲密陪伴,为这里提供了绿色的生态,不尽的竹笋,更是山中一宝。方竹笋可以烘干食用,也有竹笋贩子就地生灶,烘制笋干在县城交易,而鲜笋卖出大山,却只有极少量。据悉,前几年有小企业尝试把鲜笋运到上海销售,但由于笋子植物蛋白丰富,运送过程中因保鲜技术不过关,导致笋子腐烂,损失过半,尽管销售价格诱人,以后却再也没人敢做这生意。

方竹笋产业其实是桐梓最好的扶贫产业,笋多、量大、质优,可以填补全国秋季鲜笋市场的空白,鲜笋加工产品还能在市场四季销售。更重要的是,桐梓县竹林覆盖的山村绝大多数是贫困地区,百姓可以参与到竹林养护、竹笋采摘等生产中,扶贫效益好,潜力巨大。

说干就干,何果龙在谋划2019年上海援建项目时,把方竹产业列为头号项目。经过当地多方认证和评审，确定了几个项目方案：400万元的方竹笋采摘便道项目、300万元的方竹林加工厂项目、20万元的鲜笋促销项目。

  采笋便道就设在全县贫困村最集中的黄莲乡。黄莲乡是全县平均海拔最高的乡镇，人称桐梓的"小西藏"，出产野生天麻、黄连等中药材。2018年10月的一天，桐梓县城阳光明媚。何果龙短袖着装，和县林业部门的负责同志一起，赴黄莲乡调研。山中湿雾弥漫，寒风夹带着细雨，山里的百姓棉袄已穿在身。在乡领导和村民的指引下，他们步行走了近20公里的产笋便道，穿过茂密的竹林。下午，他们来到了一户贫困户家中，大家聊起上山采笋的艰难路途，聊起鲜笋诱人的市场价格，当聊到规划中的上海援建项目产笋便道时，何果龙感受到了他们全家人的喜悦和期待。

  采笋便道项目在2019年6月开工，数月后完成。成品加工是农业产业中最重要的一环，方竹笋加工厂设在邻近城郊高速出口的楚米镇贫困户移民点马元岩社区附近，取名"桐之味"食品厂。这个由上海援建投资300万元，县国企及东部民企共同投资的配套项目，引进零下180℃速冻保鲜和无添加剂包装技术，生产出的速冻保鲜笋可保鲜三个月以上，无添加剂的清水笋可以常温保存半年多，加上即食笋和调味笋等小吃食品，大大丰富了方竹笋产品品种，也提升了质量。在各方的努力下四个月就完成了项目建设，刚好赶上9月份鲜笋出山。

  为了把这些鲜笋及时完好地销售到上海和其他东部城市，实现产得出、运得畅、卖得好，何果龙和挂职遵义市商务局副局长的徐建锋一起，提前一个月准备，联系上海各大供应链商家，包括沪遵消费扶贫联盟成员及其商家，邀请他们到桐梓县了解和品尝方竹笋，进行产销对接。其中，"淘菜猫""食行生鲜""禾文农业科技"等大牌商家分别和桐梓的黄莲乡、马鬃乡、楚米镇、夜郎镇的村办企业结对，设立方竹笋直供基地，签订销售协议，携手奔小康。他们一起研究采笋、分拣和保鲜，研究方笋的运输和销售，以及上海市场的首次营销。这一切，都是为了推动黔货出山，遵品入沪。

2019年9月8日，第一批方竹笋上海发布会在盒马鲜生旗舰店（曹家渡店）举行，桐梓的方竹鲜笋第一次在盒马鲜生旗舰店（上海、北京、南京、苏州）的线上线下同时销售，第一次摆在上海市民的餐桌上。9月19日，第一场方竹笋空中推介会通过电波飘进上海千家万户，上海交通广播电台主持人百瑞老师在电台现场连线在桐梓的何果龙，一起聊起桐梓的自然文化和独特美味的方竹笋。9月23日，一场上海知青方竹笋推介会在普陀区中环百联广场进行，活动邀请了四对当年在桐梓的上海知青夫妇，讲述方竹笋的前生今世，和观众一起互动品尝现场烹制的方竹笋菜肴。此外，深入300个社区、200个商家的促销活动也同步展开。在产笋期的这一个多月里，桐梓向上海等东部城市累计销售鲜笋200余吨，第一次实现了方竹笋的远程大量销售。

对桐梓方竹，何果龙是情有独钟，看好它对桐梓脱贫致富、发展经济的作用。在2020年的项目中，上海援建的两个大型方竹笋保鲜及加工厂，已分别在桐梓县北部的狮溪镇和中部的新站镇动工。通过上海的扶贫援建，桐梓县的方竹笋产业正在蓬勃发展。

让茶树变成"摇钱树"

刘玮，1975年6月生。2015年12月任普陀区新闻中心主任。2019年7月起，挂职担任遵义市习水县委常委、副县长。

刘玮作为第三批上海援黔干部，挥手告别同事和家人，从党的伟大诞生地上海来到党的伟大转折地遵义，踏上了绿洲红城——习水这片红色土地，担负起扶贫使命。

习水县地处黔北,有14.69万贫困人口、127个贫困村、8个深度贫困村,贫困面广、量大、程度深、深贫村多,是一个不折不扣的贫困大县,系国家扶贫开发重点支持县。在广大干部群众的努力下,2018年习水县实现脱贫。

贫困地区想要脱贫,必须要以产业发展为依托。刘玮来习水以后,紧紧抓住普陀区对口帮扶契机,用好帮扶资金,重点发展习水产业,助推习水农业产业结构优化,为东西部协作产业扶贫做出了"习水探索"。

做强主导产业,重点围绕习水麻羊等产业发展,在保种护品、生产加工、品牌建设、市场开拓等关键环节上发力。2016年以来,上海市累计投入帮扶项目资金1 050万元,发展600户群众,优化习水麻羊,建成习水麻羊繁育基地和中央厨房各1个,助推习水麻羊产业链从无到有,从弱到强,形成了"生产基地+中央厨房+餐饮门店"的产供销产业链,通过"龙头企业+合作社+贫困户"模式,全过程带动贫困户,让习水麻羊从习水走向全国,带动习水农村群众发展产业增收致富。

在帮助习水发展产业时,刘玮始终践行"绿水青山就是金山银山"的理念,助力习水发展优势突出的古树红茶和白茶产业,支持茶叶基地、茶园和加工厂建设,助推"习茶"基地扩面提质,增强茶叶深加工能力,加强习水茶叶的宣传推广。他重点围绕习水的古茶树做文章,将野生古茶树资源优势转换为经济优势,增强贫困地区自我造血功能,使原本无人问津的古茶树变成了远近闻名的"发财树"。据统计,2020年春茶茶青收购价格一芽二叶每斤达到30至40元,比2019年同期上涨了10%,比2016年上涨了50%;春茶茶青采摘量达到了18万斤,比2019年同期增加了20%,比2016年增加了200%。古茶树的销售额,也从过去每年几十万元增加到几千万元,真正做到强了产业、绿了青山、富了百姓。

2020年4月，习水县同民镇蔺江村举行了2020年古树茶茶青销售现金发放会，79户蔺江村民前来领取，共计发放销售现金150 671元。贫困户范元强当场就领到了1 500元，他开心地对刘玮说："感谢上海的帮扶，不知道怎么报答，那就好好过日子，在家里好好干。"

在上海帮扶资金的支持下，在外打工20多年的范元强去年回到村里，栽种了5亩古树茶同品种的幼龄茶，每株补助11元，前三年每亩管护费1 500元，他还在茶树下套种了5亩辣椒，再加上帮村里采茶青，2019年，范元强仅产业收入就达一万多元。年底村里开群众会评低保时，范元强主动提出取消低保，他说："我能靠自己脱贫致富，现在不用再被贴上低保的标签了，自食其力，我感觉很踏实，也很安心。"

2020年，刘玮又积极同各方协调投入了300万元帮扶资金，帮助习叶公司购买了全套先进的制茶设备，牵线请来了中国农业科学院茶叶研究所的制茶专家邓余良工程师进行指导，手把手地教工人制茶工艺。并将原计划坐落在习水县大安工业园区的制茶加工厂，迁移到了蔺江村。

2016年以来，普陀区投入不少对口帮扶资金，帮助习水县同民镇的蔺江村和兴隆村、寨坝镇的习源村等古茶树数量众多的深度贫困村发展茶产业，利益联结贫困户353户1 237人。这不仅解决了建档立卡贫困户的就业问题，还通过订单收购茶青的方式，让深山老林里村民房前屋后的50万株古茶树成为贫困地区群众的"摇钱树"。

2020年7月1日，贵州省召开2020年脱贫攻坚"七一"表彰大会，上海援滇干部、习水县委常委、副县长刘玮荣获"贵州省脱贫攻坚优秀党员"称号。

帮扶路上的一道道阳光
——宝山区对口帮扶工作纪实

崔天一　曹爱红

宝山区从一开始就将对口帮扶工作当成美好社会的一种责任来承担，从1994年开始，宝山区第一个对口帮扶的地区是四川万县五桥区，其后又承担了西藏、云南、新疆、青海、重庆等地区的对口帮扶工作。本着"中央要求、当地需求、宝山所能"的原则，在基础建设、产业项目、医疗卫生、劳务协作、智力支援、结对帮扶等方面投入大量财力、人力、物力，为对口地区如期脱贫作出了积极贡献。27年来，宝山区先后向对口支援地区选派挂职干部155名，专业技术人才337名，帮助对口支援地区培训各类干部群众22 022人次，结对帮扶29个深度贫困镇、589个深度贫困村。

在那些艰苦的日日夜夜里，远在千里之外的宝山援建儿女真情投入，舍小家顾大家，把对口支援地当成了第二故乡，克服了高原反应、工作生活条件恶劣等重重困难，用"缺氧不缺精神"的积极心态履行援建职责，为宝山对口扶贫工作奉献了一份力量。从中涌现出许多体现宝山与受援地人民携手走过的感人故事，那一幕幕场景、一段段往事都成为亲历者人生中最难忘的风景，成为被援助者心中一道道温暖的阳光。

小卓嘎的"汉族阿爸们"

援藏干部李明和潘栋梁交接时,潘栋梁提到一个想要辍学的藏族女孩德庆卓嘎。当李明到亚东中学了解情况时,看到站在面前的卓嘎,头深深地低着,显得很腼腆,甚至有些自卑。据校长介绍,孩子在父母离异后遭抛弃,已成"孤儿",与听力不济、几近失明的奶奶相依为命,平时的学费都是其他学生的家长拼凑的。女孩的成绩很好,却因无力缴纳学费而面临辍学。得知情况后的李明感慨万分,他拉住小卓嘎的手,亲切地鼓励她:"孩子,书一定要读下去,学费问题叔叔会给你解决的。如果你愿意读书,叔叔会一直供你到上大学。"

听到此话,小卓嘎终于抬起了低沉的头,眼里满含泪花。

其实,潘栋梁也一直在帮助小卓嘎,现在这根"接力棒"传到了李明手中。

当时说此话的李明绝不是一时的冲动,教育本是援藏的一项重要工作,李明进藏后又是在亚东县分管教育工作。他到任后,县教育局局长曾陪他走访了几个村里的教学点,出现在他眼前的是一幕幕这样的场景:孩子们在泥凳子、泥桌子上上课,蹲坐在泥地上吃糌粑。这些孩子比自己的儿子大不了几岁,那灰扑扑的小脸、那清澈透明的眼睛让人格外心痛。当时,李明就在心里萌生了一个最朴素的愿望,决不能让这些童真的孩子因贫穷而落伍,要让每一个孩子都有书读,能坐在结实的桌椅上、明亮的课堂里读书写字。

下乡回来后,李明与亚东小组的其他同志交换了意见,反复听取当地同志的意见,听取地区教育和行政主管部门意见,确定再新建一所希望小学。由于西藏的客观条件差,亚东又很偏远,钢材、水泥等建筑材料都需从内地运来,建筑成本就比内地高出三成;西藏的建筑技术力量较薄弱，又缺少建筑必备的机械设备；再加上西藏苛刻的气候条件，每年只能在5—10月期间施工，因此学校建设的过程相当长。好在当地藏民被他们的决心和韧性所打动，机械不够就人力来凑，许多藏民自带干粮为建设学校做义工。经过两年多的努力，亚东小学终于落成开学，他许下的愿望真的实现了。

不能让一个孩子因贫困而落伍。在这个坚定的承诺下，李明一直帮扶着卓嘎，解决她的学杂费难题，并常去探望她和奶奶。1999年8月，卓嘎收到了日喀则地区高级中学的录取通知书，面对600多元学杂费，李明毫不犹豫地从自己的工资里拿出2 000多元给了她，还为她买好了全部学习用品。在此期间，李明到日喀则出差时总不忘去学校看望卓嘎。当他得知她奶奶生病了，还多次去看望。

2001年6月，李明完成援藏工作要回上海时，向第三批援藏干部李友钟交代了卓嘎的情况，希望他继续关心孩子，帮助她完成学业。他将接力棒交给了李友钟。离别时，李明带着李友钟去看望卓嘎，并留下了2 000元生活费。第二天在日喀则广场，卓嘎和班主任老师特地来为李明送行，她郑重地向李明献上哈达后，突然抱着李明大哭："叔叔你走了，我今后该怎么办啊？"其实在李明心里早把这个孩子当成女儿了，对她今后的一切，李明都有周全的安排，这根接力棒会一棒棒地传递下去。

回到上海后，李明与潘栋梁一样从未淡忘过卓嘎，经常向李友钟了解她的情况，给她寄生活和学习用品，卓嘎也经常给李明来信。2002年7月，德庆卓嘎高中毕业，被湖北孝感职业技术学院录取。当时西藏还没通铁路，上学需要坐飞机到成都后再换乘火车，以她的经济能力根本无力承担。当时第三批援藏干部的领队尹弘号召上海全体援藏干部筹集捐款11 000元，解决了她第一学年的学费、路费及生活费。每年的寒假，李明都会把卓嘎接回家过年，他的儿子会把房间让给这个姐姐，自己打地铺。李明的爱人怕孩子在学校生活艰苦，总会给孩子买很多衣服和零食。

22年过去了，李明、潘栋梁、李友钟等与卓嘎的联系一直没有中断过，现在她已在亚东成家立业，在她心里一直有这样一群"汉族阿爸"，有一段温暖的记忆。

"我把江孜交给你了"

让第五批援藏干部陈云彬记忆深刻的是，2007年6月10日晚，10位援藏县委书记坐在一起吃饭时，当时的日喀则地委书记格桑次仁走过来敬酒，他拿起酒杯，但没有说敬10位县委书记，而是先问了一句："谁是江孜县的县委书记？"陈云彬马上举起手说："格桑书记，是我。"格桑次仁听了郑重地说："我先敬你一杯，江孜很复杂，江孜很重要，我把江孜交给你了。"

当时，陈云彬的心里"咯噔"一跳，感觉到一种前所未有的压力，更感到责任重大。到了江孜县后，为了全面深入了解情况，他走遍了江孜的每个乡镇。县镇道路的最大特点是山高路险，每次下乡调研都是对精神和肉体的一次严峻考验。

江孜县共有19个乡镇，最远的加克西乡距县城约100公里。早上天蒙蒙亮时出发，回来时天已经黑了。加克西乡是江孜县唯一的纯牧区，海拔高、地处偏远，老百姓居住得很分散。相比其他乡镇，那里的自然条件更为恶劣，土质、气候条件差，水资源紧缺，老百姓完全靠天吃饭。

经过半年多的调研，陈云彬发现当地老百姓的饮用水都来自年楚河里打上来的泥浆水，6月正值雨季，河水混浊，污染严重，水质很差。大部分单位也基本上都是打井取水，但即使是30米深的井中，依旧是一些受过污染的地表水，而老百姓只能去河里打水。面对江孜水资源匮乏、水质差的实际情况，陈云彬感到当务之急就是要建造一座自来水厂。

但这个想法刚提出就招来许多反对意见,因为江孜曾先后两次投入大量资金建自来水厂,却滴水未出,于是大家不愿意再浪费资金了。

但当地缺水的现状实在太让陈云彬震撼了,他不甘心就此罢休。为了弄清原因,他找到当时的地区发改委,把六年前建造水厂的前后经过问了个明白,并把得出的结论向大家公布。他郑重地告诉大家:"过去的水管已经腐烂,这次要重新建造,而且决不会出现以往的问题。"在他的坚持下,最终,自来水厂项目得到了大家的认可。

建水厂,首先要找到稳定的深井水源。陈云彬请了自治区地质勘查院来勘测,当听说要勘测深井周围100多平方公里的地下水流向时,陈云彬也吓了一跳,没想到打个井如此复杂。勘测队的专业技

2009年9月14日,上海援建的江孜县自来水厂通水

术人员告诉他，如果不这样做，贸然挖下去却没有水，资金就白白浪费了，打一口深井的费用约20万元。

就这样，经过一次次的专业勘测，先后打了四口80米的深井。这之后，陈云彬更加谨慎，专门请了上海自来水公司的高级工程师来设计管道铺设方案，包括水流的压力、管线的直径、海拔的位置、用户的数量，都通过严格测算，并用电脑进行模拟演示，不断修改完善设计图纸。为了确保万无一失，陈云彬还委托县城建局局长和县委办主任到上海，请专家对设计方案进行确认。此项目总共投入1 300多万元，其中自来水主管就铺设了16公里。接下来，通过自治区人畜饮水工程配套安装水管通到居民家门口。居民只要买个水表、接上水管，就能用上自来水。

由上海援建的自来水厂，于2009年9月14日正式通水。这一天对陈云彬及当地居民来说是激动和难忘的日子，因为通水这一天的日期用上海话来说，正巧是"就要水"的谐音。当时，站在新建的自来水厂门口的每一个人，望着四处喷泻的白花花的水，都忍不住像孩子般心花怒放。

看着眼前流淌着的洁净的水，看着江孜居民脸上那灿烂的笑容，陈云彬的心里满是欣慰。自来水厂投入运行后，解决了全县城1.2万人的用水问题，解决了当地居民最直接、最期盼的大难题。这是陈云彬来到江孜后做的第一件实事，没有辜负两年前地委书记格桑次仁那句沉甸甸的话："我把江孜交给你了。"

"上海的医生就是本领大"

第六批援疆干部杨耀忠到达新疆阿克苏市中医医院后没多久，就一连几天遇到了好几位被当地认为无法救治的危重病人。

一天，一位阿瓦提县农村的小伙子专程来到阿克苏市中医医院看病，陪同的人一大堆，经翻译阿孜古丽一问才知道，他们是小伙子的妻子、兄弟等一大家子。只见这群人一脸紧张地哀求："医生，病人还有救吗？你救救他吧！"

杨耀忠马上打量病人，发现他脸色苍白，精神极度萎靡。经查问，病人已发热多日，畏寒、腹痛、不思饮食。此时，杨医生心里已经有了大致判断，于是让病人做血常规、B超检查。做完检查后，又为他搭脉。这时，杨医生便已确诊了。他告诉小伙子的家人："这小伙子没什么大病，他只是胆囊发炎，被耽误了一段时间。现在我开个方子，再加上一些成药，服用一星期就能恢复了。""真的吗？"病人和家属一听，惊喜不已，不住地夸赞，"上海的医生就是本领大。"

听到此话的杨医生并没有飘飘然。他知道，本领来自平时的积累。作为一名中医医生，他来新疆之前就提前了解了当地的地理知识及当地人的饮食习惯。新疆地区最大的气候特征有三点：一是干旱；二是昼夜温差大，早穿棉袄午穿纱，围着火炉吃西瓜；三是盐碱地多，水质碱性重，关节炎等成为多发病、常见病。此外，由于新疆光照充足，温差大，所以水果特别甜、糖分足，但如此一来，吃多了便容易引发一些疾病，再加上当地人喜欢吃羊肉，菜肴习惯用土盐、重调料，所以高脂血症、糖尿病、高血压和痛风病人也很普遍。了解了这些情况，有助于标准施治。在阿克苏市中医医院门诊的那段日子里，正是结合了这些知识，杨耀忠治愈了许多病人。

杨医生还接诊过一位八旬老太太。那老太太看上去人很胖，加上有些浮肿，显得更臃肿，而且嘴唇和指甲都发紫。经过问诊，杨医生得知，老太太曾患有慢性心衰，近几天天冷，家里取暖用火墙，引起咳嗽，吃不下东西，人感觉乏力疲软。

杨医生询问了老太太的情况后，又给她切脉，随后说："阿婆，你这次是因为呼吸道感染，加重了心衰。不过没事的，我给你开些中药，你回家后煎服，病会好转的。"为了避免让老人反复上医院，杨医生破例一次开出14帖中药,同时特别叮嘱她:"阿婆,你回家后就煎药服用!另外,你要吃得清淡点,有利于利尿消肿。"老太太感动地看着杨医生,连连点头:"你这个医生本领高,态度也好,亚克西!"

在那段援疆的日子里,杨医生不仅治好了许多疑难病症,解决了当地医生解决不了的难题,还经常下乡义诊,为当地百姓解决燃眉之急。

一次,杨医生跟随当地的医疗队下乡,来到阿克苏市下属的某村开展义务巡诊。村里有位老伯,穿着汗衫短裤,脚上和腿上的皮肤又粗又厚,杨医生估计他患有下肢静脉曲张,一问,果然如此。老伯的腿脚胀痛了很长时间,并且越来越严重。于是,杨医生给这位老伯做了检查,确定了最初的判断,随即把情况告诉他,并给他开了2个月的中药,叮嘱道:"老伯,这些药有煎服的,也有浸泡的,只要你坚持用,腿上的毛病肯定会改善的。"

还有一次下乡时,杨医生碰到了一个更紧急的情况。那天,杨医生等人来到义诊现场后,看到有位中年妇女牙疼得要死要活,不住地喊着:"医生啊,你快救救我啊!"当时,杨医生二话没说,马上给她做了检查,发现她患有慢性牙周炎,牙龈糜烂、渗血,她说牙痛已经有3个月了,一直拖着没治疗。杨医生给她开了知母、石膏、生地、升麻、附子、细辛等清火温阳并举的中药。临走时,杨医生特地把自己的电话、地址告诉了她,对她说:"如果不行的话,你再来找我。"

类似的事情有许多,在杨医生两年半援疆的日子里,解除患者的病痛,解决当地医生无法解决的难题,是他最大的动力,也是他最大的快乐。

"叶城的核桃销天下"

第九批援疆干部胡广初到叶城,第一眼看到这座城市时便爱上了它。

那是2017年2月19日，担任上海援疆叶城分指挥部指挥长的胡广带着宝山区20多名援疆干部，来到祖国西北的新疆叶城，开始了为期三年的上海宝山对口支援叶城的工作。

"叶城"在维吾尔语里称"喀格勒克"，意思是"值得留下的地方"，位于昆仑山下的叶城，山山水水非常漂亮，去过的人都会喜欢上那里。叶城是边境城市，经过边境的时候，看到中国的界碑，一种强烈的自豪感会油然而生。

但是随着对这座城市的深入了解，胡广的心情却变得沉重起来。他发现这里的经济状况很落后，经济发展非常艰难，当地老百姓收入来源极少。如何帮助当地的老百姓脱贫成为一个突出的问题。

2017年，叶城只有113万亩农田，人均仅有2亩地，一亩地的产出平均在1 000元左右，2亩地就是2 000元。按照2020年脱贫标准，人均可支配收入需要达到4 000元。而平原地带的农民主要收入来源是种植林果，无论种什么品种，一年的产出基本都在2 000元左右；山里的牧民主要收入来源是放牧，一年放一头羊大约能赚200元，一年放10头羊收入才2 000元，更何况很多人根本买不起小羊。

尽管如此，叶城依然有它的优势，胡广与同事们经过调查，发现叶城是农业大县，林果产业是叶城的主打产业，而核桃可谓重中之重。叶城的113万亩耕地中核桃的种植面积就达到了58万亩，占总耕地面积的一半。核桃一年的产量大约在十二三万吨，老百姓约40%的收入来自核桃种植。为此，援疆干部们感到应帮助当地大力发展核桃产业，县委对此很重视，委托胡广负责这项工作。

胡广深知核桃产业的巨大潜力，核桃全身是宝：核桃果实可做核桃奶、核桃粉、核桃油以及各类核桃休闲食品；核桃青皮可以提炼单宁酸；核桃壳可制作活性炭、炭黑等；核桃木可以用来做工艺品、家具等。如果发展了核桃产业，就能够稳定地增加百姓的收入。

为了推广核桃产业，胡广不遗余力。三年来，他花费了大量的时间去学习研究关于核桃种植、加工、销售等全产业链的知识，还专程带队赴云南漾濞县核桃研究院与核桃企业考察学习。

为了推广核桃产业，同一批的援疆干部杨伟杰成了二胎小女儿眼中的"手机爸爸"。在家庭最需要爸爸的日子里，爸爸却缺席，杨伟杰的大女儿杨雨沁当时难过地给远在新疆的爸爸写下了一封信：

爸爸：有段时间，我们家出现了近百只蟑螂，厨房和客厅里到处都是。我和还在哺乳期的妈妈非常害怕，每天都躲在卧室里不敢出门。爸爸，在这个时候如果你能在我们身边，为我们冲锋陷阵该多好。可惜现在我只能学花木兰，代父从军了。

爸爸，其实除了蟑螂，还有另外一件事情，我是真的生你的气了。那次妈妈作为高龄产妇面临难产，但是那天你不在，我又在上课。妈妈一个人已经被半麻了，但是仍然自己签下了手术同意书。那个场景我现在想起来都心有余悸。如果当时的妈妈和妹妹有个什么三长两短的话，爸爸，我是真的不能原谅你。

三年里你不仅是我们缺席的爸爸，你更是一个"手机里的爸爸"。你知道吗？直到你回家，妹妹都不认识现实中的你，她只认识那个手机里的爸爸。

但是，你虽然是我们手机里的"坏爸爸"，不过你却是新疆人民的好兄弟。你帮助他们建房子、卖核桃，你改变了他们的思想和生活。你这个"手机爸爸"，其实，比起生你的气，我、妈妈还有妹妹更为你感到骄傲。

——援疆干部杨伟杰女儿杨雨沁

在杨雨沁对爸爸又怨又敬的时候，杨伟杰正在新疆叶城帮助当地农民提升核桃的品质，让他们能卖出好价钱。他走遍全县各个农

新疆叶城县上海产业园

业生产基地,了解生产情况和需求,使销售更有针对性。他经常在微信朋友圈发一些叶城农产品推介的信息,动员大家购买,还想出了一句广告语——"生活不止有眼前的苟且,还有枣和核桃。"

  为提升叶城核桃的知名度,援疆干部在核桃种植提质增效、核桃企业招商引资、核桃销售拓宽渠道等方面动足脑筋。他们建立了"核桃办",代表政府统一协调发展核桃产业,组织核桃种植加工销售全环节的企业,成立社会组织"核桃协会",发挥上海和新疆的科研院所作用,成立核桃科研机构"核桃研究院"。他们编制了《叶城核桃产业一二三产融合发展规划》,协调组织上海农科院和新疆大学等科研院所,实施核桃产业质量标准化体系建设和"叶城核桃"区域公共品牌创建。三年内投入上亿元援疆资金实施林果管理项目,以提高核桃品质。

在互联网普及的时代,他们还通过打造农村电商平台来推广叶城的核桃,成功创建国家级"电子商务进农村综合示范县",在自治区绩效评价中成绩位列第一。他们还积极构建援受双方叶城农产品销售体系,扩建叶城县电商服务中心,新建展示厅,在上海宝山区开设叶城县特色农产品展销中心。

为了增加现场感和互动感,他们还组织了"双线九进"活动近百场,线上线下对接十多家大型电商平台和十多家大型销售实体企业,拓宽了叶城农产品的销售渠道,叶城核桃的知名度也越来越大。后来,叶城核桃入选了"国家品牌计划——广告精准扶贫"项目,央视二台《生财有道》栏目进行了专题报道,还打造3A级景点核桃七仙园。该园获得了"平均树龄最长的古核桃园""最大的古核桃(薄皮核桃)树"等上海大世界基尼斯纪录称号。

叶城核桃的名气响当当,最开心的自然是胡广和杨伟杰,这三年来他们接触最多的就是核桃,脑海中浮现最多的画面是核桃,与人谈论最多的话题也是核桃。核桃是他们的工作重点,是他们的动力和希望。如今,他们虽已离开叶城,但叶城的核桃,他们永远忘不了。

"来云南,就要做点事"

第十批援滇干部王忠民一直对第一次走进贫困家庭印象深刻:当你真正面对四壁透风的板房、破旧不堪的棉被、神情茫然的农民时,脱贫攻坚就不再是一句口号,而是油然而生的责任感:"来云南,就要做点事!"

2016年6月的一天,当王忠民将想去援滇的想法告诉妻子时,在罗店医院当护士的朱惠芳备感突然。去遥远的云南,一去三年,女儿在外读书,双方父母年事已高,只剩自己一人在上海,当时内心是忐忑不安的。王忠民却轻声安慰妻子："作为党员，组织上让我去，是对我的信任和考验，三年很快的，很多事情挺一挺就过去了。"望着妻子那充满温情的脸，他信任地说："你是护士，会照顾人，家里有你在，我放心！"做通了妻子的工作，他放心地踏上了征程。

　　王忠民工作的云南迪庆州，是云南省内唯一一个藏族自治州，平均海拔超过3 300米的一片雪域高原，是集边疆、民族、高原、贫困于一体的地区，是国家确定的"三区三州"深度贫困地区。他平时给家里写信、打电话时，都不忘告诉家人当地的艰苦情况。他告诉家人：云南由于地理条件所限，人们生活艰苦，为了实现共同富裕，我们要和他们一起打赢这场脱贫攻坚战。

　　王忠民平时很疼爱孩子，到达迪庆后，面对迪庆州儿童先天性心脏病发病率较高的情况，他多次回上海与各部门协商。在上海大后方的支持下，他协调发起"关爱香格里拉困难先心病儿童特别行动"，第一次筛查香格里拉的幼儿园、小学的学生近8 000名，其中筛查出需要手术的先心病患儿36名，需要随访的轻微症状患儿97名。通过他的协调，在社会热心企业和热心人的帮助下，在上海儿童医院专家的治疗下，两批需要手术的患儿在上海完成了手术，并全免了手术费用。

　　王忠民回上海时，还多次带着妻子一起去看望那些孩子，他对妻子说："那些孩子正好在上海，我们一起去看看吧！"让妻子朱惠芳印象深刻的有这么两个孩子。一个只有9个多月，由于患病，依然不会坐，手不会动，只能躺在床上。他的母亲一看见他们，就让王忠民去抱孩子。孩子母亲说，平时别人抱他，他都没有什么反应，但那天，王忠民一抱，孩子就开心地笑了。孩子的母亲感慨地说："伯伯抱你，你就笑了。"

　　另一个男孩9岁了，家中条件特别困难，母亲过世，父亲是残疾人，由于患病，长得很瘦小。但孩子非常喜欢学习，碰到学习或是生活上的困难，也常会和王忠民电话联系。

三年援滇期间，孩子把王忠民当成了亲人，而云南也早已融入了他的血脉，他平时说话开口就是"我们云南……"，看见在路边玩耍的孩子，就会脱口而出："什么时候有机会，把云南的孩子也带到上海来，让他们也接触接触上海这样的大城市。我们那边的孩子可淳朴了，就是没有这边的孩子活泼、胆大。"在生活中，他已潜移默化地把自己当成了云南人，云南的一切已经融入他生活之中。

三年援滇，他通过发动社会力量，在迪庆、在维西，帮助建设了一批公益项目，为当地学生、为残疾家庭送上了一份温暖，因为在他眼里，"改变一个孩子，就是改变整个家庭的命运"。

"带一颗真心，架两地桥梁"

在援滇的那段日子里，来自宝山区的李华峰始终清晰地记得，当时每个干部都写下了一句自我激励的话，作为自己援滇工作的座右铭。当时担任云南省迪庆藏族自治州扶贫办副主任的李华峰写的是："带一颗真心，架两地桥梁，用三年时间，助四州发展。"

他们的确是带着一颗真心走近当地生活的。

2013年6月下旬，李华峰作为云南迪庆州联络小组成员来到迪庆，担任扶贫办副主任，对口支援维西县。维西县是一个集革命老区、边疆地区、多个民族、深度贫困为一体的国家级贫困县，是上海宝山对口帮扶的县份之一。

初到迪庆时，为了尽快融入当地，平时就需要去各个点多走多看。迪庆州的道路多为崎岖山路，乡镇之间开车往来需要一两个小时车程，盘山路陡峭险峻又狭窄，刚开始坐车，大家都不敢往窗外看，车轮边就是河谷悬崖，感觉方向盘略偏一点车就有掉下去的可能。有时还有塌方和落石，以及各种恶劣的天气，几乎每次出行都存在着危险。有一次遇到恶劣天气，但又有事必须出行，结果半路上遇到塌方，大块的石头落下来挡住了路，车没法过去了。这时，他们就下车动手搬石头，一块一块搬，硬是用一双手清出了一条路。有时候塌方严重，靠人力无法清障，大家就下车背着物资徒步前行。有一次下车后他们还要爬20多分钟很高很陡的山，当时大家穿的鞋一直打滑，十分危险，但谁都没有退缩。正是这一次次路途中的艰难和危险，使这些来自大城市的援滇干部真切地感受到了地质条件差给百姓带来的行路难问题，更加坚定了他们的帮扶决心，他们要用援滇的三年时间，为当地群众解决"急难愁盼"问题。

除了每年按计划推进上海市级财政对口帮扶的项目外，援滇干部所在的区每年也会根据当地所需，拨付专项资金，开展对口支援县的帮扶工作。2013—2015年，李华峰所在的宝山区开展的各类自选项目共计投入资金1 108万元，不仅有道路交通建设、饮水工程改造、卫生医疗设施改造、添置学校电教设备等硬件提升项目，还有产业扶持、卫生教育帮扶等软件提升项目。其中令李华峰印象最深的就是当地交通条件改善和饮水改善工程。他至今难忘当地百姓见到坑坑洼洼的道路变平整、看到洁净水后激动难抑的心情。

"以前村里没有卫生路的时候，道路坑洼不平，晴天尘土飞扬，雨天泥泞难走，给我们的出行带来许多不便。在宝山区的对口帮扶下，村里修建了卫生路，轿车、摩托车可以直接开到家门口，裤腿沾满泥巴已成为过去。"维西县塔城镇柯那村喇嘛寺村民小组村民余志强动情地说。"以前，房前屋后到处都是泥巴，房屋还漏雨。得益于上海人民的帮扶，现在我们住进了新房子，感谢他们！"史垮底村民蜂志光说。看到村民们高兴，李华峰等援滇干部更是打心眼里高兴。

李华峰记得，当初他们在走访中，发现维西县塔城镇下面有个小村庄，因村里原来的蓄水池年久失修，水源不足，蓄水池里的水已近干枯，水量越来越少，水质也很差。村民需要提前蓄水，花大量时间等水中泥沙沉淀后才可使用。了解了这一现状后，李华峰他们很难过，决心想办法给村民寻找新的洁净的水源。

当地的自然条件差，施工人员花了大量时间，才在距离村庄4公里远的地方找到比较合适的水源。从那里引水到村庄，除了修筑水坝，还需要一路修建引水管。管道一路盘旋，才将洁净的水引入村里。在去实地验收项目时，百姓欢欣雀跃的情景成为援滇干部眼中最动人的景色。李华峰记得当时一个小伙子直接把援滇干部拉到他家门口，同时打开两个水龙头向大家展示，一边是过去使用的混着泥沙、泛黄的水，另一边是最新接通的管道里流出的洁净清澈的水。

共饮一江水的云南省维西县和上海市宝山区两地相距近3 000公里，因为迪庆和上海的结对帮扶，结下了特别的情谊。

"曲靖所需、宝山所能"

2019年6月，云南省曲靖市党政代表团先后多次到宝山区考察学习，当时宝山区委书记汪泓的腿正巧受伤，一听说曲靖的代表团来了，她带着腿伤，全程陪同，让代表团深切感受到了"一家人、一家亲"的温暖。

8月，汪泓书记在腿伤还未痊愈的情况下，带队深入会泽县、宣威市、富源县等最边远、最艰苦的地方，进村入户，帮助当地找问题、想办法、出对策，使当地干部群众深受鼓舞，增强了他们打赢脱贫攻坚战的信心。

曲靖地处云南省东部，是云南省第二大经济体和第二大城市，同时也是云南省贫困面最广、贫困人口最多、贫困程度最深的州市之一，有5个贫困县、50个贫困乡、1 203个贫困村、79.91万贫困人口，居云南省第二位，贫困是曲靖实现全面建成小康社会最为突出

上海支援富源县发展辣椒产业

的短板。从2017年起，宝山区带着对贫困地区的关怀，帮助曲靖人民打响了脱贫攻坚战。

宝山区坚持"曲靖所需、宝山所能"与"宝山所需、曲靖所能"有机结合，帮助搭建消费扶贫平台，加强产销对接，推动曲靖优质特色农产品进入上海。曲靖33家企业到上海展销农特产品，宣威、富源到宝山设立展销馆和专营店，将新鲜优质的曲靖农特产品送到上海市民的餐桌，既鼓起了山区贫困群众的"钱袋子"，又丰富了上海市民的"菜篮子"。

援建干部曹继洪，担任师宗县委常委、副县长，几年来，他充分利用自身资源牵线搭桥，邀请上海企业到师宗考察投资。2019年，他引进一家上海企业成立宝宗公司，注册资本达3 000万元。在他的努力下，2020年，师宗县与宝宗公司达成了蔬菜种植项目的初步意向，同时他积极帮助师宗本地企业的农产品推广到上海，帮助协调

援滇项目宣威市板桥镇小龙虾养殖喜获丰收

县里的企业到上海参加展览会,进一步提高产品知名度。

朱基镇种植草莓,以往那里的冬天最低气温也就零下两三度,但2020年的大年初一,气温达到了前所未有的零下7度,把那里第一批草莓的花和果都冻坏了。当地百姓花了很大的精力才把冻坏的花果摘除,但受到新冠疫情影响,草莓滞销严重。曹继洪得知这一情况后,通过各种渠道联系了不少企业,帮他们寻找销路,解决了他们的燃眉之急。

其实,曹继洪参与援滇是克服了重重困难的,他的母亲患类风湿关节炎等疾病,长期卧床,需要人照顾。尽管如此,全家人还是很支持他的工作,家人总是宽慰他:"安心做好该做的事,别担心我们。"家人不仅支持他的援滇工作,还牵挂师宗的贫困学生,2019年,曹继洪的岳父岳母到师宗时捐赠了价值1万元的学习用品给贫困学生。当学生拿起这些学习用品的时候,他们感受到了沪滇两地人民暖暖的情意。

宝山区对口支援工作成绩斐然,感人的例子还有很多,地区百姓的肺腑之言道尽了其中的深情和美好:"非常感谢宝山区委、区政府和援滇干部对我们的帮助。这些年来,通过宝山区真金白银的投入,援滇干部的辛勤付出,我看到了我们家乡的变化,产业不断壮大,基础设施和居住环境都有了显著的提升。可以说,宝山区的对口支援为我们脱贫奔小康注入了不可或缺的'宝山力量'。"

"虹口的干部,真是我们的贴心人!"
——虹口区对口帮扶工作纪实

金洪远　殷建华

2016年7月20日,习近平总书记在宁夏银川主持召开东西部扶贫协作座谈会,吹响了全面打赢脱贫攻坚战的号角,作出了掷地有声的庄严承诺——绝不让一个贫困群众掉队,确保到2020年现行标准下的农村贫困人口全部脱贫,让中国人民共同迈入全面小康社会。按照中央和市委市政府的统一部署,虹口区自1995年就开启了扶贫协作和对口支援的宏伟事业。25年来,在历届区委区政府的领导和组织下,忠诚干净有担当的53名干部先后被派往西藏、云南、新疆、江西和青海等地开展对口帮扶。这些干部不辞辛劳,身先士卒,攻坚克难,作出了可贵的贡献。他们以自己的实际行动,为东西部扶贫事业发展和推进贡献了虹口智慧和虹口力量,也从当地群众和干部身上汲取了"高原精神""西畴精神"等宝贵的精神财富。

特别是党的十八大以来,虹口加大力度推进对口地区脱贫攻坚,不仅先后组织多批次医务人员和支教人员与对口地区结对帮扶,帮助当地排忧解难,受到当地群众发自内心的欢迎和好评,还开展各类教育、卫生、劳务合作、产业扶持等帮扶项目979个。虹口全区真心实意付出、真金白银投入各类资金约9.28亿元,为当地帮扶项目激活输血功能添劲加力。围绕"民生为本、产业为重、规划为先、人才为要"的帮扶原则,政府主导与社会参与相结合,动真情,扶真贫，截至2020年年底，虹口区对口支援的云南和青海等地区硕果累累，现已全部摘帽退出贫困县序列，为向着乡村振兴的新目标、新蓝图出发奠定了坚实的基础。

万水千山心连心，扶贫相助最关情，助推脱贫奔小康，不忘辛勤虹口人。这报捷声是对口援建当地八寨人的梦想，也是脱贫致富的乡亲的心声。

八寨镇也有一条"飞虹路"

从马关县城出发，驱车两小时，在"调头弯"中千转百回到达八寨镇。一块名为"飞虹路"的石碑矗立在半山腰处，站在这里往下眺望，虹口区援建的3.7公里崭新的水泥路好似一条银色腰带，闪耀在盘亘交错的山峦间，道路的尽头是山底下的八寨镇竹棚新寨村委会法果村小组。

这里原来是一条宽仅2米的土路，晴天可以走，一旦下雨，道路泥泞不堪，走路都打滑，车辆更无法通行，法果村一到下雨天村民就没法出门了。法果村海拔800多米，与高处的村镇有400多米的落差，这条不断攀爬的土路是村里通往大山之外的唯一道路。

2019年年底，虹口区援滇干部、马关县副县长徐维纲在马关县调研产业发展现状时，深为震撼。法果村有47户人家、203人，其中贫困人口36人，21户是建档立卡贫困户。村民以种植玉米、甘蔗、水稻为生，但大山阻隔了村民们发财致富的梦想。2013年，为了走出大山，更是为了改变穷困面貌，村民们自发开会讨论要求修路，大家拼拼凑凑集资了4万多元，请求村委会补足10万元，修建了一条赭红色的土路通往山外。

道路修通了，村民们手拉肩扛，用牛车拉，骑摩托车送，把山里的玉米、甘蔗、稻谷运到邻近的新寨村集市上出售，挣些钱来贴

在当地农家调研

补家用,生活大为改善。但是一到雨季,法果村走路出山依然困难,更不用说运送货物。收获季节应该是村民开心的事,但一到雨季,却是最闹心的事。有不少村民出于运输成本的原因,部分水果和蔬菜只能喂猪或丢弃。王沈云曾是建档立卡户,家里收入主要靠水稻、玉米、辣椒等作物。六年前王家种上了近30亩的砂仁、4亩反季节蔬菜,家庭年收入一举超过了6万元,王家彻底脱贫了。但他也有烦恼,"砂仁收获的季节,全家四口人白天采,晚上拉出去卖,苦倒不怕,最怕的就是收货的老板走掉",那意味着一年的收成都泡汤了。由于山里交通不便,商贩们往往聚集在新寨这样的行政村收购商品,周边村落里的老乡都会赶去出售货物。法果村去新寨村的路是螺旋式上升的土路,天晴骑摩托车送一趟十几分钟就能到,但一旦下雨,道路泥泞不堪,走路都打滑,摩托车根本没法骑。因为路不好走,乡亲们卖的农产品价格都要比其他村低，有时行情不好，来收购的商贩压价还要更低。土路难行、土路难致富，成为村民的共识。

而这一切，随着2019年的日历翻过，土路凤凰涅槃变新路。

交通瓶颈制约了当地产业的发展，新修一条产业道路迫在眉睫。功夫不负有心人，县沪滇扶贫协作领导小组制定项目方案，积极向上海方面请示汇报，很快，由虹口区划拨的、建设法果道路项目专项财政资金到位。

如今，一条近4米宽的水泥路在村民充满憧憬的眼眸里铺展，大型货运车辆可以畅通无阻地出入，彻底解决了晴通雨阻、运输成本居高不下的老大难问题，村民再也不用像过去那样人背马驮了。十月份正是收购砂仁的时节，看着眼前通往新寨的这条名为"飞虹路"的水泥路，王沈云舒展了眉头，开心地说："今年下雨也不怕了！道路通了，收货的老板可以直接开车到村里来收砂仁了，地里1 600公斤的砂仁卖出了以前从未有过的好价钱。以后咱们的农产品也不愁卖了！"

新修的飞虹路宽阔通畅，村民们心里也更亮堂了，他们感动地说，我们从心里感谢上海援助干部帮我们争取到致富项目，从心里感谢上海人民对我们的真心帮扶。

实际上，像这样的"飞虹路"在马关县又何止一条。2020年，在马关县盛产水果的古林箐乡，来自虹口区的产业基础设施资金，打通了产业运输的"毛细血管"，全国各地牌照的货车通过这些盘山路将一筐筐农特产品运往远方。类似的帮扶，在马关县不断开展，共惠及53个村委会、398个村小组、22 609户、95 492人，其中建档立卡贫困户10 643户、43 301人收益。

虹口区划拨了大量财政资金，投入当地产业基础设施建设，实施了道路交通、环境卫生、饮水灌溉、种养产业等一批助力产业发展的基础设施建设项目。截至2020年，共硬化道路71.75公里，建设产业道路137.39公里，为对口扶贫地区的乡亲们筑起了一条条畅通无阻的致富路，村民的腰包实实在在地鼓了起来，预计2020年群众户均收入较上年增加1万元以上。

上海市飞虹路是虹口区政府所在的马路，飞驰在马关县飞虹路上的法果村在2020年10月全部脱贫。正如村民们说，虹口区为马关百姓筑起的这一条条"飞虹路"，正是希望马关的老百姓也能和上海飞虹路上的市民一样过上好日子，沪滇两地百姓一起携手奔小康。

丘北电商直播日销达一万单

"这是产自我们云南的丘北雪莲果，切好的雪莲果黄白色，吃起来爽脆，直播室秒杀价，大家赶紧来下单！"在位于普者黑景区的直播间里，两手端着一盘切好的雪莲果，网名为"青丘上神浅浅"的小高正在通过抖音向全国的"吃货们"推介丘北特色产品。而在同一景区的另一间直播室里，"老铁们，100单够不够？不够，我再加！来来来，拼手速！"小林则在直播带货丘北辣椒和葵花籽，吸引了景区里的游客们驻足围观。

小高和小林所在的丘北青创公司负责人告诉记者，丘北已经培养了数十个本地电商主播，主播在直播间日销售量最高达一万单，平均每个主播每天可以卖出200单商品，直播主播对当地农产品的销售带动作用非常明显。2020年，在虹口区对口帮扶支持下，丘北将安排400人次的网络直播培训，通过文旅直播的形式，进一步加大扶贫助农力度。

丘北处于滇东南，平均海拔1400米，全年平均气温在14—20摄氏度，温度非常适宜种植水果。但90后"新农人"带头人舒跃文认为，丘北好山好水，却曾因受制于技术和种植规模，产和销都是大问题。

丘北雪莲果电商扶贫工程

以丘北雪莲果为例，丘北是国内优质雪莲果核心产区，雪莲果无疑是产业帮扶脱贫的好项目。舒跃文大学毕业后回到腻脚乡种植雪莲果，"大家不懂技术，种植面积也不大，当时还不成气候"。转折点在2018年，上海"拼多多"公司创新扶贫助农项目——"多多农园"落户腻脚乡，由"拼多多"公司提供资金、技术和销售渠道支持，引导腻脚乡的阿落白、腻脚、大铁、鲁底4个村委会联合成立了阿大鲁雪莲果种植农民专业合作社，吸纳4个贫困村140户建档立卡贫困户662人加入了合作社。舒跃文成了合作社的负责人。与此同时，云南农科院经济作物研究所的10位专家也深入田间地头，帮助村民们申报制定雪莲果种植行业标准，指导雪莲果的种植。

有了上海企业的支持和专家的指导，村民们的腰杆子硬了，仅腻脚乡雪莲果种植面积就达到1万余亩。2020年全县雪莲果种植面

"多多农园"丘北雪莲果兴农项目

积近3万亩,预计产值1亿元。更让舒悦文感到兴奋的是,"拼多多"借助自身销售平台,并加大推广力度,打通了产销对接的"最后一公里",雪莲果由此从"土特产"一跃成了"抢手货"。当初加入合作社的140户建档立卡户,通过产品销售、就近务工、出售生产资料等,户均增收5 000余元,人均增收1 300余元。阿落白村村民张家红原来是建档立卡户,自从种上雪莲果和万寿菊后,家庭年收入突破10万元,一举脱贫。同村的赵进全家里种了30亩雪莲果和20亩万寿菊,种植雪莲果年收入可以达到8万元左右,万寿菊至少也能卖到近6万元,加上土地流转收益等,收入可观。这是扶贫干部尽心尽力和乡亲们在这块红土地抒写的"不平凡",是脱贫致富路上交出的鼓舞人心的答卷。当地群众感叹,"有了上海虹口区扶贫的贺志春副县长倾心带领乡亲们共同致富奔小康,有了一大批'新农人'把青春播撒在田间地头,大家的日子都越发有奔头了!"

乡亲们不会忘记，2020年初，贺副县长得知近6 000吨雪莲果滞销，时值新冠疫情巨大冲击，他戴上口罩，马不停蹄地四处寻找出路。那阵子真像做梦一样，他逢人就聊雪莲果，还尝试起"直播带货"。因为他知道，丘北是中国优质雪莲果核心产区，雪莲果种植面积达2万多亩，1 000多户建档立卡的贫困户就靠这些雪莲果增收脱贫。

办法总比困难多。从微信朋友圈到上海当地企业，再到各大电商平台，关键是必须广泛开辟渠道，加快推进销售，才能巩固脱贫致富成果，防止当地村民返贫。他和同事们心急如焚，多次主动联系上海拼多多、京东商城等电商企业，探索直播带货新模式，同时发动虹口区政协委员等各界人士，发挥丘北电商企业作用，广开渠道，多措并举，加大对滞销农产品的宣传推广力度。3—4月，线上线下渠道共销售滞销农产品近100万元，沃柑、雪莲果、新鲜羊肚菌等滞销农产品全部售罄，帮助当地农户解了燃眉之急。

他们还对雪莲果种植进行帮扶，采用滴灌、覆薄膜技术种植雪莲果，以提升果品品质，还帮助当地建设大型冷库、仓库、果干加工设备，同时在两个乡镇建设雪莲果交易集散中心，进一步延伸雪莲果产业链，提升雪莲果销售话语权。"有了冷库设备和交易集散中心，年初因疫情导致滞销的情况就不会再发生了。"

他们千方百计地全面推动消费扶贫，持续提升造血能力。通过政府采购、公司运营等方式，2020年1—8月丘北县扶贫产品销往上海的总金额已达1 222万余元。他们广泛"触电"，主动联系上海拼多多、京东京喜、上海母婴联盟、叮咚买菜等电商平台，加大网络开店力度，拓展电商销售渠道。网络直播助阵，联合驴妈妈、京东京喜、平安银行、春秋旅游等平台和公司，举办直播活动10余场，网络主播们在各个平台上大显身手。他们还帮助丘北电商企业联系平安银行、中信银行、民生银行、兴业期货等金融机构的网上商城，增加销售渠道，精准对接客户群体，扩大销售量。

"今年最开心的事，是在大家齐心协力下，丘北县于5月正式退出了贫困县序列"，贺志春抑制不住的喜悦写在年轻的脸上。他表示，乡村振兴，产业扶贫是最直接、最有效的办法，下一步将加大对农产品种养殖和深加工企业、丘北电商企业的帮扶力度，继续加强与各类电商平台、直播机构和上海企事业单位对接，帮扶农产品产销一体化发展。

种植燕窝果走上致富路

在广昆高速富宁县归朝段，远远就能看见"上海虹口援建"的牌子下一片灰色和绿色。近看发现，灰色是水泥柱，成片绿色的枝头被黄澄澄的果实压弯了腰。"仙人掌怎么还结果？"虹口区援滇干部、富宁县副县长冯晓定笑着告诉记者，这是致富果，名叫"燕窝果"。

燕窝果又称"麒麟果"，是火龙果的一种，原产于中美洲，是一种低能量、高纤维的水果，生长极其缓慢，对种植条件要求严苛。果肉结构呈细丝状，滑如燕窝，香甜可口，汁丰润喉，甜度可达到18度。因其丰富的营养价值和颇高的价格，燕窝果也被戏称为水果中的"爱马仕"。

10月正是燕窝果挂果的时候。在虹口区援建的富宁县归朝镇燕窝果产业实验示范基地里，燕窝果在阳光照射下，闪耀着金灿灿的光芒。在富宁中禾种养殖农民专业合作社负责人查文俊眼里，那是秋天最美的色彩："燕窝果首年亩产量在1 000斤左右，按今年市场价70元/斤计，今年8亩已开花的燕窝果预计可实现产值56万元；到第三年进入丰果期亩产量可达2 000斤，按市场最低批发价30—40元/斤计，300多亩燕窝果年产值可达2 000万元左右。"

2019年1月，归朝镇政府引进富宁中禾种养殖农民专业合作社，

虹口区援建燕窝果产业试验示范基地

发展燕窝果试验性种植。在云南省科技厅资金支持和技术指导下，首批试验种植的33亩取得了成功，果苗长势良好。当年7月，虹口区援滇干部经过研究论证，决定投入上海援建资金用于支持发展燕窝果规模化种植300亩。项目采取"合作社（公司）+村集体经济+农户"的模式实施，援建资金主要用于棚架、冷库、选果车间、生产用房等基础设施以及补光灯、喷滴灌等技术设施。

燕窝果在种植过程中，肥料要求高，虫害少、病害多，300亩种植每年可以带动8 000人次务工。除了每年入股分红收入外，周边群众每年每亩可获得不低于1 300元的土地流转收入，每天在基地务工还可收入100元，并且通过幸福超市积分获得村集体经济二次分配的收入。一年多来，通过土地流转、分红、到基地务工等，已为周边贫困群众和15个村集体实现创收370余万元。匆匆赶到田间施肥的张吉贵家就在归朝镇归朝村委会都楼村，家中有五口人。以前靠种玉米、水稻以及养牛来维持生计，家庭年收入万余元。为了让生活更好一点，他和妻子曾到广东打工，一天三班倒，每月收入三四千元，非常辛苦。自从建设了燕窝果基地，家里情况就有了很大变化：4亩土地每年流转费用5 200元，家里除了两个孩子，三个大人都在基地务工，每人每月可以拿到3 000元劳务工资。他和妻子在家务工，既方便照顾孩子，又有了稳定的收入，比去广东打工好多了。

想方设法解决村民烦心事也是实施产业扶贫的着眼点。2019年8月，冯晓定来到木央镇下木村调研产业发展情况时得知，近年来村民种植了3 000多亩草果。按照传统的加工方法需要晾晒，受天气影响大，有时碰到连绵的阴雨天就会发霉变质，直接影响到群众的收入。他和村委会经过合计，决定投入扶贫协作资金30万余元帮助建立草果烘干车间，解决了村民们的后顾之忧。2020年10月投用的烘干车间一次性能烘烤2 000斤草果，村民们笑逐颜开为援滇干部"点赞"，"虹口区的干部真是我们的贴心人，小车间帮我们解决了大问题，从今后再也不用看老天爷脸色吃饭了"。

燕窝果种植和农产品加工环节的投入，只是虹口区实施产业扶贫的一个缩影。2016年以来，虹口区紧紧抓住产业扶贫这个重点，投入援助资金实施项目17个，通过科技示范先行、沪滇扶贫协作项目推进的方式，已先后实现黑木耳、砂糖橘、燕窝果种植等产业规模化发展，带动了一大批贫困群众增收脱贫。下一步，结合乡村振兴，虹口区还将帮助当地实施中药材种植、林下草鸡养殖等产业规模化发展，切实通过发展产业让贫困群众就地就近就业，在确保群众稳定增收致富的同时，让更多群众能够留在土地上，过上幸福的小康生活。

王晔："扶贫，不做简单的搬运工"

"我是土生土长的虹口人，虹口培育了我，我创办的公司在虹口，我对虹口有深深的情结",上海依蝶雅公司总经理王晔开门见山地说。王晔投身扶贫事业出于偶然。2018年王晔参加了虹口区工商联组织的对口云南扶贫活动。在走访和与当地干部的交流中，对方念叨的"最缺的是市场"的话语深深打动了他，作为一个公司的老总，市场的重要性他感同身受。临渊羡鱼，不如退而结网，他当即拍板决定利用公司的市场资源和销售网络来参与扶贫。

云南农产品资源丰富，通过24年的对口扶贫，文山州丘北、马关、富宁、西畴四县的当地特色辣椒、玉米、猕猴桃、柑橘、菌菇等项目都已结出硕果。但农产品毕竟不同于化妆品。况且，当地农产品品质参差不齐、标准不一、价格体系不稳定、无注册品牌，如何用市场来撬动扶贫项目，新的课题摆在"市场老兵"王晔的面前。同年9月，王晔以持股51%的比例与丘北国有企业智博农投合资成立了云南珍滋味公司，2019年3月双方又在昆明成立了珍滋味投资公司，"将丘北作为试点，通过企业化运作来打通沪滇市场"。

2019年3月和10月，由虹口区合作交流办牵头，珍滋味公司承办了两届以"消费扶贫"为主题的对口扶贫农产品推介会，推动包括丘北农特产品在内的云南文山特色产品入沪，两届农展会共实现了180余万元销售额。但在这两次农产品推介会上，王晔也有惨痛的教训：拉了2 000多桶菜籽油到上海销售，最后只卖出去3桶，仅运输成本就亏了10万元，"商品品质是好的，但上海市场并不买账"。他自嘲说，刚出门就跌了一跤。

怎么让扶贫产品叫好又叫座呢？王晔带着团队开展了为期一个多月的市场调研。不做简单的搬运工，创造性开发新品，做成"老干妈"一样消费者人人皆知的明星产品，应该是拓展市场的突破口。通过多批次市场调研，他们发现北、上、广生活节奏快，产品要求方便、易得，女性重视美容、养颜，而丘北盛产莲藕和玫瑰，做玫瑰红枣藕粉的提议一下就得到了团队的通过。当地没有成熟的加工企业，品牌经理邢雯找到了杭州一家专业做藕粉30年的厂家做加工，公司团队设计了精美的包装。6月底，1万份玫瑰红枣藕粉顺利推向市场。花几分钟泡上一杯既有玫瑰又有红枣、葡萄干的藕粉，丝滑香浓，"既满足了寂寞的嘴，也满足了爱美的心"，一下就击中了白领市场的爆发点，"两个月就卖光了"。

为了让珍滋味尽快发展起来，王晔从依蝶雅原有的市场团队抽调了精兵强将，外聘专业人员专门负责运作珍滋味公司。他一边派人深入丘北田间地头选品、定标准、设计包装，一边在丘北县和虹口区政府的帮助下在两地分别成立了丘北扶贫超市和虹口扶贫产品专卖店。2019年1月在丘北开张的扶贫超市，是文山州第一家以扶贫为主题的超市，在王晔看来，也是珍滋味在市场开拓上迈出的重要一步。而位于虹口区广粤路菜场的扶贫产品专卖店则更像一个形象店，近20平方米的小店里摆满了西畴的乌骨鸡、马关的七彩米线、丘北的辣椒、富宁的菌菇等云南特色农产品，来来往往的市民对"消费扶贫"有了更具体的概念。店员说："西畴乌骨鸡最畅销，回头客比较多，有的人买了自己吃，吃好了又来买了送人。"

"扶贫特色农产品＋成熟工业生产体系"的思路一打开，珍滋味的创意新品便一发不可收：用富宁坡芽鸡做的自发热黄焖鸡米饭，西畴乌骨鸡做的自嗨锅，只需15分钟就能让远在北、上、广的都市白领享受到纯正山野美味。以富宁坡芽鸡为例，1万份料理包的生产可以帮助当地建档立卡户403户、1 617人实现经济增收。邢雯告诉记者，10月份还有新开发的马关刺梨原汁即将面世，后续还会推出马关古树茶茶叶精品礼盒装。王晔介绍说："珍滋味在产品线方面分为珍选系列和一品赞系列，珍选系列与当地扶贫农产品公司合作，帮助当地公司提升包装设计，联合打造品牌；一品赞系列由珍滋味一手开发、设计、推广产品，如玫瑰红枣藕粉、自发热鸡汤等，目标就是北上广市场"。他预计公司2020年产品销售额将达到3 000万，带领更多农户走上奔小康的道路。

扶贫农产品是篇大文章。自2019年9月份开始,珍滋味公司又在富宁、马关、西畴分别成立了分公司,每个季度王晔还会带领团队深入对口四县进行深度对接,力争将文山好物都端上上海的市民餐桌。在富宁县的采访中,援滇干部、富宁县副县长冯晓定介绍,在虹口区政府产业资金的扶持下,当地培育出了新菌种——鹿茸菇,将通过珍滋味公司登陆上海,预计2020年销售额就可达200万元。此举既能帮助企业扩大销路,又能带动16家合作社、2000多个农户脱贫致富。

在强化采购的基础上,珍滋味的渠道开拓也在紧锣密鼓推进中。"今年在丘北普者黑景区开出了2家扶贫产品超市,7月底在四川北路开出上海首家消费扶贫产品直营店,9月底广粤路店升级为珍滋味肉铺,朝精品超市方向发展,10月份在鲁迅公园开出持续8天100多个摊位的鲜市集,向更多的上海市民推介优质农产品,第一食品、高速公路、景区等渠道都在洽谈中",珍滋味的小程序、京东等线上渠道已经蓄势待发。

土生土长的虹口人王晔说:"未来的事业发展在云南",他要把扶贫农产品打造成爆款,帮助当地群众脱贫致富。截至2019年12月底,云南珍滋味已帮助建档立卡户10 035户,带动脱贫增收36 093人。而他更大的目标则是把云南珍滋味打造成上市公司,帮助更多的农民走向市场,把云南的特色扶贫产品做成方便又好吃的山珍美味爆款推向全国。

为山里娃圆了读书梦

16岁少女刘红飘,是云南省文山州丘北县平寨乡布凹村村民。2个月前,她还在大山里放牛,做梦都没想到有一天会和小伙伴站在上海北外滩5G全球创新港，为参观者讲解世界最先进的5G技术。

"我们能够来到上海读书，太幸运了！"文山州马关县木厂镇大坝村的布依族少女罗天蕊说。年幼父母离异，母亲远嫁缅甸，她和父亲、妹妹相依为命。14岁时，爸爸因意外脑部受损，自此罗天蕊成了家里的主心骨。2019年，她和刘红飘等28个同样家境贫寒且品学兼优的女生一起被虹口区政府和上海星成职业技术进修学校联合开办的"文山班"录取，从没出过县城的她们，来到了上海这个繁华都市求学。

据介绍，2019年虹口实施对口帮扶职业教育项目，从文山州马关、西畴、富宁、丘北等县挑选出28名中考生来沪就学，并承担学费、住宿费和伙食费等。学生们将在星成职校"轨道交通及会务方向"专业就读，完成三年全日制学业后由学校推荐就业，实现一人就业全家脱贫。

"放牛娃"刘红飘同样来自建档立卡户家庭。她年幼父母离异，父亲外出务工，她和妹妹与年迈的奶奶一起生活。近几年爸爸回家养牛，家里的日子才稍微好了些。2020年妹妹初中毕业后到浙江去打工了，"全家的希望都在我身上，压力还是很大的"。她说，上海的学习、生活条件都比家里好很多，更要好好学习。

校长刘浩平告诉记者，"文山班"的孩子日常要学习语文、数学、英语等8门基础课程和日语、信息化等技能课，毕业后可以拿到高中、中专双学历文凭。考虑到孩子们的特殊情况，学校为"文山班"专设夜自修，配备夜间学习老师，为他们提供更多指导和帮助。距离学校只要步行5分钟的公寓是标准三人房，网络、淋浴、洗衣机、空调等生活设施完备。每逢周末或节假日，学校还会组织活动，教孩子们做月饼、习茶艺、学沪语等，让孩子们的业余生活丰富多彩。

为了让28位学子得到充分锻炼，北外滩集团为他们提供了5G全球创新港讲解的实习岗位，并以奖学金的形式鼓励孩子们好好学习。

"很喜欢上海，想留在这里！"平时，罗天蕊学习非常努力，别人休息的时候，她都在看书，上学期由于成绩优异，她获得了学校颁发的奖学金。8月底，回上海开学前，她拿出部分奖学金给妹妹支付了初一的学费。她说，现在要好好读书，以后争取留在上海工作，赚钱资助妹妹考上大学，让爸爸能过上好日子。刘红飘放心不下年迈的奶奶，她想要在上海学好本领，回到丘北去建设家乡。

幸运的不只是这28名女生。扶贫先扶智，早在对口扶贫之初，虹口区就拨出了部分资金用于扶持文山州的教育。2009年虹口区援建富宁县第一小学1栋学生宿舍楼。据富宁县第一小学校长张厚发介绍，富宁先后在县一小和新华镇中心学校开办了山瑶寄宿班，县一小已开班三批次，共招收150人。在他的记忆中，山瑶族孩子从小长在深山，艰苦的环境造就了他们刻苦的品性，欠缺之处在于学习和生活习惯不佳。有了宿舍楼后，孩子们周一至周五吃、住在学校，在老师们的悉心指导下，山瑶族的孩子养成了良好的学习和生活习惯。据统计，县一小第一届山瑶班有20人坚持读到高中毕业并参加高考，其中19人达到了大学录取分数线，录取率达95%。2011年山瑶族学子陆福志同学以618分成为富宁县高考理科状元，被南京大学录取，2017年山瑶族学生王地以优异成绩被上海复旦大学录取。山瑶族孩子们从这里飞出了大山，走向了广阔的天地。

虹口区把最先进的技术应用到扶智上。2019年，虹口成为5G全球双千兆第一区。在9月10日全球首个综合性5G应用展示及联创平台——"5G全球创新港"在北外滩开港之际，上海外国语大学附属外国语学校东校发挥多语种辐射效应，运用5G双千兆技术，与云南师范大学丘北附中连线授课，让更多的山区学子享受到上海优质教育资源。

教育扶贫，切断贫穷的代际传播正成为全社会的共同行动。

在走访中，对口扶贫地区普遍反映，师资紧缺、教师的培训欠缺，在虹口区政府和援滇干部的牵线下，上海掌门"1对1"网络培训机构在云南师范大学附属丘北中学和曰者中学进行"云支教"教育扶贫试点，把优质的课件、丰富的教学资源，通过多媒体教学系统输送到丘北的学校，实现了"线上支教"，部分缓解了师资紧缺问题。

扶贫从娃娃抓起。幼儿园属于非义务教育阶段，3到6岁又属于非常重要的学前教育阶段。丘北县曰者镇新沟幼儿园园长魏国君告诉记者，苦于公立幼儿园的学额不足或设施较差，当地很多适龄儿童不上幼儿园或选择民办幼儿园入读。西畴县董马乡幺铺子村是唯一没有幼儿园的行政村，2020年9月海通证券帮助当地建起了海通幺铺子幼儿园，惠及周边37个村小组。崭新的教学楼内配套齐全，室外滑滑梯、跷跷板、沙池让孩子们尽情玩乐，周边的村民们争相将孩子送到这个离家最近的幼儿园，50个学额全部报满。

新湖地产将小学闲置校舍、党员活动室等场地，按"一村一园"模式改建为山村幼儿园或帮助现有幼儿园新增班级点，对原有乡村幼儿园尚有发展条件的，通过扩建增加班级，快速提高当地儿童入园率并解决贫困山区幼儿入园问题。2020年9月，在新湖地产的帮助下，新沟幼儿园利用原来的小学校舍改造后焕然一新，彩绘的外墙童趣盎然，两栋新楼宽敞而又舒适。魏国君开心地表示，现在学额增多了，周边适龄儿童都能入园了。

让山里的孩子洗上了热水澡

对援滇干部冯晓定来说，2019年10月7日是一个刻骨铭心的日子。

这是一个以苗族为主的石墨化山区，木令小学是全县学生最多的一所寄宿制完全小学。学生640名，其中寄宿制学生563人，占比为88%。由于缺少资金，当地学生的"洗澡难"一直没有得到解决。

校长告诉冯晓定，由于没有浴室，学生只能憋到周末回家洗澡。

天气热的时候,男生还可以用毛巾"擦擦",而女生只能将就"洗洗"了,所以在教室和宿舍总有异味环绕。校长的语气虽然一如既往的平静,但冯晓定的心里却是翻江倒海般的不平静。

心动不如行动。他和虹口区慈善基金会和相关企业进行了多次联系,陪同真爱公益基金会胡理事长一行考察了木令小学,目睹了500多名学生无法洗澡的现状。胡理事长当场表示,以基金会名义捐赠20万元为男女生各建一个浴室,争取在"六一"儿童节交付使用,给孩子们送上一个最珍贵的节日礼物。

六一节那天,当老师带领男女生各12人,参观落成的"希望浴室",看着齐全的淋浴设备,师生都情不自禁地露出了灿烂的笑容。当喷头洒下温暖的水流,大家都争相伸手测试水温时,许多同学争先恐后地询问老师,什么时候轮到自己班同学洗澡啊。现场目睹这

小学生在"希望浴室"外排队等待洗澡

动人一幕的冯晓定也笑了，他知道，虹口区扶贫送真心送真情送到了师生的心坎里了！

"希望浴室"给勤奋学习的孩子添劲加力，给山里娃带来了希望和爱心。为了更多的学生能够洗上热水澡，援滇干部又趁热打铁联系了虹口区总工会和工商联，先后分别捐赠20万元用于"希望浴室"建设。好消息一个个传来，2020年12月，木央镇木红小学和木贵小学正在快马加鞭地建设中，师生们说这是虹口区人民送来的深情和厚谊。

大爱无声，爱如涓涓细流涌向文山。据了解，对口扶贫工作开展以来，虹口区光彩事业促进会、区慈善基金会已累计为云南对口四县2 320名贫困学生提供助学金。虹口区教育部门派出了14批79人次赴云南教育扶贫，老师们一批一批接续奋斗，正助力当地学子走出大山，托起山里娃改变命运的希望。

（此文写作中曾得到孙玮、袁兴金、赵杨的大力支持，感谢虹口区档案局陆健、金一超为联系采访人所做的努力。）

"上海的同志,感谢你们的真诚援助!"
——闵行区对口帮扶工作纪实

韩建刚

冬日的下午,暖阳映照。闵行区人民政府合作交流办公室的会议室如同一个作战指挥部:中间是一张长桌和几把椅子,雪白的墙上,张贴着闵行区对口帮扶的云南迪庆州香格里拉市、保山市隆阳区、施甸县、昌宁县和龙陵县,以及新疆喀什泽普县的六张地图,和2020年闵行区东西部扶贫协作与对口支援项目进度表。对照地图,办公室李东同志介绍说:"区委、区政府坚决贯彻中央和上海市的决策部署,始终坚持'真情投入、真抓实干',全区各部门、前方援派干部人才队伍、全区各方通力合作,积极作为,对口帮困工作成绩显著。2017年国家对扶贫工作实施成效考核,我们闵行区这项工作已连续三年被上海市评为第一档。"

按照"中央要求、当地所需、闵行所能"的原则,闵行区自2016年以来,完成市、区、街镇帮扶项目806个,全面改善了对口帮扶地区的民生基础条件,有效解决了"两不愁三保障"问题,即农村贫困人口不愁吃、不愁穿,保障其义务教育、基本医疗和住房安全要求。闵行区向对口帮扶地区派出党政干部52人,技术人才154人;为对口地区开展人才培训110批次,6 758人次,为当地发展提供了人才支撑;动员协调53家企业到对口地区落户,投资37.1亿元,带动当地贫困人口脱贫11 655人。从2018年至今,共采购认购农产品

3.68亿元。闵行区重视就业扶贫和劳务协作，近两年落实贫困群众当地就业10 961人，落实来沪就业470人。经过坚持不懈的努力，闵行区对口帮扶的六个县（市、区）和所属的500个贫困村，以及10.94万户贫困户、45.23万贫困人口，已全部提前实现脱贫摘帽。在对口扶贫中，涌现出王胜扬、陈冬发、胡志宏、冯亮、杨其根等一批先进个人，莘爱党工团公益联盟、"隐形的翅膀"公益联盟等一批爱心组织，创新探索了"消费+公益"精准扶贫、"四结对"帮扶、"人均三亩桑、致富奔小康"科技兴农兴业等闵行扶贫模式，有力地推进了西部脱贫事业。

早在25年前，闵行人就已开始对西部进行帮困扶贫，三峡、西藏、新疆、云南，都曾经留下扶贫干部的汗水和脚印。闵行区扶贫工作之所以成果丰硕，是依靠区领导的重视和榜样带动、依靠全区动员和各部门配合、依靠援疆援滇干部和积极分子的无私奉献。数千里外，山高水远，沙暴风寒中春风送暖，闵行人踏实苦干，为扶贫事业奉献着满腔的爱。

沪藏情深，江孜也有一所"闵行中学"

王胜扬，1955年10月生，曾任闵行区副区长、区政协副主席等职。1995年5月至1998年5月援藏，担任中共西藏自治区日喀则地区江孜县县委书记。

你知道吗？西藏日喀则地区江孜县有一所"闵行中学"。

江孜县隶属西藏自治区日喀则市，地处西藏南部，日喀则市东部、年楚河上游。辖区内居民以藏族为主。

1995年5月25日，王胜扬等人来到江孜，开始援藏工作。作为上海第一批援藏干部，上海市委、市政府派他们去时，没有明确要求带多少资金、做多少项目，要求他们去了之后根据实际情况再决定。联络组组长徐麟要求选准项目,打开在西藏工作的局面。作为江孜县委书记,他积极下基层调研,选择援助项目。

经过调研,王胜扬和县委办公室主任多次探讨援藏从哪里入手,目标逐步聚焦到教育问题。办公室主任是一名老援藏干部。江孜县的教育在西藏74个县里面算是好的,主要问题是经费紧张,整个县只有一所中学。尽管通过前几年的积累,各乡逐步建起了小学,基本可以容纳农牧民的孩子就学,但小学生毕业上中学的比例仅为18∶1,打击了农牧民送孩子上小学的积极性。因为当时在西藏找一份像样的工作,起码得读到中专,才能算是一个有知识、有文化的人。更严峻的问题是,除了在县城上小学,全县至少有80%以上的小学生没有课桌椅,上课都坐在水泥地上,面前只放着一只简陋的小木箱,他们写字就趴在小木箱上。这个小木箱上课时是课桌,天黑了就在上面点一盏酥油灯或蜡烛照明,睡觉时它又成了孩子们的

闵行区给江孜闵行中学捐款

枕头。王胜扬和县长格桑扎西及其他援藏干部商量，要着手筹建江孜第二中学，不但要让江孜的孩子有学上，还要让他们和上海的孩子一样用上课桌椅。

建学校，首先要解决资金问题，他想到了自己的"大后方"。闵行区区委书记听了振兴江孜教育的情况汇报后立即拍板：建设新学校的300万元援助资金全部由闵行区承担。区委一声令下，区内的企业和党员干部、职工群众纷纷解囊相助。没过多久，带着闵行区人民深情厚谊的300万元汇到了江孜县财政局。王胜扬等在江孜也抓紧筹备，一边积极争取西藏自治区教委的配套资金，一边同步开展规划、腾地、立项、设计等一系列工作。格桑扎西县长主动提议，为了体现沪藏两地的友谊，新建学校命名为"江孜县闵行中学"。1995年9月6日，江孜县委、县政府为学校举行了隆重的奠基仪式，闵行区党政代表团也赶赴现场。后来学校的发展进程证明，江孜县闵行中学的建成拓宽了县内"小升初"的升学通道。1996年秋学校建成投入使用后，西藏自治区开始普及小学六年制义务教育。1997年，江孜县成为自治区第一批通过验收、能够普及六年制义务教育的地区。在援建江孜中学的同时，王胜扬等援藏干部还从上海各区、各部门筹集了100万元援藏资金，用于实施小学生的"屁股离地工程"，购买了数千套课桌椅，让全县的小学生上课有了课桌椅。

金丝红枣，助力泽普农民走向致富路

陈冬发，1971年9月生，现任中共梅陇镇党委副书记、镇长。2010年8月至2013年12月，任上海援疆工作前方指挥部泽普县分指挥部副指挥长，新疆维吾尔自治区喀什地区泽普县副县长。

泽普县是新疆"红枣商品生产基地县"。2010年9月2日，县委书记找到陈冬发，希望他能筹划2010年"红枣节"活动。"红枣节"

是泽普县规模最大的节庆盛会，此前已举办过两届。接到任务后，陈冬发立即向前方指挥部汇报了这件事，得到了指挥部的支持。

当地政府搭建平台，上海"大后方"全力配合。一个月后的10月18日，"走向幸福——第三届泽普红枣节"隆重开幕。白天，"红枣王"拍卖会、精品果园风情游、红枣论坛等多项活动一一呈现。那天，陈冬发他们还组织了70名百岁老人来到现场，宣传泽普是长寿之乡；晚上的大型文娱晚会，则邀请了上海的电视主持人施琰和当地维吾尔族姑娘一起主持节目，上海的歌唱家、华东师大的舞蹈团和泽普文工团欢聚一堂。此次"红枣节"举办得相当成功，现场有近五万人观看，莎车、叶城等周边县城居民也纷纷前来参与。

2010年到2013年，"红枣节"连续举办了四届，一年比一年热闹。陈冬发和同事不忘"红枣牵线、文化搭台、经济唱戏"，将红枣和文化结合，为枣农架设对外交流与合作的桥梁。上海闽龙实业有限公司作为上海援疆企业之一，公司于2010年8月就组团到泽普进行了首次考察，在10月18日泽普红枣拍卖会上，闽龙公司独家中标，成功拍得了金、银、铜奖三种红枣，并以5.3万元的高价拍下2010年"红枣王"金奖红枣。也正是那次契机，促成上海援疆工作前方指挥部泽普县分指挥部与闽龙公司的签约，在泽普成立闽龙达干果产业有限公司，使之成为当年首批上海对口援疆企业之一，这意味着泽普红枣产业发展的规范化和规模化。更可贵的是，闽龙公司不仅助力当地脱贫攻坚，溢价收购红枣，还坚持打"泽普"牌，提升泽普的影响力。公司在戈壁滩上建设现代化生产工厂，在沙漠边缘开垦有机红枣种植基地，将种植基地和产区采购的红枣通过初加工，运到上海精加工和包装后推向市场。这一流程看起来清晰流畅，运行起来却是困难重重。戈壁滩上满目沙石，沙尘暴和寒风说刮就刮，挖地、换土，1万平方米的厂房耗费了近两年才建成。厂房建好后，公司开始招聘以泽普县当地百姓为主的员工队伍，对生产卫生、规章制度、企业管理和员工培训,闽龙公司花了不少精力,陈冬发等上海干部也倾注了大量心血。

这种"授人以鱼,不如授人以渔"的援疆方式的成果令人欣喜。"公司+基地+农户"的经营模式,不仅解决了当地的就业问题,也让其中不少优秀的员工走上了中层以上领导岗位,成为企业运营的中坚力量。通过高价收购农户的农作物,还间接带动几千户农户脱贫致富。在奎依巴格乡、阿克塔木乡等地,枣农年收入3万至5万元的人大大增加。

在一次"红枣节"活动后的总结会上,泽普分指挥部指挥长蒋争春提出:"现在正是红枣收获季节,我们利用双休日去帮老乡捡红枣好吗?"提议得到大家的响应。一个休息天的早晨,天刚亮,陈冬发等16人吃完早餐,就驱车18公里来到阿克塔木乡3村,根据村主任的安排,两人一组,去枣农家分拣红枣。陈冬发和挂职泽普县城乡建设局副局长的吴岳俊分在吐鲁洪家。枣林里,枣树叶已经掉落,只剩下满树红枣,微风吹过,枣香扑面。因枣林大、红枣多,两个

泽普县红枣正在深加工

人忙不过来，又请了古丽等三个小工。古丽只有16岁，会简单的汉语，她教大家分选枣子的技巧，并作示范。半天后，陈冬发等人分拣了20多筐红枣，地里成片的红枣已基本收完。半天的忙碌，累得人腰都直不起，但从老乡朴实的笑容中，他们体验到枣林劳动的乐趣。

金丝红枣情系万方。从打响红枣品牌到推进产业化发展，从红枣种植到红枣销售，从建设厂房办企业到开展员工培训，每一件和红枣有关的事都牵动援疆干部的心，他们用心把红枣的事业做强做大。一颗小小的红枣，拉近了陈冬发等援疆干部和泽普农户的关系，铺就了当地百姓的致富路。

"金胡杨"，让小毛驴做出大贡献

唐为群，1969年4月生，现任莘庄工业区党工委副书记、管委会副主任。2013年8月到2017年1月援疆，任上海市援疆工作指挥部泽普分指挥部副指挥长、喀什地区泽普县副县长。

2013年8月，唐为群来到新疆喀什泽普县后，就顶着沙尘下乡考察，他发现，新疆的年轻人很多，但可以就业的企业却很少。他认为在援疆中，要将本地的企业"带起来"，以拉动就业。

经过考察，唐为群和援疆干部将目光锁定于"金胡杨药业"。这个企业生产工艺先进，原料上乘，出品的阿胶品质优良，但销路不畅，厂里冷冷清清。"金胡杨药业"为什么生产销售上不去？唐为群进行了调研。

原来，阿胶的原料来自驴皮，但是驴皮收集是一个非常麻烦的过程。新疆毛驴多，而当地松散的养驴方式，让企业的货源难以保证持续和稳定，在质量上也很难建立一个统一的标准。阿胶生产出来后，如何定位和包装，要推广到哪里，要赢得什么样的市场，这些都要进行深层思考。多种因素制约着企业的发展，使厂里阿胶的年产量只有三吨左右。

唐为群反复和企业负责人商量对策，提出建议；且不断向援疆前方指挥部推销"金胡杨药业"，希望得到上级的支持。为此，唐为群曾带着企业负责人驱车数十公里前往莎车县，只为"截住"正在那里调研的前方指挥部总指挥杨峥，当面向他汇报情况。通过前方指挥部的协调，唐为群与上药集团取得了联系。上海方面对"金胡杨药业"的产品进行的质量检测表明，其所有的成分都符合标准。拿到了这份免费的广告，唐为群等欣喜万分：这是企业走出去开展项目合作的实力和底气。经过了解，他得知上药集团一向以人参、鹿茸、阿胶为主打产业，近几年由于阿胶短缺，急需补足缺口。而"金胡杨药业"擅长生产阿胶，这样，就使双方的合作有了基础。2015年，在唐为群等人的努力下，"金胡杨药业"和上海医药集团成功对接，"金胡杨药业"生产的阿胶产品在上药集团旗下的多家连锁药房上架，正式打入上海市场。唐为群还利用回沪探亲的机会多方走访，与相关部门及企业沟通，促成了"金胡杨药业"和上药集团合作的新突破：2016年，"金胡杨药业"成为上药集团旗下"神象"品牌的战略合作伙伴。

"神象"为"金胡杨"带来了三样法宝——技术、市场和信心，这一品牌掌握着南派阿胶"淡皮、两面光"的全套工艺精粹。因驴皮原料锐减，阿胶生产线"北移"，这一工艺在上海日渐没落，却在万里外的泽普有了用武之地。南派阿胶的技术要素除了工艺方法，更有严格的品质控制标准。在"神象"的帮助下，"金胡杨药业"建立了一套符合上药药材标准的生产体系。于是，市场的大门就被顺利打开。利用"神象"的品牌影响和销售网络，"金胡杨药业"阿胶产品很快向全国的市场拓展，还走向了海外，公司的产能从一年3吨上升到一年上百吨。

援疆企业金胡杨药业的毛驴繁殖基地

泽普县地处"中国毛驴之乡",此地水源纯净,土地无污染,适宜养驴。优良的生态环境中生长的优良的驴子,皮才能熬出好胶,也应了那句业内行话——"好水好皮产好胶"。看到市场已经打开,阿胶产品的销售渠道有了保障,唐为群又在考虑:是否可以从阿胶的原料入手,进一步开发,形成一条产业链,促进更多的农户脱贫?

说干就干,唐为群等人找到一块空地,用于饲料草生产和毛驴养殖,成立了金胡杨牧业有限公司,保证了驴皮的纯正性和可追溯性。"金胡杨"毛驴基地的建立,为自家公司的原料提供了数量和质量的可控保证,也为泽普的畜牧产业发展起到了示范作用。

"金胡杨药业"的发展,带动了当地农民的就业脱贫。在"前金胡杨时代",因为阿胶产量低、生产不稳定,"金胡杨药业"的用工人数受到限制。而现在的"金胡杨药业",阿胶产量提高数十倍,企业的用人也在增长。从毛驴养殖业看,毛驴的喂养,草料的种植、收割、整理入库,每项工作都能给当地工人提供收入;驴皮晾晒、刮毛、切割、加工等一系列阿胶生产制造工艺,也为当地农民提供了不少就业机会。许多贫困户不仅自己实现了脱贫,还带动家人、亲戚朋友来到"金胡杨药业"工作,一同走上了脱贫奔小康的路。来自赛力乡的买买提·肉孜在"金胡杨药业"喂毛驴，每个月都能拿到2 600元工资，这笔固定收入让他和家人实现了脱贫，妻子也可以在家安心照顾两个孩子。公司还将幼小的毛驴送到百姓家里饲养，给他们饲料，让他们养好小毛驴，饲养幼驴的家庭也会得到一笔不小的收入。唐为群等闵行区援疆干部热心推进"金胡杨药业"的发展，让小毛驴为扶贫工作做出了大贡献。

联手帮扶香格里拉市妇幼保健院

"王医生，听说香格里拉市妇幼保健院消毒供应室是上海援建的，是吗？""是呀，两年前，上海闵行区援建了我院的消毒供应室，帮助培训医护人员，提高了我们医院的医护实力。"冬日下午，香格里拉市妇婴保健院的一位姓王的医生正向就医者介绍情况。

香格里拉是云南省迪庆藏族自治州的地级行政区首府，也是国家级贫困市，老百姓经济收入低。2017年，香格里拉市妇幼保健院中心综合楼建成，设有妇产科、儿科、护理部、医技科、妇幼计生科等科室，有手术室及标准化产房。

2018年5月，时任闵行区委副书记、区长倪耀明率领党政代表团赴云南香格里拉市考察，送给妇幼保健院500套新生儿及产妇护理箱和医用被服、新生儿小床等。其间，香格里拉市妇幼保健院恳请闵行区援建消毒供应室、洗婴室和援助洗消控感设备。倪耀明区长现场指示由区合作交流办、区工商联及区卫计委三家单位负责，做好香格里拉市妇幼保健院消毒供应室援建项目的实施工作。

在此之前，上海第十批援滇干部、香格里拉市副市长陈超也为此事花了大量心血。2017年底，陈超到香格里拉市妇幼保健院调研，发现医院内感染高发，产妇感染率和新生儿死亡率较高。他请上海的医疗专业志愿者来调查，找出症结并制订提升方案，并向闵行区领导汇报，提出建议，又和区内的一些企业联系，积极募集资金。

闵行区合作交流办会同区工商联及区卫计委，多次研究如何进行项目帮扶，并组织代表团赴云南考察。走访中，代表团成员发现香格里拉市妇幼保健院屋顶上虽设置了临时消毒供应室，但消毒设备简陋，无法满足安全使用要求，加上当地村民卫生意识淡薄，造成婴幼儿出生死亡率较高。通过实地走访，代表团成员坚定了信心，决定要为香格里拉市妇幼保健院建立规范的消毒供应室。

考察结束后，区合作交流办牵头组织区工商联、区卫计委召开帮扶项目推进会，成立项目领导小组，明确责任分工，从项目招标、工程设计、设备采购、设备安装、人员培训上全面指导，共同推进援建项目落实。区工商联组织民营企业及企业家参与项目帮扶，筹措了120万元项目资金；区合作交流办与香格里拉市人民政府协商，协助香格里拉市妇幼保健院做好项目方案的制定和落实；区卫计委协助对项目方案审核把关并提供全程指导，选派上海市第五人民医院专家赴云南香格里拉市，对施工人员进行建筑、设备、技术、管理指导，督促规范施工。

香格里拉市妇幼保健院消毒供应室项目的筹措实施，只用了几个月。2018年7月21日项目开工，9月30日竣工，10月中旬完成验收后投入使用。这个消毒供应室是由企业集资、在上海市第五人民医院专家指导下建成，由闵行区政府捐赠给香格里拉市妇幼保健院的。过去，由于当地卫生意识落后，消毒条件差，被服等卫生用品的消毒达不到要求，香格里拉市产妇剖宫产术后伤口容易感染。上海闵行区援建了消毒供应室以后，提升了市妇幼保健院的消毒隔离水平、减少了院内感染，剖宫产术后感染率大幅下降。

在改善硬件设施的同时，闵行区不断创新帮扶机制，深入拓展帮扶领域，提供了大量技术支持。2018年上海复旦大学附属儿科医院与香格里拉市妇幼保健院远程医疗会诊系统开通。远程会诊加强

上海市第五人民医院援滇医疗队在云南

了妇幼保健院专业人员培训，提高了救治能力，缓解了偏远贫困地区患者转诊比例高的问题。目前，该院已多次开展儿科远程会诊和远程教学活动，参加培训人数约有200人次。闵行区还选派中西医结合医院的王立平副主任医师赴妇幼保健院开展为期一年的专业帮扶，并让香格里拉市妇幼保健院医务人员到上海进修，已来沪进修8人次。通过教育培训和传帮带，打造一支带不走的队伍。这些年来，闵行区对香格里拉市妇幼保健院的帮扶工作一直在进行。

2018年，香格里拉市孕产妇首次实现零死亡，保健院各项工作业绩均创历史新高。过去香格里拉的孕产妇不愿在当地生产，而远赴大理、昆明生产。现在本地人信任香格里拉妇幼保健院，周边的四川稻城等地的孕产妇也慕名前来，该院有20%的待产孕妇来自周边地区。2020年，《解放日报》《新民晚报》都刊文盛赞香格里拉市妇幼保健院的巨大变化。

痴情援滇，老杨有颗金子般的心

杨其根，1948年出生，早年丧母，27岁时又因工伤失去左前臂。但人生的坎坷让他更加热心于扶贫助困，人们夸赞老杨痴情援滇有颗金子般的心。

20年前，杨其根创业成立了上海昱程建设发展有限公司，使他有了更多的能力去助人。2016年12月，杨其根发起成立了闵行莘爱党工团公益联盟，能更广泛更深入地进行爱心帮困。

2018年5月，经闵行区援滇干部牵线，上海闵行莘爱党工团公益联盟首批扶贫助学考察团在杨其根带领下，千里迢迢来到云南省保山市隆阳区瓦房乡徐掌村，实施扶贫工作。

徐掌村地处滇西南怒江大峡谷大山腹部，海拔约1700米，占地14平方公里，是一个深度贫困山村。"徐掌村共312户人家，其中建档立卡的贫困户就有236户。村民的房子多为土木结构，很多农户'家徒四壁'，有的人家屋顶破漏了也无力维修，晚上在屋里抬头能看到星星……"回忆起第一次走进徐掌村的情景，杨其根至今难忘。

在这次扶贫考察中，莘爱党工团公益联盟与徐掌村党总支签订了结对共建协议，还走访慰问了一些特困户。"我忘不了一个小女孩充满期盼的眼睛。"杨其根说。一天，在走访慰问的过程中，杨其根发现有一个穿着凉鞋、扎着马尾辫的十来岁小女孩总是跟着他们的慰问队伍，也不说话。后来趁着没人的时候，小女孩怯怯地问杨其根："爷爷，待会儿你们会到我家去看看吗？"小女孩扑闪着一双充满期盼的大眼睛。因为走访慰问是由徐掌村党总支安排的，杨其根也不知道会不会到小女孩家。所以，当时杨其根只是摸摸小女孩的头没有回答她。那天，慰问队伍最终没有被安排去小女孩家。

那天晚上，杨其根的心堵得慌，他彻夜难眠，满脑子都是小女孩充满期盼的眼神。"她期盼什么呢？是渴望帮助，希望我们给她贫困的家带去光亮吗？"其实，杨其根很清楚，村里有太多像小女孩那样的家庭需要帮助。

刚开始走访慰问时，杨其根他们给每家送上了慰问金2 000元，但一圈走下来后发现，这是杯水车薪。因为贫困户太多了，而且2 000元慰问金也只能救一时之急，不能从根本上让这些家庭摆脱穷困。"送钱送慰问不如送技能，必须实施产业扶贫。"杨其根坚定了产业扶贫的信心。

2018年5月，刚从云南回沪的杨其根就开始为产业扶贫奔走。他联系高校、农科院的专家，实地观察种植基地，几乎放下了自己企业的业务，一门心思钻进了扶贫这件事。但徐掌村地处高原山区，雨水少，土层薄，属于旱地，可种植的农作物种类较少，且交通不便，他设想了多种方案都以失败告终。

发展什么产业呢？杨其根茶饭不思。一天晚上看电视新闻，他看到上海交大的新品鲜食玉米培育种植成功了，顿时灵感一闪：徐掌村也种玉米，能不能引进上海改良的鲜食玉米助其提升经济？鲜食玉米或许是山村脱贫的突破口，想到这里，杨其根兴奋不已。

于是他马上行动，通过多方努力，找到了上海乃至全国的顶尖玉米种植专家，组成专家团队。杨其根和专家团队多次去徐掌村调研，在与徐掌村村委多次沟通后，确定了徐掌村"以种植带动养殖"的产业发展新路子：徐掌村多山地，地质属性适合种玉米，要种植符合城市居民口味的糯玉米，加工后销往城市，增加附加值；同时，扩大养殖肉牛与纯生态家禽家畜，玉米除满足食用外，盈余部分可以用于养殖业，实现更大的经济价值。

有了好思路，关键是落地。2019年7月，第一批鲜食玉米新品开始试种，共80亩。其中，上海市农科院培育的"申科糯1号""荆彩甜糯11号"等优质糯玉米品种长势良好。2019年10月，杨其根他们从保山把成熟的鲜食玉米空运到上海销售,短短的两三天销售额就达66 371元。

"虽然钱不算多,但那也是一个丰收的日子,为云南保山的产业脱贫开了一条路。如今,玉米试种项目被列入了沪滇扶贫协作项目,'鲜食玉米绿色生产技术研究与示范'项目还被上海市科委列为上海市2020年度'科技创新行动计划'国内科技合作项目,大家的信心也越来越足。"杨其根高兴地说。

一杯咖啡,助力云南农民致富学生乐学

在2020年10月国家扶贫日闵行区主题活动现场,三台使用了云南保山小粒咖啡豆的红鹈鹕自助咖啡机,吸引了不少市民前来体验。9.9元一杯咖啡,售出的每一杯都有10%的收入捐给闵行区资助的帮扶地区特困学生助学基金会。

上海红鹈鹕餐饮管理有限公司执行董事葛音说:"这是闵行区今年启动的一项消费扶贫工作,区里推出50台红鹈鹕自助咖啡机,分布在闵行的学校、医院、园区、商务楼和街镇办事大厅。通过自助咖啡机,市民可以喝到现磨的云南小粒咖啡,云南的农民可以受益,云南的贫困学生也能得到帮助。"

云南保山市是闵行区对口扶贫地区,小粒咖啡是云南保山市的特色农产品。当地农民种植的小粒咖啡豆,因销售渠道不畅,价格偏低,导致农民收入不稳定。2020年初,借助闵行区的"闵企入滇,云品入沪"项目,闵行区合作交流办做起了"红娘",牵线让销售咖啡的上海红鹈鹕餐饮公司与云南保山一家咖啡企业合作,云南保山的小粒咖啡豆出现在红鹈鹕自助咖啡机里。红鹈鹕公司依托保山咖啡产能优势,打造市场终端,加大对保山小粒咖啡的宣传销售,将保山丰富的咖啡豆资源与都市咖啡消费文化相结合。通过扶贫智能

咖啡机布点，以"科技+消费"的方式扶贫，打造了一个覆盖全区的展销网络，让闵行百姓知道保山有好咖啡，喝保山的咖啡，能帮助对口的云南贫困地区群众脱贫。

"云南保山的小粒咖啡，和其他国家的咖啡比，品质上没有多大差异。"葛音解释道，"红鹈鹕公司是欧洲首批从事咖啡豆贸易与烘焙的企业，以智能咖啡机的形式进入中国市场，已落地上海、北京等城市。公司自助咖啡机上使用的咖啡豆，要经过荷兰的红鹈鹕总部授权。在接收到云南保山小粒咖啡豆后，我们从30多种咖啡豆里好中选优，选出了一款合适的咖啡豆，送到红鹈鹕公司总部检测，检测合格，公司总部同意它在中国红鹈鹕品牌自助咖啡机上使用。"

咖啡豆采购市场有严格的规定。"通过与对口扶贫地区企业沟通，当地按我们的标准生产的农户，红鹈鹕咖啡公司会按高于一般市场价格进行采购，以激励农户种植优质咖啡豆，增加效益。"葛音说。

"使用闵行区对口援建地区的咖啡豆，在符合公司质量要求的基础上，可以对闵行扶贫工作有帮助。"葛音对使用云南保山咖啡豆的自助咖啡机很有信心，她表示，除了在闵行投放的50台红鹈鹕自助咖啡机全部使用云南保山的小粒咖啡外，企业还会将销售扩大到全国。今后，将根据闵行对口援建地区丰富的农产品特点，研发新的咖啡和饮品，在红鹈鹕自助咖啡机上使用，"像新疆泽普县产的巴旦木，质量不错，我们计划研制豆奶系列饮品，让更多的市民来品尝"。

教育帮扶是脱贫攻坚的一项工作，为精准帮扶贫困地区的特困学生，闵行区设立了特困学生爱心助学基金，主要来自政府指导企业销售对口帮扶地区产品产生的利润返补、政府部门动员社会力量筹集的资金等，基金专款专用，用于对对口帮扶地区贫困家庭学生给予资助。资助帮扶总人数按基金规模动态调整，逐年申报，一事一申请。申请程序为个人申请，当地村、乡和县逐级审核，闵行区相关部门审定，给予特困学生每人500元至5 000元资助。

在红鹈鹕自助咖啡机上售出的每杯咖啡饮品，其中10%的收入被捐入闵行区对口帮扶地区特困学生爱心助学基金，帮助特困学生完成学业。让葛音印象最深的是，闵行区政府部门工作人员多次上门，为闵行企业和贫困地区农特产品联姻牵线搭桥，闵行本地的干部和援滇援疆的干部，都主动联络和上门服务，帮助企业解决难题，让企业减少了奔波。

"这次50部咖啡机点位的选择，得到了闵行区相关单位的支持。为此，作为一家有责任感的企业，也应该为社会尽些责任。"在葛音看来，10%的收入捐赠给助学基金，也是为了反哺原材料生产地百姓，帮助当地孩子更好地成长。

通过这项消费扶贫举措，红鹈鹕公司采购了保山的咖啡，又注入了公益扶贫的元素，当地百姓获得了受益，贫困学生得到了资助，闵行百姓可以喝到优质的咖啡饮品，一举多得。到2020年底，50台红鹈鹕自动咖啡机已为帮扶地区特困学生助学基金提供资金2万多元。"保山小粒咖啡豆制成的咖啡很受欢迎，咖啡机要增加，今后的十年里，上海红鹈鹕餐饮公司的自助咖啡机将为帮扶地区特困学生助学基金捐赠200万元。"葛音预测着公司扶贫事业的未来。

一天又一天，一年又一年，一批批上海闵行的干部和志愿者远赴云南、新疆、西藏、三峡等地，为西部发展奔忙：助企业、教思路、修公路、建学校，为西部人民脱贫致富作贡献。春去秋来，花谢果熟，当西部的一个个贫困县摘掉贫困帽子，当边远地区一户户农民找到工作增加了收入，他们纯朴的脸上露出了笑容。一次，去西部参观的一群上海人在对口援助某县的墙上发现这样一行字："上海的同志，感谢你们的真诚援助！"字写在墙上，也刻在人的心里，辞家别子热心帮扶西部发展的闵行人，你们的事迹已经写进共和国的历史。

大山里飞出"金凤凰"
——金山区助攻云南四县脱贫纪实

沈永昌

对口帮扶云南是上海围绕中心、服务大局的工作重点,金山区历届区委、区政府领导都高度重视,坚持"中央要求、当地所需、金山所能"的原则,从人力、物力、财力、智力等各方面予以大力推进。

2020年5月,云南省人民政府批准墨江县、景东县退出贫困县序列;早在2018年9月和2020年4月,云南省政府批准宁洱县和镇沅县退出贫困县序列。至此,金山区助力对口帮扶的云南省宁洱、墨江、景东、镇沅四县,如期实现高质量脱贫摘帽,为决胜全面小康、决战脱贫攻坚交上了一份满意的答卷。

"授技学艺"塑造新农民

镇沅县勐大镇平底村核桃河组青年农民李发能,吃完早饭后,清点了工具箱里的抹泥板、砌砖刀、吊线坠、水平尺等工具。自从当起了村里的泥水工,一天能挣100多元,村里人都说他像变了个人。

李发能生活的镇沅县勐大镇平底村,村里的年轻人过去的生活状态就是睡睡懒觉、吃吃老酒、晒晒太阳,出工也是采采松脂、拾拾菌子，一年里挣不下几个钱，为此，李发能曾是"建档立卡贫困户"。

为帮助贫困户技术脱贫，2017年，镇沅县办起深度贫困人口培训中心。村干部便推荐李发能去参加培训。开始，李发能觉得自己没文化，去那地方能学会啥呀，别让人笑话。可是禁不住帮扶干部三番五次来家里劝说，他了解到，县深度贫困人口培训中心，是上海市金山区帮扶镇沅县的项目之一。培训中心为学员封闭培训半个月，学员不交一分钱，吃、住、学习、交通都免费，衣服、生活用品也全免费，学成还帮助找工作，这可是难得的好机会，李发能终于动心了。

走进这所"让懒汉变好汉"的技能学校，宿舍、餐厅、活动室等一应俱全。2019年，金山区投入帮扶资金100万元，对学校硬件环境进行提升。据培训中心管理人员介绍，这里实行半军事化管理，每期学员50余名，5至30天课时，课程涉及钢筋工、建筑工、汽修工、家政服务等方方面面。开始，中心只针对建档立卡户进行培训，后来，农民只要有需求，就可以参加技能培训。结业后开展职业技能鉴定，为合格者颁发证书，并搭建就业平台，持续跟踪管理，实现稳定转移就业。李发能等50余名学员经封闭培训半个月，果然拿到了"混水墙砌筑专项技能等级证书"。

授人以鱼，不如授人以渔。目前培训中心已经完成培训54期，2 409名学员学业有成。与李发能同样参加培训的界牌村村民粟定友，以前只会种植烤烟，平时做些挑水泥一类的体力活儿，一年下来赚不到多少钱。家里年老体弱的父母和上学的弟弟，都指望他一个人。自从参加培训后，他和李发能一样拿到了"混水墙砌筑专项技能等级证书"。在培训中心和县住建局的帮助下，他办起了一个承包队，揽工程承包建房，每个月收入有6 000多元，还带动本村贫困户增加收入。李发能跟着粟定友一起干，一天能有150元收入。用他们的话说，"学一门技术，终身受益，这样的扶贫真是扶到了我们心坎里"。

"牛博士"种出大番茄

金秋时节,云南镇沅县传出喜讯,一种在上海连获金奖而远近闻名的哲优番茄,居然"远嫁"云南结出硕果,4亩示范田可采摘优质番茄10吨以上,亩产值超3万元。当地农民称赞金山区援滇农技人才翁永刚做了件大好事。

翁永刚是金山区动物疫病预防控制中心一名兽医师,同行们戏称他为"牛博士"。他作为一名援滇农技人才来到镇沅县,投身脱贫攻坚,从产业发展上开拓扶贫新路是他的使命。云南四季如春,有好山好水,当地蔬菜产业规模较大,但农产品缺乏精品,产品利润薄、附加值低。如何提高农产品附加值?正在这时候,在上海农展馆,一场由市农业农村委主办的上海地产优质番茄品鉴评优活动正在进行中,金山哲优番茄再次获得两项大奖。翁永刚心情豁然开朗:"云南的气候条件完全适合种植上海金奖番茄,说不定品质可以更高呢。"于是,他一方面请示领导,谈想法;一方面与金山区哲优果蔬合作社理事长谢雪欢和番茄种植大王王剑峰联系,经过几轮思考和可行性论证,初步达成金山金奖大番茄"远嫁"镇沅的意向。

"一个搞奶牛疫病检测的牛博士去种番茄,能行吗?"当地农民有疑问,镇沅的同事也有这种想法。但翁永刚硬是凭着农技人员的那股认真负责精神,从头学起。为了选择一片没有被病虫害污染过的大棚地块,他顶烈日,冒酷暑,在短短一周内,爬山坡、入大棚,分析泥土性状。镇沅地处哀牢山和无量山地区,当地土壤以棕壤土、赤红壤土为主,土质偏酸性,肥力相对不足。他先后跑了县城附近的复新、恩乐、民江等村,接触企业、合作社、农户等8家种植户,共察看地块12幅,经过一次次实地察看和沟通,最终确定基地选址。

项目开始实施后,得到金山大后方的大力支持。上海哲优果蔬合作社支持资金10万元,并提供优良品种;漕泾镇农技站指派技术员负责全程技术指导。但困难和问题还是接踵而来。番茄种植季节性强,上海地区一般都是冬春栽培。而此次普洱镇沅县种植哲优番茄,试种的是秋番茄,要从7月份移苗,11月份收获。如试种成功,云南一年种植两茬番茄就有了实践经验。但碰到的问题是,7月下种的番茄嫩苗,正值病虫害多发时节,种好秋番茄,首先番茄嫩苗要过病虫害关。番茄种植专家王剑锋与翁永刚一起多方探寻,深入研究,最终决定在选种育苗阶段使用"三重"保险,即除了选择连续三年获得上海市地产西红柿品鉴会金奖的"浦粉一号"外,还提供了抗病率强的"浦粉500"以及"郁金香4号"品种。育苗采用72孔穴盘方式,育壮苗,提高抗病抗虫能力;移栽后更是加强苗期管理、移栽定植、山泉水滴灌和商品有机肥施肥、病虫草害绿色防控。由于管控到位,番茄苗挺过了病虫害关。

云南气候十里不同天,晴雨变化快。番茄生长在连栋大棚内,由于湿度大、温度高,部分地块番茄苗出现徒长现象。翁永刚日夜守在大棚内,与工人们一起,采取加强通风、减少浇水、适当光照等炼苗措施,有效控制了番茄徒长。"一分种,九分管",通过三个多月的精心管理,红彤彤的果实挂满枝头。农场职工赵菊看到自己不仅学到了种植番茄技术,每月还能有七八百元的收入,心里甜滋滋的。她所在村的35户贫困户也跟着赵菊加入种植优质番茄的行列。番茄种植的成功甚至吸引了当地一家公司,他们腾出600亩土地,准备一年两茬种番茄。

瓢鸡入沪创致富新路

2020年9月上旬,金山区援建镇沅县恩乐镇的畜禽养殖收购集散中心正式揭牌。该中心投资400万元,不仅有冷库、保鲜库、冷链车等组成的综合物流中心，还建有展示中心、电商交易中心等。至此，一个集收购、加工、物流、销售为一体的产业闭环全链打通，越来越多具有普洱当地特色的优质农副产品走出大山，摆上东部城市市民的餐桌。用金山区在镇沅县挂职援滇的县委常委、副县长张迪的话说："东部地区对西部的消费扶贫，就是要在当地建立一个产业链，营造一个产业的生态系统，通过产销对接，倒逼生产端提质增效，推动当地传统产业转型升级。"

张迪的话一语中的。近年来，在上海金山区扶贫干部的努力下，云南的黑糖、茶叶、核桃、食用菌等农产品正源源不断地上了金山人的餐桌。事实上，普洱拥有丰富的优质农副产品，蕴藏着极大的增值空间，却往往因为保鲜、物流、观念等条件限制使发展受到影响。

就以镇沅瓢鸡来说吧，镇沅瓢鸡是镇沅的特产，因为它没有尾巴，像葫芦瓢，所以被形象地称为"瓢鸡"。这种瓢鸡居云南"六大名鸡"之首，曾获国家地理标志认证。但因价格偏高，再加上需要冷冻运输，市场销售制约着其产业开发和农民增收。瓢鸡能不能入沪？成了金山扶贫干部思考的问题。通过走访，他们了解到镇沅县大部分乡镇都有养殖瓢鸡的基础，而且是家家户户自己养，几乎没有大型合作社。为试探瓢鸡能不能飞出大山，2019年，在对口帮扶协作下，首批2 000只镇沅瓢鸡进入上海市场，直接影响建档立卡贫困户168户。更令人可喜的是，镇沅瓢鸡在上海市民中获得良好口碑，只要冷链保鲜等措施跟上，瓢鸡致富的新路一定能打开。

为顺利实现"瓢鸡入沪"，副县长张迪选择供销社作为全县瓢鸡采购官方主体，本地农特龙头企业古茶坊作为经销主体，与大理州南涧县秉炎农牧企业达成合作，委托其对镇沅瓢鸡进行产品检疫、屠宰加工、真空包装和急速冷冻。这样从种源开始，历经养殖、收购、中转、屠宰、加工、包装、冷冻、运输、收储，到最后快递到消费者手中，一条瓢鸡全产业链终于顺利打通。据张迪介绍，镇沅瓢鸡

张迪副县长在网上推介云南瓢鸡

收购价在60元每公斤,卖出一只瓢鸡比一般土鸡能多赚50元左右。

大山里飞出"金凤凰",在市场经济规律下,"瓢鸡入沪"犹如鲶鱼效应,一下子激发了当地农户的养殖积极性,瓢鸡存栏量稳步上升。但金山扶贫协作的科技人员并不满足,他们围绕瓢鸡生产,探讨着"活鸡能否入沪、能否把原种瓢鸡进行杂交利用、瓢鸡有哪些保健功效?"等问题,经过一番深思熟虑后,他们又开始了一项新的看似不可能完成的任务:让刚出壳的瓢鸡苗通过空运飞入金山,长大的瓢鸡销售后再反哺镇沅。这一方案经反复沟通协调,2020年,镇沅云岭广大公司和上海娟英禽类养殖合作社已达成鸡苗购买协议。

"最美农技员"——梅国红

金山区农业技术推广中心主任、高级农艺师梅国红,2020年荣获全国"最美农技员"称号,现今成了云南普洱农民心目中的"活财神"。

在德化镇勐泗村有一名建档立卡贫困户魏学强,他是勐泗村老王寨鲜食玉米种植试验点的种植户之一。一天,他见到梅国红后高兴地说:"梅老师,你亲自给我指导种植的3.71亩'荆恒一号'甜糯型玉米,我卖了9 075元,摘去了贫困户帽子,太谢谢您了,我准备明年再种。"这真切的话语,是对金山区援滇农技人员最好的嘉奖。

说起云南种起上海鲜食玉米,农户们真忘不了这位来自上海金山的"种田老师"。云南气候温暖,适宜玉米种植。但宁洱全县虽有20多万亩玉米种植面积,当地大部分农民种植的还只是饲料玉米,自给自足加工做猪饲料,而种植鲜食玉米的面积不到1万亩。梅国红还在调研中了解到,普洱有着两家鲜食玉米加工企业,都拥有日生产能力5吨以上的高温蒸熟杀菌真空包装即食玉米的加工生产线,而且两家企业都以电商销售为主,可解决当地种植农户销售的后顾之忧。但两家企业反映的共同问题都是当地农民种植鲜食玉米面积小,企业吃不饱,加工能力过剩。为什么玉米生产有销路而形不成规模?通过与当地农业部门探讨,梅国红感到发展鲜食玉米产业,既解决了两家企业鲜食玉米加工原料问题,又能短、平、快帮助农民致富。因为鲜食玉米生长季节短,一般为75至90天,在宁洱县大部分地区一年可种植三季,关键在于要有好的品种和技术。问题找准后,一份《宁洱县鲜食玉米产、加、销一体化产业发展项目的实施方案》很快形成,实施地点放在德化镇勐泗村和宁洱镇硝井村,种植品种除了当地"天紫23"等四个主要品种外,还引进已在金山大面积推广种植的优良品种"金银208"水果玉米、"荆恒一号"甜糯型玉米等四个品种。

方案已定,即抓落实。上海的四个鲜食玉米品种适应性强、产量高、口感好,梅国红马上联系种子公司,把所需种子直发云南。在宁洱县农业技术推广中心大力配合下,2020年5月中旬就完成了勐

农技员梅国红在田头察看苗情

泗村和硝井村这两个试验点的播种移栽。在此期间,梅国红经常从早上7点一直干到晚上7点,每次回到宿舍,浑身骨头就像散了架一样。但第二天,梅国红又与农民们一起,在田头向他们传技术、作示范。玉米刚出苗,当地干旱严重,出苗率不高,取水浇水劳动强度高、难度大,为此,梅国红又及时指导,采取安装内镶贴片式滴灌带的方式,既节水节工,又确保了幼苗成活率,深受当地农户称赞。

天有不测风云,2020年7月宁洱县突发黄脊竹蝗虫害。这是由老挝迁飞到江城县又迁飞到宁洱县黎明乡的,黎明乡是宁洱县最偏远的乡镇,与江城县接壤。黄脊竹蝗是竹类的最大害虫,在食料缺乏时,还可危害水稻、玉米、高粱等农作物。梅国红在现场看到,危害重的竹林一片火烧状,叶片被吃光。为迅速扑灭黄脊竹蝗这一虫害,考虑到山区竹子高,他当机立断,建议迅速采取无人机飞防,控制虫害基数和迁飞扩散速度。第二天当地迅速行动,有效控制了黄脊竹蝗对农作物的危害。

一波过去一波又起,8月中旬的一天,梅国红接到德安乡玉米种植户反映,他们种植的玉米叶子上开始出现很多黑点,后来叶子变黄了。梅国红迅速赶到现场,发现有的玉米植株发病严重,有的整株枯黄;有的发病较轻,下部叶片上有零星病斑。经过集体会诊,确认是玉米腔孢菌叶斑病,主要是前阶段高温高湿导致病害发生,加上初期没有及时防控,造成病害扩展蔓延。于是,全县立即采取分类防控措施,有效控制了病害蔓延。当地农户一致称赞这位"种田老师"有本事。

那柯里:茶马古道换新颜

金山区金山卫镇副镇长蒋根木,曾作为上海第八批援滇干部赴云南扶贫协作,担任云南省普洱市招商合作局副局长。回想两年难忘的赴云南挂职锻炼经历,他尤其对那柯里项目的帮扶记忆犹新。

云南普洱市宁洱县同心乡有个古村落那柯里,是同心乡最有名的地方。那柯里是古普洱府茶马古道上的一个重要驿站,是著名的《马帮情歌》诞生地,具有深厚的普洱茶文化、茶马古道文化和马帮文化,保留有国家级重点文物保护单位——那柯里段茶马古道和拥

那柯里古驿站

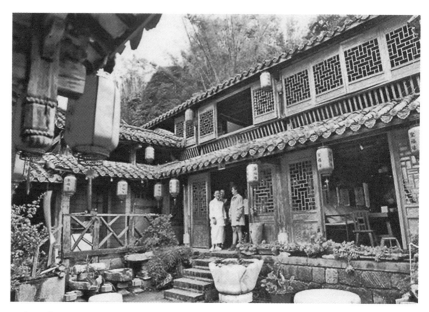

那柯里农家乐一景

有百年历史的荣发马店、风雨桥等遗址,还留有马帮所用的旧物等。2007年6月3日云南地震,那柯里的历史文物受到不同程度的损害,当地政府结合恢复重建,修复了那柯里段茶马古道等。但由于底子薄、产业单一,经济发展跟不上新农村发展需求。

第八批援滇干部赴云南扶贫协作开始后,蒋根木和其他援滇干部一起,行程约3 000公里,实地踏勘上海对口的重点村寨建设和产业发展项目,按照"旅游文化活县"的发展战略和旅游特色村建设要求,决定把那柯里作为扶贫协作项目进行重点打造。

项目确定后,金山区从帮扶资金中列入145万元,注入与农业休闲、乡村旅游相结合的农家乐建设。重点对那柯里村的房屋风貌进行改造,在村庄内部打造特色土特产一条街,并开设茶文化体验馆等,在原有基础上进一步提升那柯里环境面貌和整体形象。随着那柯里旅游开发的不断深入,村民们积极投入村庄建设,现今,全村26家村民办起农家乐,9家民宿使旅游业设施更完善,古道驿站焕发出新魅力。近3年来,那柯里接待游客160万人次,农家乐旅游产业带动当地村民人均收入从2007年的800元增至2019年的1.85万元。2019年,那柯里被省政府命名为"云南省特色小镇"。用蒋根木的话说,扶贫协作有年限,但产业扶贫可牢牢扎根在当地,让农民们勤劳致富,终身受益。

创造"上海温度"的帮扶"神话"
——青浦区对口帮扶工作纪实

曹伟明

德宏傣族景颇族自治州位于云南边陲,总面积11 526平方公里,总人口131万人,有傣族、景颇族、阿昌族、傈僳族、德昂族等五个世居民族。因一首传唱祖国大江南北的歌曲《有一个美丽的地方》,而广为人们所知,是享誉国内外的"孔雀之乡""神话之乡"和"歌舞之乡",是古代"南方丝绸之路"的出口。

然而历史文化悠久、自然风景秀美的德宏,如同任何一处地处边陲的山区一样,因受地理环境尤其是物产贫瘠、交通闭塞等因素的限制,其生产力长期处于不发达状况。

作为一个少数民族自治州,2014年德宏州综合贫困发生率高达16.05%,属滇西边境集中连片特殊困难地区。作为国家扶贫战略的重要参与方,2017年,地处江南水乡腹地的青浦与德宏,因相同的使命,成就了一份相距千里的扶贫佳缘。

按照"中央要求,德宏所需,青浦所能"原则,2017年以来,青浦区在德宏投入财政帮扶资金4.83亿元,实施产业发展、农村建设、劳务协作、人才支持、教育医疗等帮扶项目216个,受益人口3.2万余人,带动13 537名建档立卡贫困人口脱贫。截至2020年,全州四个县全部消除贫困,186个村摘帽,14.91万人脱贫。

中缅边境有条"青浦路"

要致富，先筑路。来自江南水乡青浦的扶贫干部，对致富与道路的关系，有着深切的感受。

云南德宏州陇川县陇把镇吕良村，距离上海3 000多公里，与缅甸仅一河之隔，通往该村曼崩村民小组的唯一一条水泥路，被当地命名为"青浦路"。顺着这条路，这些年来上海青浦的扶贫干部、项目、资金、理念源源不断输入这个边境贫困村寨，困扰了几代村民的出行难问题终于得到了解决。

"青浦路，是我们脱贫的致富路。"曼崩村民小组的人们把想说的话都刷在墙上、刻在心里了。陇把镇党委书记、景颇族人董桥相一边说，一边指着一户村民户的墙绘。墙绘上，上海青浦的援滇干部正同景颇族村民亲切地交谈，边上还配了一句话：上海青浦送温暖，曼崩人民感恩情。

原来，吕良村曼崩村民小组是个贫困景颇村寨，全村52户村民中有20余贫困户建档立卡，贫困人口近70人。这里的村民绝大多数是"直过民族"，即直接由原始社会跨越几种社会形态过渡到社会主义社会的民族。原先村寨闭塞，只有一条泥巴路可供进出。数年前，来自上海青浦的援滇干部到这里考察后，一致决定要把进出村里的道路修好。

水泥浇筑的长达4.8公里的"青浦路"，是2018年投资数百万元建成的，修路花了约半年时间。"黄沙、石子、水泥等建材，以及修路的特殊设备，都要从陇川县城通过翻山越岭运输过来，一点点把原先的泥巴路变成水泥路。"德宏州扶贫办主任陈力深有感触地说。

上海青浦的援滇干部不只修了"青浦路"，还把青浦路连接到其他入村小道，真正打通了进出村寨的最后一公里。如今，进出村寨

吕良村村口的青浦路

再无阻碍。

距离"青浦路"约100米处,是一条名叫南洼河的小河,这条小河是中缅界河,河对岸连绵起伏的山峦便属缅甸境内。沪滇协作帮扶以来,南洼河两岸的对比日益明显。"河对岸是缅甸的相买坝村委会乌噶村民小组,一共有8个寨子。以前,我们是茅草房,他们是铁皮房,现在缅甸那边没有变,而我们已经是砖瓦房;以前我们是泥巴路,他们是砂石路,现在他们没有变,我们已经是水泥路。河对岸的山坡上,依然可以看见有采石场在作业,而我们这边已不靠采石为生,有了新的致富之道。"当地村民自豪地说道。

新的探索和尝试不允许失败

几轮青浦的援滇干部深入基层调查后,得知德宏是甘蔗大产区,但甘蔗是典型的"懒汉庄稼",种下去以后即使不管也可以生长很多年,但种植户收入却不高。"在德宏,应该把目光转移到投入小、风险低、附加值高的蚕桑产业。"

然而,一开始当地村民多有顾虑:"以前种甘蔗虽然赚得少,但能维持生计,种蚕桑万一亏本了怎么办?"对于这些顾虑,青浦援滇干部早已作了周密思考。"新的探索和尝试是不允许失败的,一旦失败、亏了钱,当地百姓就很难再信任我们。"为此,在大规模推广之前,扶贫干部与当地相关部门做了多次试验,在乡镇、村级层面建造蚕棚、小规模种植蚕桑。针对长期种植甘蔗的土壤中毒素沉积较多的问题,进行为期半年多的改良。"几次试验成功后,我们才逐步推广种植。并引进农业保险,进一步降低村民种植蚕桑的风险,为他们提供托底保障。"如今,陇川县除了甘蔗之外,种植面积第二的作物便是蚕桑。

32岁的吕良村村民董麻锐,便是受益于蚕桑产业的建档立卡贫困户之一。她天天在蚕棚里忙碌,用方格蔟让蚕棚里的蚕宝宝上架结茧,忙完这道工序,又马不停蹄地走出蚕棚,到蚕桑基地里去采桑叶。"种蚕桑没别的诀窍,就是要像春蚕吐丝那样勤快,虽然不累,但也没什么闲暇时间,忙完一阵就有一批蚕茧的收益,心里很踏实。"董麻锐说。就连陪着她养蚕、采桑的四岁儿子也很懂事乖巧,从不玩蚕宝宝也不乱采桑叶。他奶声奶气地说:"蚕宝宝和我一样可爱,这是我家用来赚钱致富的聚宝盆,不是给我玩耍的。"

董麻锐深情地说,以前她家种甘蔗,一年只有两三千元收入,如今她养了12箱、3 700多条小蚕,卖一次蚕茧就有三千多元收入。她丈夫是个辅警,在派出所上班,每月工资也有3 000多元。"小时候我家里很穷,住的是茅草房,路也通不进来,除了种甘蔗,就是靠爸妈上山采点山药野菜去卖钱。现在好了,不愁吃穿,'青浦路'一直延伸到我家门口,我家里五间砖瓦房也盖好了,有120平方米。我养蚕的收入加上老公上班的收入,每年还有好几千元的存款积蓄。"

蚕桑产业的链条像青浦路一样,实实在在,可以延伸得很长。

青浦在吕良村还发展了桑枝木耳和桑叶茶产业,最大程度提高了种桑养蚕的经济效益。冬季,收割后的废弃桑枝打碎后可以制成木耳菌包,与传统用木材作为菌包生产的黑木耳、香菇相比,用桑树枝条生产的黑木耳、香菇不仅品质优、口感好、营养成分高,而且不会对环境造成破坏,发展桑叶茶也可带动建档立卡贫困户的稳定增收。

两届副市长把"懒得动"的汉子变成"勤劳动"

一根扶贫致富的长"扁担",一头挑起上海,另一头搭在云南德宏。2019年盛夏的一天,一辆敦敦实实码了30吨蔬菜的载重货车,从德宏芒市宏聚农业科技开发有限公司的蔬菜基地,驶上了这条"扁担"——长达3 700公里的320国道。"扁担"的那一头,是上海。

"车上有我种的甜玉米,没想到能卖那么远!"太阳下,晒得像头黑牦牛的傣族汉子岩吞洼开心地憨笑着。

"从前,我家就两亩地,种点土豆,挑去镇上集市卖,5角钱一公斤,挣得不够娃娃吃饱。"一条壮汉,日晒太阳晚晾月亮,懒得动,横竖干不干都是个穷。两年前,在青浦扶贫干部、时任芒市常务副市长江怀的牵线搭桥下,宏聚公司开拓了上海市场,让农超实现了无缝对接,开辟了一条农民致富的康庄大道。公司不仅给农民新菜种,还签约包销。"新种的土豆,今年每公斤卖8元,无筋豆能卖十几元!我现在租种了16亩地种菜了。"可如今,岩吞洼又有了新愁:菜太好卖,地嫌少了,还有啥好的菜种!

宏聚公司董事长杨宏俊自信地说:"市场不好的时候,就算卖三四元一公斤,我们给农户还是8元保底价。"

杨宏俊在江怀的牵线搭桥下,刚去过上海,向行家请教加工南瓜泥、土豆泥新设备的技术标准,"深加工,农产品附加值才会更高。"新设备已经静静地泊在宏聚公司的空场上,正在时刻准备着。

杨宏俊记不清飞了上海多少次,硬是飞出了"金卡"。"市场太难琢磨,以前可不敢打上海的主意,两眼一抹黑啊!"杨宏俊拍着如今新一届上海青浦区援滇干部,芒市市委常委、副市长季春华的肩头,"全靠他们,从认路住店,到寻找专家、研发新品种,再到西郊国际。在上海最现代化的农产品批发市场,也有了宏聚档位,我们的蔬菜在上海卖得太俏了,现在外销菜90%都运往上海。"他指了指岩吞洼,"那头是上海市场,这头是2 000多户芒市农民,其中建档立卡贫困户一开始有500多家,现在只剩128家了。"

青浦与德宏结对帮扶后,上海青浦的帮扶干部摸清了芒市的家底,让上海市外蔬菜主供应基地在这里安家,选定了马铃薯、甜脆玉米、茭白等十几个适宜当地种植又能精准对接上海市场的品种,连种子都从上海空运,"打好反季节时间差上市,还愁没效益?"

让岩吞洼没想到的是,2020年新冠疫情期间,来自德宏的8 000多吨蔬菜受到上海市场的极大欢迎。精准扶贫让傣族汉子由"懒得动"到"勤劳动",终于尝到了美好生活的甜头。

"你养蟹发财了,要对老婆好一点!"

芒市风平镇法帕村拉牙村组的建档立卡贫困户傣族大叔老冯,一大早就跑到水田照看沼虾的虾苗。雨水丰沛的稻田,正生长着第二茬水稻。一亩田投三千尾小虾苗,"亩产50公斤,成活率90%以上",老冯抄起一网虾,很是满足。

原来当地稻田常养鱼虾,量少,只够偶尔加个餐。村里能人岩相洼琢磨过扩产,屡屡受挫。2018年,他遇到上海青浦到德宏陇川县扶贫办挂职的援滇干部怀向军这位"贵人"。怀向军在青浦时,本就是江南水乡抓农业的干部,为农副产品牵线搭桥驾轻就熟,走到

傣族养蟹大叔孟岩回

哪都受农民欢迎。红线一牵，大专家来了。上海海洋大学来芒市开办虾蟹养殖班，马旭洲教授现场指导，稻田养殖终于盘活了。

"你看，这虾又大又鲜甜，当地都不够卖。"冯大叔加入村养殖合作社，一天能拿80元工资，"一万多尾虾呢！过两三个月，水稻开花，稻虾两头丰收！"晚上闲了，他向马教授微信请教："田里青苔为啥多了？"马教授回答："水的透明度太高了，争取降下来，得把水养肥。"

芒市遮放镇的孟岩回，是条瘦筋筋的傣族汉子，养了十年蟹，屡战屡败，最惨的一年，投下上万元苗种，只摸回6只瘦蟹，"再亏下去，老婆都不要我了！"他自嘲。

2018年，由青浦扶贫干部牵线，马教授来了，换上青浦的蟹种，技术上一点拨，老孟的大闸蟹，今年亩产能达到200斤，最大的能养到7两多。清水大闸蟹，上海人最爱，"我的蟹不输给阳澄湖，水好，没污染，七八月上市"。怀向军补充："那时江南蟹还没肥，错季节更好卖！"说着，孟岩回忽地脱下上衣，跳进蟹塘，一猛子扎下去，摸了只蟹，只见它张牙舞爪地吐着泡泡。老孟得意道："瞧，蜕了三次壳了，多肥！"

临别，怀向军笑着说："你养蟹发财了，要对老婆好一点！"几杯土酒下肚，老孟唱起歌来，又揽着他合影，眼圈有点红……

不入流的"野菜"摇身变成"致富菜"

上海青浦的练塘，被誉为"华东茭白第一镇"。两年前，在上海青浦援滇干部的帮助下，德宏州芒市的农户开始试种优质练塘茭白品种，独特的地理气候条件让德宏的茭白一鸣惊人。不仅在个头、口感、亩产上不输练塘茭白，而且种植期比练塘茭白更短，采收期比练塘茭白更长。冬季，长三角地区的茭白市场正处于空缺期，而德宏茭白却已开始采收，较低的种植成本让德宏茭白价格优势明显，市场前景非常广阔。

初夏时节，德宏芒市风平镇界桃茭白种植基地里，大片鲜绿欲滴的茭白叶迎风摇曳。48岁的傣族人李岩喊过开着小面包车来到种植基地，打开面包车后车门拿出胶鞋穿上，下田拔出一根茭白，剥开叶子，把雪白嫩脆的茭白肉用清水冲洗了一下，张嘴就是一大口："清甜爽口，肯定能卖个好价钱！"李岩喊过是风平镇帕底村界桃村民小组组长。风平镇位于德宏州芒市东南部，全镇耕地面积近10万亩，以往以种植水稻为主，而在水稻田里大量种植茭白，是从2017年上海扶贫干部来了以后开始的。

对德宏人来说，长期以来，茭白只是一种不太入流的野菜。"以前我们不种茭白的，河边野生的茭白个头瘦小、肉质多为灰色，不好吃，基本上没人吃。"李岩喊过说。

2018年初，上海青浦的援滇干部怀向军来到德宏，担任陇川县扶贫办副主任。作为一个来自农业领域的干部，怀向军刚到德宏就发现，当地耕地、湖泊比较多，适宜种植多种经济作物，但当地的种植品种比较单一，以甘蔗、水稻、蚕桑为主。"青浦的练塘茭白久

李岩喊过查看
茭白长势

负盛名,能不能把优质的练塘茭白品种引进德宏?"怀向军把这个想法告诉了芒市宏聚农业科技开发有限公司董事长杨宏俊,两人一拍即合。

"茭白种植在德宏尚属空白,只要种得好,不愁没市场!"2018年年底,宏聚公司在经青浦扶贫干部的搭桥后,与上海佳欣茭白专业合作社合作,在公司位于风平镇帕底村界桃村民小组的基地试种了20亩茭白,品种是双季茭白系的大白茭。"我们很惊喜,这种茭白不仅可以冬季上市,而且长势、口感都很好,亩产可达2吨多,收益十分可观。"

要使茭白产业真正让德宏当地的贫困户受益,光种得好还不够,还得卖得好。茭白种出来之后卖到哪儿去?上海的援滇干部和德宏当地的商家动足了脑筋。"德宏的茭白来自青浦练塘,上海人喜欢吃茭白,我们的第一想法,当然是把德宏茭白卖到上海去。"这是当地农户的心声。不过,要打通从德宏到上海的近3 000公里的运输和销售渠道,并不容易。

刚开始涉足"跨省卖菜"时,栽了不少跟头。"比如,我们德宏这边春节很热闹,餐饮业生意非常好,我本以为上海也是如此,第一次发货就选在春节期间,没想到那段时间大量外来人口离开上海回家过年，蔬菜完全销不出去。后来还有一次，我把德宏人最喜爱的辣椒拉到上海去卖，没想到上海人对辣椒并不感冒，卖得也不好。"公司老总杨宏俊辛酸地感叹道。

"跨省卖菜"需要引路人，什么时候卖、卖什么、怎么卖、卖到哪儿去，都有讲究。为了帮助德宏当地的茭白等蔬菜在上海市场打开销路，经怀向军等上海青浦的援滇干部多方联系对接，才打通德宏茭白进入上海西郊国际农产品交易中心等市场的渠道。

如今练塘茭白这个来自上海的著名农产品品牌，正在让德宏百姓，尤其是建档立卡贫困户获得实实在在的实惠。李岩喊过的家原来种水稻，每年都亏钱，没有政府补贴的话，全家生计都成问题，"现在把水稻田租给宏聚公司种茭白，一年的亩均纯利润在3 000元以上，还能按照一亩每年2 200元的价格收取租金"。

可喜的是，德宏茭白到了上海，品质很受上海市民欢迎，因此，2020年德宏州决定将茭白种植面积扩大到2 000亩，"仅此一项，就可以带动500多户建档立卡的贫困户增收1 500万元"。茭白——这一德宏人眼中的"野菜"，竟摇身一变成为"致富菜"。

德宏是座"山"，上海是个"海"，山有所呼，海有所应。通过上海青浦真情实意帮扶，这些年，德宏不仅是个美丽的地方，更是一个走向共同富裕的地方。

"谢谢,来自宝岛的上海干部!"
——崇明区对口支援工作纪实

龚雨婷　郭艳艳

1994年以来,在中央和市委的决策部署下,崇明先后承担西藏、江西、内蒙古、云南等地区的对口帮扶工作,始终坚持"中央要求、当地所需、崇明所能"的原则,按照"民生为本、规划为先、产业为重、人才为要"的方针,在基础建设、产业扶贫、消费扶贫、智力帮扶、劳务协作、携手奔小康等方面凝心聚力,勇于探索,精准助力对口支援地区全面实现脱贫目标。27年来,崇明先后向对口支援地区选派挂职干部25名,专业技术人才21名,帮助对口支援地区培训各类干部群众35 163人次,结对帮扶28个深度贫困镇、170个深度贫困村。崇明区先后获得"2005—2006年上海市对口支援与合作交流工作先进集体""2009—2011年上海市对口支援与合作交流工作先进集体"等荣誉称号。2013年至今,崇明对口帮扶的县(区)主要集中在云南,当前对口帮扶的临沧市8个县(区)全部实现脱贫摘帽,如期打赢脱贫攻坚战。

崇明区援外干部们在助力对口地区打赢脱贫攻坚战中勇担重任、不辱使命,努力当好脱贫攻坚的"突击队",搭建好密切党同人民群众联系的"连心桥",跑好持续对口支援帮扶的"接力赛",把党的关怀带到对口支援帮扶地区,把上海人民的真情传递给当地群众,用心用情书写好脱贫攻坚新篇章。下面是崇明区援外干部和支教老师在脱贫攻坚中的几个故事。

特大雹雨突袭之后

1995年，按照中央的部署和上海市委、市府的决定，崇明县合兴乡党委副书记朱友昌同志作为上海第一批49名援藏干部之一进藏工作，担任中共西藏自治区定日县县委常委、副书记，为期三年。5月17日，怀揣一颗"情系浦江，做上海人民的优秀儿子；功建高原，当西藏人民的忠实公仆"的赤子之心，朱友昌赴藏履职。

7月7日，是朱友昌进藏的第43天，与往常一样，他吃完晚餐就去了乡镇企业管理局办公室的后院，尝试在高原种植从崇明带去的农作物种子。浇水、作垄劳作了一阵，只见东南方向天际有变，一条条白云间裹着乌云在翻滚，这阵势进藏以来他还从未见过，便放好农具疾步赶回宿舍。

夜幕已完全降临，比平日早了近2个小时，宿舍里突然闯进来县政府办公室主任边巴旺堆，带着身上满是泥浆的白坝乡政府文书多吉，他们上气不接下气，告诉朱友昌白坝乡遭受冰雹侵袭，青稞受灾损失很大。县委书记外出开会了，朱友昌考虑了一下，叫上了另外两位上海援藏干部，让边巴旺堆安排两辆车，顺便又叫上了民政局局长普琼和农牧局副局长达娃占堆，一起去白坝乡。

汽车行驶在坑洼不平的原始砂石路上，车外飘洒着晶莹的冰珠和雨，路面上覆盖着一层如豌豆般的冰雹颗粒，轮胎压出的嘎吱嘎吱声响令人不安。一小时后，朱友昌一行来到乡政府，乡党委书记普布次仁、乡长多布吉等在门外向朱友昌汇报灾情：下午7点左右，冰雹足足下了80多分钟，现在只知道有两个村受灾，应该还有其他村。乡里还没派人下村了解实情。在了解大概情况后，朱友昌就提议先去这两个村察看一下。

车子行驶半个多小时来到了受灾村，只见两侧梯形状的田埂上一片狼藉，刚抽穗的青稞和刚开花的油菜被冰雹砸断，倒挂在枝干上，破落的叶子随雨水冲刷流入了河谷。他们来到了村主任的家，屋子里聚集着二十来个农牧民。由于语言的障碍，朱友昌让边巴旺堆把他的话转达给农牧民：县委、县政府一定会重视灾情、关心灾民，组织大家一起抗灾救灾。在场的乡村干部，以及那些农牧民终于安定下来，不再愁眉苦脸。

随即，他们又赶往下一个受灾村。穿过一座山，他们到了一个叫措巴拉的村子，村支书在值班，他简单地汇报了本村的灾情后，带朱友昌一行到不远处的村主任家里。村主任是个40多岁的中年人，家里的两间牲畜棚倒塌了，前天出生的5只小羊羔有3只被棚舍压死了，3亩青稞和1.8亩油菜全部受灾，颗粒无收，是这个村受灾最严重的家庭。

回到县政府，朱友昌就布置了第二天上午8时召开政府紧急会议的一些事宜。回到宿舍，已将近凌晨5点。

一早，朱友昌又接到加措乡和曲洛乡遭受灾情的消息。开会时，通报了三个村的受灾情况后他强调：县委、县政府立即组织抗灾救灾工作，并成立救灾工作组，下乡指导督查；工作组实行指导督查负责制，直至救灾工作全面结束；工作组的首要任务是核实受灾情况，包括村队、户数、人数、面积、品种等，不能漏掉一户、一亩、一头，更不能趁机虚报假报。当天各组就分头行动。上午10点各组汇总了三个乡的具体情况：受灾13个村，受灾面积1 386亩，倒塌棚舍63间，牲畜死亡26头。朱友昌将受灾情况完整地向地区行署及相关部门做了详细书面汇报，并提出了救灾的具体措施。

在采取了一系列抗灾救灾的措施后，灾害总算是过去了，即使补种已经不可能，但是总要设法弥补些损失。朱友昌提出，按照定日先前的做法，向地委行署打报告要救济粮和其他救济物资，并动

朱友昌和当地干部实地查看农作物受灾情况

员机关各部门各单位在职人员捐款奉献爱心。他还提议，援藏干部除了要带头捐款外，还要发挥自身的优势和作用，向选派单位的领导和同事朋友们请求支援。

通过两个多月的向上争取、横向联系，上海各选派单位的领导、同事、朋友纷纷献出爱心，支援了灾区，爱心善款汇入定日县财政局。在朱友昌的不断协调下，地委行署在短时间内分拨了救灾粮、化肥等，灾民们也领到了救灾款、救灾物资。为表达无尽的感激之情，他们派了代表专程来县城给援藏干部们递上糌粑、青稞酒、酥油茶。

"梅山"种猪来到了红河州

1997年7月，崇明县城桥镇副镇长张忠振接到县委组织部通知，参加市农委组织的赴云南考察团。此次考察后，张忠振和另外三名干部便留在云南成为驻滇干部，主要负责"沪滇农业示范基地"。当时，"沪滇农业示范基地"是上海市人民政府和云南省人民政府确定的"九五"帮扶重点项目之一，由双方共同投入资金和技术，组织人才培训和技术攻关，发展有助于直接解决云南当地群众温饱问题的种植业和养殖业,属于开发式扶贫项目。通过示范基地的试验示范,向上海对口帮扶的云南22个贫困县辐射,带动当地农民脱贫致富。

经过一段时间的考察了解,在充分考虑发展两地优势的前提下,张忠振与几位驻滇干部确定了投资少、见效快、覆盖面广,经济效益和社会效益高的示范项目。在红河州蒙自县草坝农场,他们租用农场500亩土地,开始了"梅山"猪的示范养殖工作。

"梅山"猪是长江下游太湖地区以繁殖率高、产仔多而著称的优良猪种。蒙自县虽是云南仔猪生产基地,但当地的猪种杂、产仔率低、养殖户效益低,难以形成产业规模。在当地政府的配合下,从土建开始,他们用不到5个月的时间便建起了拥有108间猪舍的规模化种猪场。在上海市农委和市畜牧办、嘉定县种畜场积极支持下,1998年3月,第一批100头"梅山"少母猪和配套的"杜洛克""长白""大约克"等公猪乘坐"部令"专列经过100多小时的长途跋涉安全运抵云南沪滇农业合作示范基地。

经过一段时间的适应性饲养,当年就生产了1 000多头仔猪,并以优惠价格供应当地农民饲养。"梅山"猪和"杜洛克""长白"等种猪进行"二元"杂交后,杂交优势明显,生猪生长周期短、长势好,农户养殖后经济效益高,所以他们纷纷前来参观购买,一度出现供不应求的情况,有些农户还拿着钱前来预约订货。张忠振根据当时情况,又向上海市农委报告,要求扩大种猪场规模以满足当地农户养猪致富的需求,因此先后又从上海嘉定种畜场引进200多头种猪,形成了300头种猪的生产规模,影响面不断扩大,不但基地所在的红河州农民前来采购,而且吸引了文山、思茅、沧源、西双版纳等地的畜牧部门和农民前来参观购买。鉴于当时的市场情况和上海市对口帮扶的要求,驻滇干部们先后又到文山州的砚山县、思茅地区(后改为普洱市)的澜沧县进行考察,在当地政府的支持下,分别建起了两个150头规模的种猪场,起到了很好的示范带动效应,受到了当地政府和农户的欢迎。

"梅山"猪在云南全省出了大名气,当地媒体如云南日报、云南电视台都前来采访并进行宣传。时任中共中央政治局委员、上海市委书记黄菊率领上海市党政代表团于1998年6月7日到云南考察时,在云南省委书记令狐安等省委、省政府领导陪同下,参观了示范基地,给予了种猪场高度评价。令狐安书记说:"上海基地解决了云南养猪的种源问题,也从根本上解决了养猪的效益问题,帮助农民脱贫致富",黄菊书记也鼓励说:"示范基地开局很好,要再接再厉,讲求实效,进一步做好对口帮扶工作。"

当然,在云南建种猪生产基地也不是一帆风顺的。由于云南地处高原,昼夜温差大,易患喘气病。20世纪70年代,蒙自县就曾在上海引进"梅山"种猪,但由于猪患上了"喘气病"未能成功。这次在示范基地的种猪场也发生了猪患"喘气病"的情况,张忠振与几位驻滇干部发现后及时向市农委作了汇报,市农委指令市农科院畜牧所专家、高级畜牧兽医师及时蹲点指导。在当地畜牧部门专家的配合下,研究制定了《关于梅山猪喘气综合治疗的技术方案》,经过两个月左右综合治疗,解决了梅山猪喘气病这个技术难题,使"梅山"猪在云南落户扎根,在扶贫工作中发挥了积极作用。

据张忠振回忆,刚去云南的时候,在马路上、集市上到处能看到农户散养的猪,一群一群的,一头母猪带着几个仔猪到处游荡,早上放出去,晚上它们就很自觉地回家了,着实"聪明"。后来他们听养殖户说,农户家里很少有猪舍,放出去饲养可以节省饲料,但由于放养,猪的体能消耗其实很大,一头猪要养两年才能长成商品猪。养殖户们来基地参观,看到基地养的猪都在整洁的猪舍里,他们买回去也如此饲养,一头30多斤重的仔猪经过精心饲养,5个月左右体重能达到200斤左右,饲养周期大大缩短,经济效益明显提高,环境卫生也得到极大改善。三年后,张忠振结束对口支援时,马路上已经很少再看到猪群了,圈养的养殖方式已经被当地农户所接受。

把辍学的佤族学生请回学校

云南省沧源佤族自治县是个少数民族聚居区,也是一个一跃千年的民族自治区。2007年,崇明县培成学校教师徐金铨刚到这里支教的时候,当地无论生产方式还是生活水平都处于比较原始落后的贫困状态,九年制义务教育普及率也比较低。

刚到勐董镇的永和中学,徐金铨发现这里学生辍学现象非常严重。刚开学的时候,每个班级有五十多人,双休日回家后,返校只剩下了二三十人,而且每次返校的二三十个学生中,都会是不同的面孔,当地老师说这是一个很普遍的现象,但对支教老师们来说却很不理解。当时沧源县正在实施西部地区"两基"攻坚工作,即2004—2007年基本普及九年义务教育,基本扫除青壮年文盲。从上到下各级党和政府总动员,层层抓落实,扫除青壮年文盲由各乡镇的成人学校负责,而辍学在家的学生则由全县各级学校负责。

永和中学把老师分成几组,先到各自然村配合村干部动员,支教老师们也参与到这项攻坚工作中。一个双休日下午,徐金铨和一起前来支教的刘和平、刘存波跟随永和中学的李校长、肖副校长到距离学校几十公里的芒回村动员辍学的学生来学校复课。这还是徐金铨第一次走进深山,近距离接触边疆少数民族。走进芒回村,徐金铨被眼前的情景惊呆了,都2007年了,这里还是那么原始、那么落后。村民们住的是简陋的草木结构的吊脚楼,下层栖畜,上层住人。

趁开会空隙,徐金铨走访了一户村民家,这家的吊楼面积差不多也就二十多平方米,房屋中间有一个火塘,主人很热情地接待了他。通过攀谈，徐金铨了解到，这家一共四口人，夫妇俩和两个未成年的儿子。家里没有像样的家具，碗筷也只够自家人用的，一家人就睡在地板上，夫妇俩睡在火塘的左边，两个儿子睡在火塘的右边。一日只食两餐，菜就是辣椒沾盐巴，或者上山采些绿叶放在水里煮着吃，生活非常艰苦。永和中学是寄宿制学校，开学后每名在校用餐的学生都需要缴纳一个学期的粮食和伙食费，但是这对大山里许多家庭来说仍是一个沉重的负担，因此很多家庭不让孩子去学校接受教育。另外，芒回村离永和中学几十里山路，又没有公共交通，学生往往需跋山涉水五六个小时才能走到学校，可谓艰辛异常。

在动员辍学学生回学校复学的家长会上，由于语言差异，大多数村民听不懂，只能李梦明校长说一句，再由佤族的肖副校长翻译一句。他们晓之以理，动之以情，耐心宣传教育，动员家长把辍学在家的孩子送去学校接受九年制义务教育，并且承诺减免一部分学生的粮食和伙食费。由于各级政府高度重视，各村委会也积极配合，双管齐下，勐董镇大部分的辍学初中生重新回到教室上课了，对于少部分仍然辍学在外的学生，原来是哪个班的就由那个班的班主任老师一家家去家访做工作，直到该生回学校上课为止。这样到2007年底，"两基攻坚工作"终于完成了。在此期间，刘和平老师还积极动员崇明县三烈中学（其支教前所在学校）的学生为永和中学的贫困学生捐衣捐物，为辍学学生安心复学献上了一份爱心。

2011年，徐金铨再次到沧源永和中学支教时，辍学情况已经大为好转。党和政府精准扶贫政策的落实，各级干部深入深山老林的村寨一对一扶贫，村民收入普遍提高，村村通公路，走出大山不再困难。同时政府也加大了对教育的投入，对义务教育阶段学生营养膳食补助每人每天4元，永和中学的学生早餐每人一包牛奶一个鸡

崇明县三烈中学师生捐赠的衣物

蛋,午餐有荤有素,晚餐也是荤素搭配。在不增加学生家庭负担的情况下,学生在校生活得到明显改善,辍学现象逐渐消失,勐董镇初中入学率已经达到95%以上。

聋哑人罗开玉喊出了一声"谢谢"

"一人得大病,全家受拖累。"健康对于每个人、每个家庭都很重要,尤其是对贫困户而言,疾病直接影响着他们脱贫的步伐。健康扶贫主要是为了解决扶贫"两不愁三保障"任务中的医疗保障问题。

在结对帮扶云南省临沧市临翔区后,崇明援滇干部积极在医疗卫生等方面开展协作,崇明区卫计委更是派出多批次专业技术人员挂职临翔区人民医院开展对口帮扶工作。其中,最突出的是对聋哑人罗开玉的帮扶。

罗开玉家住临沧市临翔区凤翔街道中山村华家坡组,家有四口人,均享受低保政策,于2014年纳入建档立卡贫困户,主要贫困原因是因残致贫。其母亲唐正凤46岁,听力三级残疾;弟弟罗开伟19岁,肢残二级残疾,就读于云南经济管理学院法律专业。罗开玉自幼双耳听力差,聋哑二级残疾,18岁时曾短暂佩戴助听器,但因自觉效果不佳,未持续佩戴,基本无言语交流能力,与人交流主要靠手语及文字书写沟通。

2019年4月,时任上海市委副书记、市长应勇同志在调研走访建档立卡贫困户时了解到罗开玉的家庭情况后,当即指示,要依托上海的优质医疗资源,帮助罗开玉诊疗。

崇明区在市政府合作交流办的支持下,多方协调市残联、市卫生健康委、市慈善基金会等部门,安排罗开玉到上海就诊。2019年5月21日,为罗开玉双耳验配助听器后,罗开玉被安排在上海第九人民医院听力中心进行听觉及言语康复,并入住上海市阳光康复中心接受专业康复训练。其间,区政府主要领导和分管领导多次关心其治疗安排或前往探望慰问。经过三个月的康复治疗,罗开玉的听觉和语言功能都得到了明显改善。考虑罗开玉第一次出远门,思念家人心切,医疗专家建议让她回到临沧继续治疗。

由于罗开玉回临沧后,当地医疗团队与上海第九人民医院之间就没有再直接联系,因此治疗效果未有明显提升。此时,崇明区援滇干部梁晓华已接替之前的蔡俊春同志的工作,在专门到临翔区妇幼保健院进行调研得知这一情况后,及时与后方联系,并促成了上海九院与临沧市妇幼保健院在临沧市人民医院远程会诊中心就罗开玉治疗情况进行远程会诊(这还是临沧市历史上第一次采用远程会诊的方式对病人进行治疗),畅通了双方的合作渠道,为罗开玉的后

崇明区援滇干部梁晓华等为罗开玉做好康复训练进行心理疏导

续治疗铺平了道路。为了做好对罗开玉的帮扶，在崇明区政府的关心和协调下，临翔区妇幼保健院聘用罗开玉到医院职工食堂从事餐饮服务相关工作，每月领取1500元的劳动报酬。在此期间虽然罗开玉的思想出现过波动，但经梁晓华的协调和亲自上门去做工作，她又返回医院认真工作，并做好康复训练。从2019年9月10日起至今，罗开玉一直在临翔区妇幼保健院食堂务工，并接受相关的康复治疗，这让罗开玉一家很是感激。

2019年10月14日至18日，在援滇干部和临翔区工作人员的陪同下，罗开玉受邀到上海参加"上海对口帮扶实践特别节目"，在节目现场她用稚拙的声音向上海人民喊出了一声真挚的"谢谢"。这一声"谢谢"是对援外干部的极大鼓励，也将更加坚定援外干部进一步做好帮扶工作的信心。

罗开玉参加上海对口帮扶实践特别节目

沙剑峰：钱要花在刀刃上

崇明区民政局优抚科科长沙剑峰作为上海市第十批援滇增派干部之一，2018年赴云南挂职临沧市耿马傣族佤族自治县扶贫办副主任。

当时，援滇干部在云南的主业是负责沪滇协作项目，为了确保这些项目保质保量实施竣工，沙剑峰跑遍了2017年至2019年沪滇协作项目的每个点，力求做到对每个项目的内容和进度了如指掌。

同时，按照扶贫办领导要求，沙剑峰在挂职期间走遍了耿马所有的乡镇和至少70%的村寨，深入基层，清楚掌握了解了哪里最困难、哪里最需要党的政策指引。从海拔四五百米、气候炎热、严重缺水的孟定尖山村到海拔接近三千米、耸入云端的勐永芒莱村，都留下了他的足迹。最远的一次，沙剑峰下乡单程花了四个小时。身侧车轮下的万丈悬崖和无休无止的漫长雨季，他都习以为常。最艰难的一次下乡，连四驱越野车都无法深入，行至一半只能搭乘村民的摩托车往里走，剩下约3公里湿滑泥泞的路是靠着两条腿一步步趟过去的。皮肤黝黑、性格直爽的沙剑峰很快和当地干部群众打成一片。通过实地走访以及与贫困户的面对面交流,沙剑峰越发感受到脱贫攻坚任务的艰巨性和必要性,也更坚定了他扎根边疆为扶贫事业献身的坚定信念。

2017至2019年,崇明区在沪滇协作项目上对耿马县的资金投入在6 500万元左右,虽然资金体量不大,但扶贫专项资金就该花在刀刃上。

为了用好每一分专项资金,在安排项目点的时候,沙剑峰始终坚持四个原则。一是资金安排上集中火力,发挥最大化的效益,做出样板,起到引领示范作用。项目重点聚焦在农村基础设施建设、产业扶贫项目及其配套设施建设、农村医疗卫生事业建设等方面,尤其增加了产业扶贫项目资金在总体援建资金中的占比。2019年,耿马自治县援建项目中产业扶贫项目资金达1 770万元,占比55.3%,涵盖了中华蜂养殖、经济水果种植、中草药种植、生态养殖等多方面。二是资金投向精准,重点向直过民族(直过民族,指独龙族、德昂族、基诺族、怒族、布朗族、景颇族、傈僳族、拉祜族、佤族等。特指新中国成立后,未经民主改革,直接由原始社会跨越几种社会形态过渡到社会主义社会的民族。它是云南少数民族的重要特色)地区和深度贫困村倾斜。其中,2017年1 000万元资金中有600万元投向了拉祜族搬迁点的贺派乡芒底村;2018年第一批项目资金1 100万元全部投向芒

调研贺派乡芒底村沪滇扶贫协作项目